广州铁路职业技术学院资助出版
高等职业院校技能型人才培养优质教材
机械制造与自动化专业群城市轨道交通机电技术专业新形态一体化教材

城市轨道交通车站消防与给排水系统运行与维护
（智媒体版）

主 编　张　杨　李助军

西南交通大学出版社
·成　都·

图书在版编目（CIP）数据

城市轨道交通车站消防与给排水系统运行与维护：智媒体版 / 张杨，李助军主编. —成都：西南交通大学出版社，2020.12（2024.1 重印）
ISBN 978-7-5643-7764-9

Ⅰ. ①城… Ⅱ. ①张… ②李… Ⅲ. ①城市铁路 – 车站 – 防火系统 – 高等职业教育 – 教材②城市铁路 – 车站 – 给排水系统 – 高等职业教育 – 教材 Ⅳ. ①U239.5

中国版本图书馆 CIP 数据核字（2020）第 210127 号

Chengshi Guidao Jiaotong Chezhan Xiaofang yu Jipaishui Xitong Yunxing yu Weihu (Zhimeiti Ban)

城市轨道交通车站消防与给排水系统运行与维护（智媒体版）

主编	张 杨 李助军
责任编辑	刘 昕
助理编辑	赵永铭
封面设计	吴 兵
出版发行	西南交通大学出版社 （四川省成都市金牛区二环路北一段 111 号 西南交通大学创新大厦 21 楼）
邮政编码	610031
发行部电话	028-87600564　　028-87600533
网址	http://www.xnjdcbs.com
印刷	成都中永印务有限责任公司
成品尺寸	185 mm×260 mm
印张	14.75
字数	327 千
版次	2020 年 12 月第 1 版
印次	2024 年 1 月第 5 次
定价	42.00 元
书号	ISBN 978-7-5643-7764-9

课件咨询电话：028-81435775
图书如有印装质量问题　本社负责退换
版权所有　盗版必究　举报电话：028-87600562

本书编委会

主　任：陈　敏　　林燕波

副主任：李助军

秘　书：刘锦龙

编　委：张　杨　　邹伟全　　张晓东　　万学春

　　　　翁桂鹏　　陈舒萍　　陈　沪　　杨　进

前言
PREFACE

广州铁路职业技术学院是广东省一流高职院校建设单位，机械与电子学院是广州市第三批特色学院，机电设备维修与管理专业、机电一体化专业是广东省二类品牌建设专业。这两个专业以及城市轨道交通机电技术专业主要培养城市轨道交通车站、站厂机电设备维修、维护、管理等的高技能人才，但在教学过程中一直苦于缺乏适应专业需要的教材。为了解决上述问题，促进城市轨道交通机电设备维护管理人才的培养，满足专业教学要求，我们在以往为有关企业开设机电维修、城市轨道交通机电设备订单班的基础上，顺应现代教育发展规律和在线开放课程的需要，对已有《城市轨道交通车站消防与给排水系统维护》教材重新进行改编，配套增加了相应的电子课件（PPT）、微课、MOOC 和动画视频，编写成新形态教材。

本书是在工作于城市轨道交通车站、工厂一线的企业员工、生产设备企业相关专家及相关技术人员的帮助下编写完成的。本书从城市轨道交通火灾特点，给排水系统组成、运行管理、设备操作、检修及故障处理，城市轨道交通火灾自动报警系统、机电设备监控系统、防排烟系统、车站灭火系统，消防报警系统与其他系统的联动，城市轨道交通安全管理等内容做了详细的介绍，主要针对城市轨道交通环控系统从业人员的消防及给排水系统的操作、维护和管理，强调实际操作和应用。本书可作为城市轨道交通消防及给排水系统操作和维护人员上岗前的培训教材。

本书在编写的过程中得到了学院、教务处等相关领导的大力支持和帮助。本书由张杨、李助军担任主编，李助军编写了第 1 章（约 2 万字），张杨编写了第 2~10 章（约 29 万字）。此外，陈敏、邹伟全、张晓东、万学春、翁桂鹏、陈舒萍、陈沪、杨进等同事对本书的编写提出了许多宝贵意见和建议，在此一并表示感谢。

编　者

2020 年 6 月

职教云 MOOC 及资源库　　本书教学 PPT

本书视频资源列表

序号	名　称	类　型	页码
1	地铁火灾特点动画	二维动画视频	005
2	给水系统的组成微课	教学微视频	016
3	给水系统的分类微课	教学微视频	016
4	减压阀微课	教学微视频	031
5	安全阀微课	教学微视频	033
6	PE 管微课	教学微视频	038
7	PVC 管微课	教学微视频	038
8	复合管微课	教学微视频	039
9	水泵微课	教学微视频	040
10	气压水罐的工作过程微课	教学微视频	041
11	单罐变压式气压水罐动画	二维动画视频	042
12	阀门的维护保养微课	教学微视频	052
13	阀门的操作微课	教学微视频	052
14	阀门的常见故障与测量微课	教学微视频	052
15	火灾自动报警系统微课	教学微视频	076
16	火灾自动报警系统动画	二维动画视频	076
17	火灾探测器动画	二维动画视频	087
18	感烟式火灾探测器微课	教学微视频	088
19	感烟报警器动画	二维动画视频	089
20	感温式火灾探测器微课	教学微视频	090
21	感光式火灾探测器微课	教学微视频	091
22	复合探测器的类型微课	教学微视频	091
23	火焰探测器微课	教学微视频	092
24	可燃气体探测器微课	教学微视频	093
25	火灾报警控制器动画	二维动画视频	097
26	防烟防火阀动画	二维动画视频	116
27	火灾分类及灭火方式动画	二维动画视频	124

28	常用灭火器的分类和用途动画	二维动画视频	124
29	消火栓灭火系统动画	二维动画视频	125
30	移动灭火设备使用动画	二维动画视频	126
31	室外消防给水系统动画	二维动画视频	127
32	湿式自动喷水灭火系统微课	教学微视频	134
33	湿式喷淋灭火系统微课	教学微视频	134
34	湿式消防系统动画	二维动画视频	134
35	干式自动喷水灭火系统微课	教学微视频	139
36	预作用自动喷水灭火系统微课	教学微视频	142
37	预作用报警系统动画	二维动画视频	142
38	水喷雾灭火系统动画	二维动画视频	148
39	泡沫灭火系统动画	二维动画视频	152
40	气体灭火系统微课	教学微视频	159
41	气体灭火系统动画	二维动画视频	159
42	自动消防水炮灭火系统动画	二维动画视频	171
43	火灾自动报警系统联动动画	二维动画视频	181
44	地铁火灾逃生动画	二维动画视频	215

目录
CONTENTS

第 1 章　城市轨道交通消防概述 ·················· 001
   1.1　城市轨道交通火灾的原因及特点 ·················· 001
   1.2　燃烧的基本条件与灭火方法 ·················· 007
   1.3　城市轨道交通消防系统分类和组成 ·················· 012
   1.4　城市轨道交通消防系统基本要求 ·················· 014

第 2 章　城市轨道交通车站消防给排水系统 ·················· 015
   2.1　给水系统 ·················· 015
   2.2　排水系统 ·················· 021
   2.3　消防系统 ·················· 024
   2.4　给排水系统主要设备 ·················· 026

第 3 章　城市轨道交通给排水系统运行管理 ·················· 045
   3.1　运行管理的主要任务 ·················· 045
   3.2　运行管理的有关规程和制度 ·················· 045
   3.3　维护内容和维修周期 ·················· 050

第 4 章　城市轨道交通给排水系统设备操作、检修及故障处理 ·················· 055
   4.1　工具及仪器仪表的使用 ·················· 055
   4.2　给排水系统设备维护保养 ·················· 060
   4.3　系统设备维保操作流程 ·················· 063
   4.4　给排水系统故障排除 ·················· 065
   4.5　应急预案 ·················· 070

第 5 章　城市轨道交通火灾自动报警系统 ·················· 072
   5.1　火灾自动报警系统现状和发展趋势 ·················· 072
   5.2　火灾自动报警系统工作原理及作用 ·················· 076
   5.3　火灾自动报警系统组成 ·················· 077
   5.4　火灾自动报警系统的运行方式 ·················· 082
   5.5　火灾自动报警系统设置范围 ·················· 085

5.6　常用火灾探测器及应用范围 ·· 087
　　5.7　火灾报警控制器 ·· 097

第 6 章　城市轨道交通机电设备监控系统 ·· 100
　　6.1　系统构成 ·· 100
　　6.2　EMCS（BAS）系统设备构成及功能 ·· 102
　　6.3　EMCS 运行模式 ·· 104
　　6.4　EMCS 系统的运行管理 ·· 106

第 7 章　城市轨道交通防排烟系统 ·· 108
　　7.1　防火分区和防烟分区 ·· 108
　　7.2　火灾烟气的危害和防排烟系统的作用 ·· 110
　　7.3　防排烟系统的分类 ·· 112
　　7.4　防排烟系统的组成 ·· 114
　　7.5　防排烟系统的控制原理 ·· 118
　　7.6　城市轨道交通车站、隧道通风排烟系统 ···································· 120

第 8 章　城市轨道交通车站灭火系统 ·· 124
　　8.1　消火栓系统 ·· 125
　　8.2　自动喷水灭火系统 ·· 133
　　8.3　水喷雾灭火系统 ·· 148
　　8.4　泡沫喷雾灭火系统 ·· 151
　　8.5　气体灭火系统 ·· 159
　　8.6　干粉灭火系统 ·· 165
　　8.7　自动消防水炮灭火系统 ·· 171
　　8.8　消防系统常用设备 ·· 175
　　8.9　城市轨道交通常用消防设备简介 ·· 176

第 9 章　消防报警系统与其他系统的联动 ·· 178
　　9.1　消防联动控制器 ·· 178
　　9.2　消防报警主机与水消防系统的联动关系 ···································· 183
　　9.3　防灾报警系统与防排烟系统设备的联动关系 ···························· 185
　　9.4　火灾工况下 FAS 与 EMCS（BAS）的运行调节 ······················· 187
　　9.5　其他系统联动关系 ·· 189
　　9.6　电气火灾监控系统 ·· 194

第 10 章 城市轨道交通消防安全管理 ································· 197
    10.1 城市轨道交通消防系统的安装、调试和维护 ·········· 197
    10.2 城市轨道交通消防安全管理································· 213
    10.3 火灾救援、自救与逃生方法································· 214
    10.4 火灾自动报警系统常见故障及日常维护················ 217

参考文献 ··· 221

附　录　常用单位常识 ·· 223

第 1 章

城市轨道交通消防概述

1.1 城市轨道交通火灾的原因及特点

近年来,随着城市化进程的不断加快,经济发达地区城市的客流量不断增大。城市轨道交通以其方便、安全、舒适和快捷等特点得到青睐。

截至 2020 年 1 月,北京、上海、台北、高雄、香港、广州、深圳、天津、重庆、南京、杭州、成都、武汉、哈尔滨、长春、沈阳、西安、苏州、宁波、无锡、郑州、长沙、福州、大连、东莞、昆明、南昌、青岛、合肥、南宁、贵州等 43 座城市投入城市轨道交通建设,建成线路达到 201 条,总里程约 6 491.3 km。"十三五"期间,社会经济得到平稳、快速增长,城市化进程继续加快、产业结构深入调整,城市轨道交通产业结构调整、产业升级。因此,未来 10 年仍是城市轨道交通的大发展时期。表 1-1 是我国一些城市轨道交通通车里程。

表 1-1 我国一些城市轨道交通通车里程

排名	城市	通车里程/km	开通线路	首条线路开通时间
1	上海	705.00	17	1995 年 4 月 10 日
2	北京	689.00	22	1969 年 1 月 15 日
3	广州	491.00	14	1997 年 6 月 28 日
4	南京	378	10	2005 年 4 月 10 日
5	武汉	335	9	2004 年 7 月 28 日
6	重庆	331	10	2004 年 11 月 6 日
7	深圳	304	8	2004 年 12 月 28 日
8	成都	302	7	2010 年 9 月 27 日
9	天津	231	6	1984 年 12 月 28 日
10	香港	230.80	11	1979 年 10 月 1 日
11	青岛	174	4	2015 年 9 月 1 日
12	苏州	166	4	2012 年 4 月 28 日

续表

排名	城市	通车里程/km	开通线路	首条线路开通时间
13	西安	162	5	2011年9月16日
14	大连	158	4	2002年10月1日
15	台北	153	8	1996年3月28日
16	郑州	151	5	2013年12月28日
17	杭州	136	4	2012年11月24日
18	长沙	102	4	2014年5月1日
19	长春	100	5	2002年10月30日
20	宁波	96	4	2014年5月30日
21	合肥	94	3	2016年12月26日
22	沈阳	89	3	2010年9月27日
23	昆明	88	4	2012年6月28日
24	南宁	81	3	2016年6月28日
25	厦门	72	2	2017年12月31日
26	无锡	61	2	2014年7月1日
27	南昌	60	2	2015年12月26日
28	福州	56	2	2016年5月18日
29	温州	54	1	2019年1月23日
30	济南	48	2	2019年4月1日
31	石家庄	46	2	2017年6月26日
32	高雄	43	2	2008年3月9日
33	东莞	38	1	2016年5月27日
34	桃园	36	1	2017年3月2日
35	贵阳	35	1	2017年12月28日
36	常州	34	1	2019年9月21日
37	哈尔滨	32	2	2013年9月1日
38	乌鲁木齐	28	1	2018年10月25日
39	兰州	26	1	2019年6月23日
40	呼和浩特	23	1	2019年12月29日
41	徐州	22	1	2019年9月28日
42	佛山	21.50	1	2010年11月3日
43	澳门	9	1	2019年12月10日

（数据来源：MetroMan地铁通和维普百科）

1.1.1 国内外城市轨道交通重大火灾情况

城市轨道交通具有运输大、运行舒适、准时、能耗低和污染少等优点,是城市首选的交通工具,但是随着城市轨道交通线路长度和客运量的不断增大,火灾事故也在不断增多,造成了巨大的人员伤亡和财产损失。表 1-2 是国内外城市轨道交通发生的一些重大火灾。

表 1-2 国内外城市轨道交通重大火灾

时间	地点	起火原因	人员受伤
1991 年 4 月	瑞士苏黎世	地铁机车电线短路起火	重伤 58 人
1995 年 3 月	日本东京地铁	投放沙林毒气	死亡 12 人,受伤 5512 人
1995 年 4 月	韩国大邱地铁	煤气泄漏	死亡 103 人,受伤 200 人
1995 年 10 月	阿塞拜疆巴库地铁	电气老化	死亡 558 人,受伤 269 人
2000 年 11 月	奥地利地铁	电暖空调过热	死亡 155 人,受伤 18 人
2003 年 1 月	英国伦敦地铁	列车与隧道相撞	受伤 32 人
2003 年 2 月	韩国大邱地铁	纵火	死亡 198 人,受伤 146 人
2004 年 2 月	莫斯科地铁	爆炸	死亡 40 人,受伤 120 人
2006 年 7 月	芝加哥地铁	列车出轨	受伤 100 人
1961 年 11 月	北京地铁	电动机短路诱发火灾	6 人死亡,200 多人受伤
2004 年 1 月	香港地铁	人为纵火	14 人不适送院
2005 年 8 月	北京地铁 2 号线	车厢顶部风扇线路短路	无人员伤亡,2 号线停运 37 分钟
2006 年 2 月	北京地铁 13 号线	用于防盗的电缆槽着火	无人员伤亡,列车停运 1 小时
2011 年 1 月	广州地铁 5 号线	车厢突然出现明火	无人员伤亡

1.1.2 城市轨道交通火灾发生的原因

城市轨道交通在运营期间可能发生的灾害分为自然灾害和人为灾害两大类。从世界城市轨道交通一百多年的历史教训来看,城市轨道交通灾害中发生频率最高、造成损失最大的是火灾事故。在城市轨道交通系统的众多危险因素里,火灾的危险度是最高的,火灾对地铁来说可谓"第一天敌"。所以,对以地铁为主的城市轨道交通系统来说,消防安全非常重要。

城市轨道交通火灾发生的主要原因有机车车辆故障、电气设备故障、人为因素和地铁施工四大类。此外,环境因素也是引起火灾的重要原因。

(1)机车车辆故障。

1991年,瑞士苏黎世地铁总站因地铁机车电线短路,导致地铁机车最后两节车厢发生火灾,火灾中有58人受重伤。

2007年巴黎地铁13号线发生一起车厢着火事件,有35人被浓烟呛到,15人被送到医院救治。

(2)电气故障。

城市轨道交通系统电力和电气设备很多,系统的用电量也是很大的,导致电气火灾约占火灾的50%。电气设备故障引起的火灾具有一定的隐蔽性。由于通常漏电与短路都发生在电气设备及电缆电线的内部,着火时一般看不到起火点,普通的烟感和温感探测器很难实现对电气火灾的早期报警,只有当火灾已形成并发展成大火后才能被发现,而此时扑救已十分困难,且电气火灾一般不能用水来扑救。因此,电气故障是日常工作中需要重点排查和防范的因素。

(3)人为因素。

引起火灾的人为因素包括:工作人员违章操作,行车隧道施工维修中进行焊接、切割作业,生产生活中用火用电不慎引燃可燃物;乘客违反规定携带易燃易爆危险品,乘客在地铁内吸烟用火;以及一些人的极端行为、人为纵火等。

(4)地铁施工。

最近20年,随着地铁建设的不断推进,时有地铁施工火灾的发生。究其原因主要是施工中煤气泄漏、施工人员切割产生的焊渣引燃防火材料、电缆等杂物所引起的。

(5)环境因素。

引发火灾的环境因素主要包括:城市轨道交通内部潮湿、高温、粉尘大、鼠害等;城市轨道交通内部通风不畅、隧道散热不良等原因导致温度过高;隧道内漏水情况比较普遍,地下湿气不易排出,导致地下空间湿度大;老鼠等小动物啃咬电缆电线。上述环境因素可能造成电气设备、线路绝缘性能下降,导致电气设备因短路引起火灾。

1.1.3 城市轨道交通火灾发生的危险性

城市轨道交通系统是由车站、地下隧道区间、设备用房、控制中心、主变电站和车辆段等部分组成,其中控制中心、主变电站和车辆段一般位于地上,车站站厅、站台、车站控制室、车站变电所等设备用房和地下隧道区间都位于地下。由于地铁大部分工程处于地下,只有室内空间,且空间连续性强,所以防火分隔困难。地铁内人员密集,空间相对狭小,地铁工程出入口少,在火灾发生的混乱时刻,其各项功能必受影响和牵制。

由于车站位于地下,通风不畅,氧气供应量不足,火灾发生时不完全燃烧会产生大量浓烟,致使一氧化碳、二氧化碳、二氧化硫等有毒气体的浓度迅速升高,高温烟气的扩散流动,使地铁内环境迅速恶化,能见度降低,给人员的逃生造成更大障碍。人员逃生的唯一出路就是地铁的各个出入口，但出入口在火灾时却会成为喷烟口。因为高温浓烟的流动方向与人员逃生的方向一致，都是自下而上，且烟气的扩散速度比人的逃生速度要快得多，使得人长时间笼罩在高温浓烟中，会造成更多伤亡。

1.1.4 城市轨道交通地下车站火灾的特点

地铁火灾特点动画

（1）城市地铁建筑与地面建筑不同，火灾防范难度大。

由于地下车站出入口少，通道狭窄，疏散距离长，人员多，易发生挤、踩事故，因此地下车站火灾造成的后果比在地面建筑物中发生同样的情况时严重得多。地铁建筑由地铁的干线、候车大厅、站台、控制室等部分组成，空间连续性强，防火困难；地铁工程的出入口少，一旦发生火灾，出入口还必须具有排烟、散热、人员疏散和消防队员扑救的入口功能；整个地铁都使用人工采光，系统用电量很大，电气设备发生的火灾也不容忽视；地铁空间湿度大，容易造成因电气设备受潮导致的火灾；地铁的鼠害也不容忽视，它们咬破电缆等很容易造成电气线路短路起火。

（2）浓烟积聚不散，给人员逃生和火灾扑救带来很大障碍。

地下车站内部封闭的环境使物质不易充分燃烧，火灾发生时可燃物的发烟量很大，形成浓烟和热浪，同时产生大量的有毒气体，烟雾的控制和排除都比较复杂。特别是在机械通风系统发生故障时，很难依靠自然通风补救，这对于人员疏散是非常不利的。

① 烟气对人的眼睛、喉咙、气管有刺激。

② 地铁火灾容易形成气浪。

③ 浓烟使疏散指示器照明减弱，甚至失去指示功效。

④ 烟气流动方向与疏散方向相同，疏散人员需要与烟气进行"你死我活"的赛跑。

⑤ 地铁火灾后，新鲜空气补充较慢，易使气体"中性带"降低，结果底层烟量增大，有毒气体增多，致使疏散迟误者中毒身亡。

（3）火灾发生后温度上升快，峰值高。

发生火灾之后，大量的热量积聚，无法散去，空间温度很快升高，火势猛烈阶段温度可达到 1 000 ℃ 以上。高温有时会造成气流方向的变化，对逃生人员影响很大，而且会对车站结构造成很大破坏。

（4）人员疏散难度大。

人员从地下车站内到地面开阔空间的疏散是一个垂直上行的过程，这处过程比下行要耗费更多的体力，从而影响疏散速度。同时，自下而上的疏散路线与车站内浓烟和热气流自然流动的方向一致，这就要求人员的疏散必须在浓烟和热气流的扩散速度超过步行速度之前完成。由于这一时间差很小，又难以控制，故而给人员的疏散带来很大的困难。

（5）扑救困难。

由于地下空间的限制及浓烟、高温缺氧、有毒、视线不清、通信中断等原因，救援人员很难了解现场情况，大型灭火设备很难进入现场，进入火场的人员要进行特殊防护。这就造成救人、灭火困难大。消防队员在进行灭火救援时，同样会受到烟气的威胁。烟气严重妨碍消防员的行动；弥漫的烟雾影响视线，使消防队员很难找到起火点，也不易辨别火势发展的方向，灭火行动难以有效地开展。同时，烟气中某些燃烧产物还有造成新的火源和促使火势发展的危险；不完全燃烧物可能继续燃烧，有的还能与空气形成爆炸性混合物；带有高温的烟气会因气体的热对流和热辐射而引燃其他可燃物，导致火场扩大，给扑救工作增大了难度。

① 由于浓烟或停电造成一片漆黑，使得火场指挥员无法迅速确定起火点。

② 地铁是长通道空间，而每个呼吸器使用时间有限，消防救护人员佩戴呼吸器进行一次性活动的范围受到限制。

③ 在地铁内的消防队员，既要经受热辐射的照射，又要经受高温气浪的冲击，接近火点相当困难。

④ 灭火剂的使用。一般来说，卤代烷1211、1301和CO_2的灭火效果是非常理想的，但是地下空间发生火灾时，不宜使用上述灭火剂。

⑤ 地铁进口少，消防队员之间难以进行战术配合。

（6）易发生电气设备火灾。

城市轨道交通车站是由车辆、信号、通信、供电、自动售票机、空调通风系统、给排水系统、调度等十个机电系统设施和设备组成的庞大复杂的空间，具有数量多且复杂的各种强电设备、弱电设备、电子设备，供电线路、数据通信线路、控制线路。轨道区间存在迷流等危害，一旦绝缘不良就容易发生短路，从而引发电气火灾，并沿线路迅速蔓延。绝缘层燃烧会产生大量有毒有害气体，引起人员中毒、窒息。

（7）主动排烟、排热差。

地下隧道空间狭小，热交换能力差，发生火灾时不能像地面建筑那样有80%的烟可以通过窗户、门等渠道扩散到大气中，而是集聚在站内空间，无法扩散，空间温度骤升，较早出现爆燃。烟和有毒气体若不能控制或及时排除，会在通道和站台空间四处扩散，短时间内充满整个地下空间，给现场遇险人员和救援人员带来极大的生命威胁。

1.1.5　城市轨道交通地下区间隧道火灾的特点

地铁隧道区间深埋在地下，除空间封闭、通道狭长、通风不良等客观因素外，还存在电器设备故障、管理不善、乘客行为违规、人为恐怖破坏等安全隐患因素。这就决定了地铁隧道区间内一旦发生火灾等事故，事故很难得到控制，人员疏散及救援将十分困难。与地面公共建筑相比，地铁隧道区间火灾的特点主要包括以下几个方面：

（1）突发性强。地铁线路长，客流量大，火灾发生的时间和地点都不确定，火灾往往突然发生。

（2）列车在隧道中行驶，有很大的活塞风效应，一旦列车发生故障引起火灾，风助火势，蔓延迅速，并伴有大量浓烟。地铁隧道风机的自然通风较差，烟雾排出量远远小于生成量，导致烟雾很难在短时间内排除，给人员逃生和火灾扑救带来很大的困难。

（3）列车上的电气部件、装饰材料以及地铁区间隧道内敷设的电气设备的绝缘外皮等材料一旦燃烧，会产生大量氯气等有毒气体，增加了烟气中有毒物质的含量，增大了危险性。

（4）地铁隧道相对封闭，与外界地面连接仅靠几个排风口和进风口。地铁隧道区间面积较大，单段区间长度可达数千米，但仅有区间相邻车站的出入口或活塞风井与地面连接。封闭空间内一旦发生火灾事故，产生的烟气难以通过自然排烟的方式排出地面。再加上燃烧需要消耗大量的氧气，导致地铁区间隧道内含氧量急剧下降，造成物质的不充分燃烧，会比有氧燃烧条件下产生更多的浓烟，也会产生大量的一氧化碳等有毒气体。人员容易窒息而亡。

（5）火势蔓延迅速，人员疏散困难。虽然地铁隧道区间内大部分设施为非燃烧体，但隧道内敷设有大量电缆，火易沿着电缆敷设走向迅速蔓延，特别是一旦塑料电缆和充油电缆着火，火势蔓延会更加迅速。再加上列车在隧道内运行时产生活塞效应，将进一步加快火势扩散。此外，大量的热烟积聚使得空间温度迅速提高，会较早地出现爆燃。烟气充满地下隧道区间后，人的视觉能见度降低，无法辨别疏导通道和车站的正确位置，疏散所需的时间随之大大增加。同时，高温烟气会对人的生理、心理造成强烈的刺激，造成心理恐慌。这种环境下，人的行动能力大大降低，往往会失去理智，一拥而上地涌向通道，造成混乱拥挤，严重影响疏散。

（6）火灾扑救困难。由于车站及隧道建筑深埋地下，直通地面的出入口数量有限，消防人员只能通过有限的安全疏散通道进入车站，再通过车站进入隧道区间，这往往会与车站向外疏散的人流相冲突，严重影响救援速度，耽误了灭火救援的最佳时机。地铁隧道区间是一个封闭体，突发火灾事故后，通信信号受到影响，致使地下、地面联络比较困难，这也给消防员的火灾扑救行动带来了巨大困难，所以初期火灾以乘客自救为主。

1.1.6　城市轨道交通施工中火灾的特点

地铁施工中火灾主要是施工中人为不慎引起的火灾，其特点是：

（1）地铁施工中，施工人员电焊、氧割不慎掉落的飞渣引燃可燃物造成火灾。

（2）施工中，施工人员不小心挖断市政燃气、煤气管道引发大火。

1.2　燃烧的基本条件与灭火方法

1.2.1　燃烧的基本条件

燃烧是可燃物质与氧化剂作用发生的一种放热发光的剧烈化学反应，通俗地说燃烧就是放热发光的化学反应过程。《消防词汇 第 1 部分通用术语》（GB/T 5907.1—2014）规定：燃烧是可燃物与氧化剂发生作用的放热反应，通常伴有火焰、发光和发烟现象。可燃物在燃烧过程中，生成了与原来物质完全不同的新物质。

燃烧需要一定的条件，如果不具备一定的条件，燃烧就不会发生。任何物质要发生燃烧，必须具备下列三个基本条件（亦称三要素）：可燃物、助燃物（氧化剂）和着火源。

1. 可燃物

凡能在空气、氧气或其他氧化剂中发生燃烧反应的物质，都称为可燃物。如木材、氢气、汽油、煤炭、纸张、硫等。可燃物如果按其化学组成，可分为无机可燃物和有机可燃物两大类。从数量上讲，绝大部分可燃物为有机物，少部分为无机物。按其所处的状态，又可分为可燃固体、可燃液体和可燃气体三大类。对于这三种状态的可燃物来说，其燃烧难易程度是不同的，一般是气体比较容易燃烧，其次是液体，最后是固体。可燃物是燃烧不可缺少的一个条件，是燃烧的内因，没有可燃物，燃烧便不能发生。

2. 助燃物（氧化剂）

凡是与可燃物质相结合并能帮助、支持和导致着火或爆炸的物质，称为助燃物。助燃物，实质上是氧化剂，氧化剂是一种能使其他物质氧化而本身被还原的物质。氧化剂的种类很多，最常见的就是氧气。空气、氯、溴、氯酸钾、过氧化钠等都是氧化剂，都能帮助和支持燃烧。

人们通常所说的助燃物是指空气，因为空气中存在约五分之一（约21%）体积的氧，故一般可燃物在空气中遇到着火源都能燃烧。燃烧时，可燃物与氧化剂发生剧烈地氧化还原反应，在反应中，可燃物被氧化，氧化剂被还原。

3. 着火源

凡是能够使可燃物与助燃物发生燃烧反应的能量来源统称为着火源。这种能量既可以是热能、光能、电能、化学能，也可以是机械能。着火源温度越高，越容易引起可燃物燃烧。根据点火源产生能量的来源不同，着火源一般可分为直接火源和间接火源。

地下车站可能产生的火源有：
（1）生产用火：加热用火、维修用火。
（2）生活用火：暖炉、火柴、电炉、吸烟、加热用具。
（3）干燥装置：用电加热干燥装置、温度开关。
（4）电器设备：配电装置、开关、电路、变压器、电器设备的老化。

（5）机械设备：发动机的发热、机械摩擦。

（6）高温表面：不易散热的电器设备。

（7）自燃：乘客携带的化学用品、易燃易爆物品。

（8）其他不易发现的火源。

4. 燃烧的充分条件

要发生燃烧必须同时具备燃烧的三个要素，缺一不可（见图1-1）。但是在某些情况下，虽然具备了燃烧的三个要素，也不一定能发生燃烧，如可燃物的数量不够、氧气不足，或着火源的热量不大、温度不够。所以，要发生燃烧，除了上述三个基本条件外，还必须具备以下充分条件。

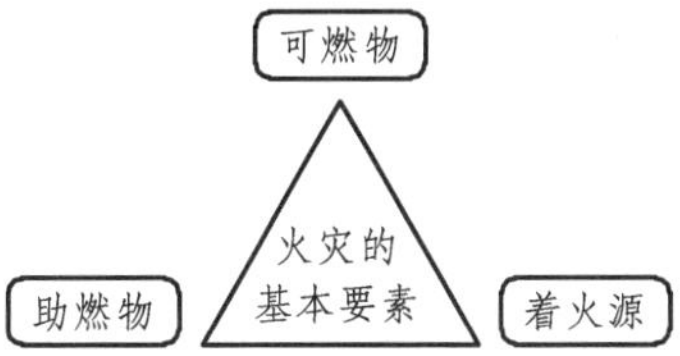

图 1-1 火灾燃烧三角形

（1）一定数量的可燃物。

首先，要发生燃烧，必须有足够数量的可燃物质。如果在空气中的可燃气体或蒸汽的浓度不够，燃烧就不会发生。例如：在一般气温下用火柴去点汽油和柴油时，汽油立即燃烧起来，而柴油却不能燃烧。为什么柴油不能燃烧呢？这是因为柴油在一定气温下挥发到空气中的蒸气数量很少，还没有达到燃烧的浓度。也就是说，虽有可燃物质，但其浓度不够，即使有空气（氧）和着火源的接触，也不能发生燃烧。

（2）一定比例的助燃物。

要使可燃物质燃烧，必须供给足够的助燃物，否则，燃烧就会逐渐减弱，直至熄灭。也就是说助燃物质的数量不够，也不能发生燃烧。例如：点燃的蜡烛用玻璃钟罩罩起来，不让周围的空气进入，这样经过较短的时间，蜡烛就会熄灭。通过对玻璃罩内的气体的分析，发现这些气体中还含有16%的氧气，这说明一般可燃物在空气中的含氧量低于16%的条件下不能发生燃烧。

（3）一定能量的着火源。

要发生燃烧，着火源必须有一定的温度和足够的热量，否则燃烧也不能发生。例如：从烟囱冒出来的火星温度约为600℃，如果这些火星落在易燃的干草或刨花上，就能引起燃烧，说明这些火星所具有的温度和热量能引燃这些物质。如果这些火星落在大块木材上，就会很快熄灭，不能引起燃烧，这说明落在大块木材上的火星虽有相当高的温度，但缺乏足够的热量，因此不能引起大块木材燃烧。

（4）要发生燃烧，必须使燃烧的三个要素相互结合、相互作用，否则燃烧就不能发生。譬如，在我们房间内有桌椅、窗等可燃物质，有充满空间的空气，有火源、电源，构成了燃烧的三个要素，可是并没有发生燃烧现象。这就是因为这些条件没有互相作用，火源没有点燃桌椅板凳等可燃物质，火也就烧不起来。

在人们生活、生产中，可燃物和空气是客观存在的，绝大多数可燃物即使暴露在空气中，若没有着火源作用，也是不能着火或爆炸的。从这个意义上说，控制和消除着火源是防止火灾的关键。

根据不同情况，控制火源的产生和使用范围，采取严密的防范措施，严格动火、用火制度，对于防火防爆十分重要。

1.2.2 灭火方法

火灾是指在时间和空间上失去控制的燃烧所造成的灾害。火灾具有极大的危害性，主要表现在两个方面：一是人员伤亡，二是财物损失。灭火的基本原理和一切防火措施都是为了破坏已经产生的燃烧条件或者使燃烧反应中的游离基消失，以迅速熄灭或阻止物质的燃烧，最大限度地减少损失。火灾通常都有一个从小到大、逐步发展、直到熄灭的过程。火灾过程一般可以分为初起、阴燃、燃烧和熄灭四个阶段，如表1-3所示。在火灾初起阶段（一般为着火后5～7 min），燃烧面积不大，火焰不高，辐射热不强，是扑救的最好时机，如图1-2所示。

表1-3 室内火灾发展阶段及特点

火灾发生的阶段	特　点	扑救难度
初起阶段	物质预热、气化，环境温度变化不大，火灾危害小的特点	火灾报警或火灾扑救的最佳时期，扑救难度最小
阴燃阶段	环境温度变化刚开始上升,有浓烟产生、有着火点出现火灾危害小	火灾扑救最佳时期，扑救难度小
燃烧阶段	室内温度急剧升高并伴有强烈的火焰，烟雾减少	火灾危害大且扑救难度大
熄灭阶段	可燃物燃烧殆尽，室内温度下降，火焰消失，烟雾较少	扑救失去意义

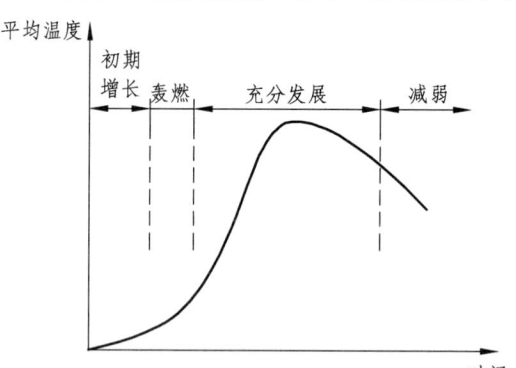

图1-2 室内火灾发展过程平均温度与时间的关系

根据燃烧条件和同火灾作斗争的实践经验，灭火要从这三个方面入手：

（1）控制可燃物。如以难燃或不燃材料代替易燃材料，对性质相互抵触的化学危险物品采用分仓、分堆存放等。

（2）隔绝助燃物。如对密闭容器抽真空，在容器内充入惰性气体等。

（3）消除火源。如在易燃易爆场所严禁烟火，在有火灾危险的场所严格控制电焊、气割等动火作业。

常见灭火的基本方法有四种，即主要采取隔离、窒息、冷却、抑制的办法，除掉造成燃烧的三个条件中的任何一个条件，使火熄灭。

1. 隔　离

隔离就是将正在燃烧的物质与未燃烧的物质隔开或疏散到安全地点，使燃烧因缺乏可燃物而停止。这是扑灭火灾比较常用的方法，适用于扑救各种火灾。

隔离灭火，根据不同情况，可具体采取下列方法：

关闭可燃气体、液体管道的阀门，以减少和阻止可燃物质进入燃烧区；将火源附近的可燃、易燃、易爆和助燃物品搬走；排除生产装置、容器内的可燃气体或液体；设法阻挡流散的液体；拆除与火源毗连的易燃建（构）筑物，形成阻止火势蔓延的空间地带；用高压密集射流封闭的方法扑救井喷火灾等。

2. 窒　息

窒息就是隔绝空气或稀释燃烧区的空气含氧量，使可燃物得不到足够的氧气而停止燃烧。它适用于扑救容易封闭的容器设备、房间、洞室和工艺装置或船舱内的火灾。

窒息灭火，根据不同情况，可具体采取下列方法：

用干砂、石棉被、帆布等不燃或难燃物捂盖燃烧物，阻止空气流入燃烧区，使已燃烧的物质因得不到足够的氧气而熄灭；用水蒸气或惰性气体灌注容器设备稀释空气；条件允许时，也可用水淹没密闭起火的建筑、设备的孔洞和洞室的窒息方法灭火；用泡沫覆盖在燃烧物上使之得不到新鲜空气而窒息。

3. 冷　却

冷却就是将灭火剂直接喷射到燃烧物上，将燃烧物的温度降到低于燃点，令燃烧停止；或者将灭火剂喷洒在火源附近的物体上，使其不受火焰辐射热的威胁，避免形成新的火点，迅速控制火灾并将其消灭。最常见的方法，就是用水来冷却灭火。比如，一般房屋、家具、木柴、棉花、布匹等可燃物质都可以用水来冷却灭火。二氧化碳灭火剂的冷却效果也很好，可以用来扑灭精密仪器、文书档案等贵重物品的初期火灾。还可用水冷却建（构）筑物、生产装置、设备容器，以减弱火焰辐射热的影响。但采用水冷却灭火时，要遵循"不见明火不射水"这个防止水渍损失的原则，即当明火焰熄灭后，应不再大量用水灭火，防止水渍损失。同时，对不能用水扑救的火灾，切忌用水灭火。

4. 抑　制

这种方法基于燃烧是一种连锁反应的原理，使灭火剂参与燃烧的连锁反应，使燃烧过程中产生的游离基消失，从而使燃烧反应停止，达到灭火目的。采用这种方法的灭火剂，目前主要有1211、1301等卤代烷灭火剂和干粉。但卤代烷灭火剂对环境有一定污染，对大气臭氧层有破坏作用，已被明令禁止使用，各国正在研制灭火效果好且无污染的新型高效灭火剂来代替它。

在火场上究竟采用哪种灭火方法，应根据燃烧物质的性质、燃烧特点和火场的具体情况以及消防器材装备的性能进行选择。有些火场，往往需要同时使用几种灭火方法，比如采用干粉灭火时，还要采用必要的冷却降温措施，以防复燃。

1.3 城市轨道交通消防系统分类和组成

城市轨道交通消防系统按照建筑形式和布置可分为：地下车站消防系统、地下区间消防系统、地面和高架车站消防系统、地面和高架区间消防系统、停车场消防系统、主变电站消防系统和控制中心消防系统（见图1-3）。

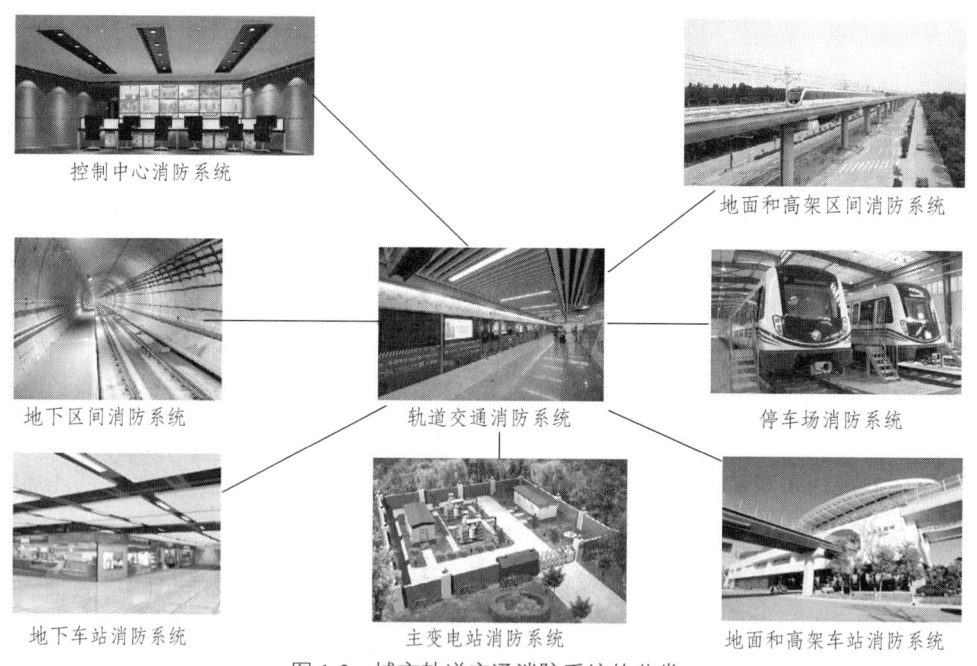

图1-3　城市轨道交通消防系统的分类

城市轨道交通消防系统按消防对象可分为：公共区域消防系统、设备用房消防系统和管理用房消防系统。设备用房又分为一般设备用房和重要设备用房。

城市轨道交通消防系统包括消防报警系统（Fire Alarm System，FAS）、警报系统、机电设备监控系统（Electrical and Mechanical Control System/Building Automation System，EMCS/BAS）、固定灭火系统（消防栓系统、水喷淋系统、细水雾灭火系统和气体灭火系统）、移动灭火系统（如手提式灭火器）、防排烟系统等组成。

1. 地下车站消防系统的组成

地下车站消防系统的组成如图1-4所示。

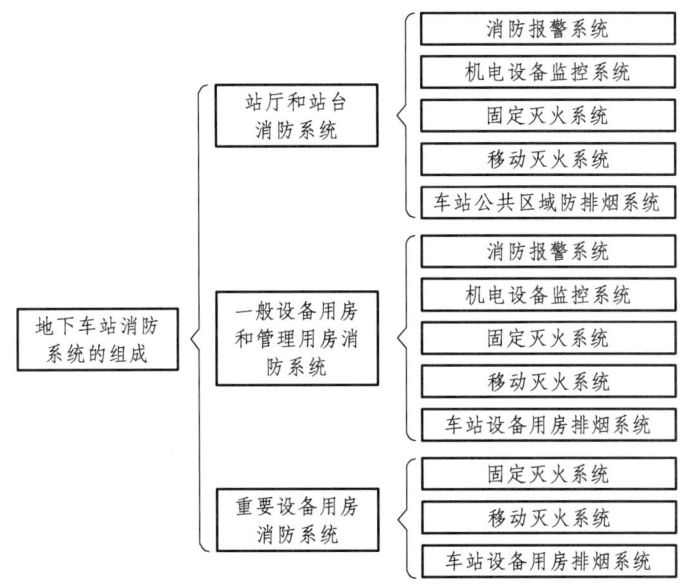

图1-4 地下车站消防系统的组成

（1）站厅和站台消防系统：消防报警系统、机电设备监控系统、固定灭火系统（消火栓、水喷淋、气体灭火、细水雾灭火）、移动灭火系统、车站公共区域防排烟系统。

（2）一般设备用房和管理用房消防系统：消防报警系统、机电设备监控系统、固定灭火系统（消防栓、水喷淋、气体灭火、细水雾灭火）、移动灭火系统、车站设备用房排烟系统。

（3）重要设备用房消防系统：固定灭火系统、移动灭火系统、车站设备用房排烟系统。

2. 地下区间消防系统的组成

地下区间消防系统包括控制中心消防报警系统、机电设备监控系统、车站消防报警系统、车站机电设备监控系统、车站和区间水消防系统、车站区间防排烟系统。

3. 地面和高架车站消防系统的组成

地面和高架车站消防系统包括站台和站台消防系统包括：车站消防报警系统、车站机电设备监控系统、车站固定消防系统和移动灭火系统。站台和站厅不设防排烟和水喷淋系统。

4. 地面和高架区间消防系统的组成

地面和高架区间仅设固定消防系统（消防栓系统）。

5. 停车场消防系统的组成

停车场有停车库、检修库、车辆段和管理用房，停车场消防系统包括停车场消防报警系统、停车场固定消防系统。

6. 主变电站消防系统的组成

主变电站消防系统包括主变电站消防报警系统、相邻车站消防报警系统、主变电站机电设备监控系统、主变电站相邻车站机电设备监控系统、气体灭火系统主变电站防排烟系统和移动灭火系统。建设在地面的主变电站一般不设防排烟系统。

7. 控制中心消防系统的组成

控制中心消防系统包括控制大楼消防系统、各线路控制中心级消防系统。

1.4 城市轨道交通消防系统基本要求

为了确保城市轨道交通消防安全，采用先进、可靠、安全和功能完备的消防系统十分关键。一旦发生火警，消防系统和设备必须做到可靠运行，必须满足以下基本要求。

（1）消防报警系统在有火情发生时，能及时、准确地探测和发出火警信号，并显示火情发生的地点、时间等内容。

（2）消防报警系统能及时联动防排烟系统、固定灭火系统，显示各系统运行状态。

（3）除报警功能外，消防报警系统应具有自动检测、故障报警、监视和控制、事件记录等功能。

（4）机电设备监控系统、固定灭火系统、防排烟系统在收到FAS报警信号后，应能正确按照各系统运行状态和相应联动工况要求，控制和监测相应设备，显示各系统运行状态等，同时能将各系统运行状态或结果反馈给消防报警系统。

（5）消防报警系统和机电设备监控系统应具有中央监控级、车站监控级和现场控制级。

（6）消防设备必须具有备用电源，当主电源失电时，能及时启动备用电源，确保消防系统正常运行。

（7）消防控制室（或车站综合控制室）的消防控制设备除自动控制外，对重要的消防设备还应能手动直接控制。

第 2 章

城市轨道交通车站消防给排水系统

2.1 给水系统

2.1.1 给水系统概述

给水系统（Water Supply System）是指保证用水对象获得所需水质、水压和水量的一整套构筑物、设备和管路系统的总和。

室内给水系统按其供水对象可分为生活给水系统、生产给水系统、消防给水系统及组合给水系统。

1. 生活给水系统

满足人们饮用、烹调、盥洗、洗涤、沐浴等生活用水的室内给水系统，称为生活给水系统。这种系统要求水质必须严格符合国家规定的生活饮用水水质标准。

2. 生产给水系统

满足在生产过程中所需要的设备冷却水、原料和产品的洗涤水、锅炉用水及某些工业原料（如酿酒）用水的室内给水系统，称为生产给水系统。生产给水系统必须满足生产工艺对水质、水量、水压及安全方面的要求。

3. 消防给水系统

满足层数较多的民用建筑、大型公共建筑及某些生产车间的消防设备用水的室内给水系统，称为消防给水系统。消防用水对水质要求不高，但必须按建筑防火规范要求，保证有足够的水量和水压。消防给水系统通常与生活给水系统共用。

4. 组合给水系统

上述三种给水系统，在实际工程中不一定需要单独设置，通常根据建筑物内用水设备对水质、水压、水量的要求及室外给水系统的情况，考虑技术、经济和安全条件，组合成同时供应不同水量的共用系统。主要有：

（1）生活与生产共用的给水系统。

（2）生产与消防共用的给水系统。

（3）生活与消防共用的给水系统。

（4）生活、生产和消防共用的给水系统。

根据供水用途的不同和系统功能的差异，有时将上述三类基本给水系统再划分为饮用水给水系统、杂用水给水系统（中水系统）、消防栓给水系统、自动喷水灭火系统和循环或重复使用的生产给水系统、纯水给水系统等。

2.1.2 给水系统的组成

室内给水系统的任务是将水自室外给水管引入室内，并在保证满足用户对水质、水量、水压等要求的情况下，把水安全、可靠、经济地送到各个配水点（如配水龙头、生产用水设备、消防设备等）。其组成为：

（1）水源。

（2）引入管——室外给水管网与室内管网之间的联络管。

给水系统的组成微课

（3）水表节点——安装在引入管上的水表及其前后阀门和泄水装置的总称。泄水装置主要用于检修室内管路时，将系统内的水放空与检验水表的灵敏度；阀门主要用于关闭管段，以便修理或拆换水表。

（4）给水管网，包括干管、立管、支管、分支管。

（5）给水附件——安装在管道及设备上启闭和调节装置的总称。其中配水附件指调节分配水流的各种配水龙头；控制附件指调节水量、水压、关断水流、控制水流方向用的阀门。

（6）配水设施。

（7）增压和储水设备。

（8）给水局部处理设施。

2.1.3 给水方式

室内给水方式最基本的有以下几种：

1. 直接给水方式

室外给水管网的水量、水压在一天内任何时间都能满足室内用水要求，不再设置调节、增压设施而直接与室外给水管网连接的给水方式称为直接给水方式，如图2-1所示。

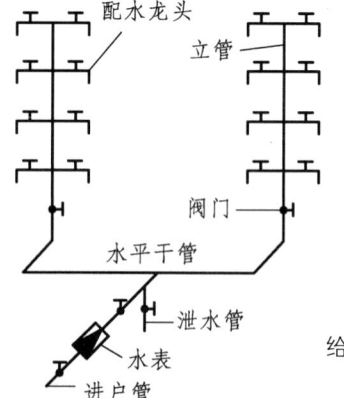

图2-1 直接给水方式

给水系统的分类微课

直接给水方式供水可靠，系统简单，投资省，安装维护简单，可充分利用室外管网水压，节约能源，是一种最值得推荐的给水方式。其缺点是室内无调节，无储水水量，室外给水管网停水时，室内给水管网也随即断水，影响使用。

低层建筑一般采用直接给水方式。

2. 设水箱的给水方式

室外给水管网水量充足但水压昼夜周期性不足时，即白天用水高峰时水压不足，夜间用水低谷时水压能够满足用水点要求时，应采用设水箱的给水方式。常见的设置方式为：在屋顶设置高位水箱，夜间用室外给水管网的水压向水箱供水，白天用水高峰期向室内给水管网供水。高位水箱又叫夜间水箱，用于调节水量和压力，如图2-2所示。

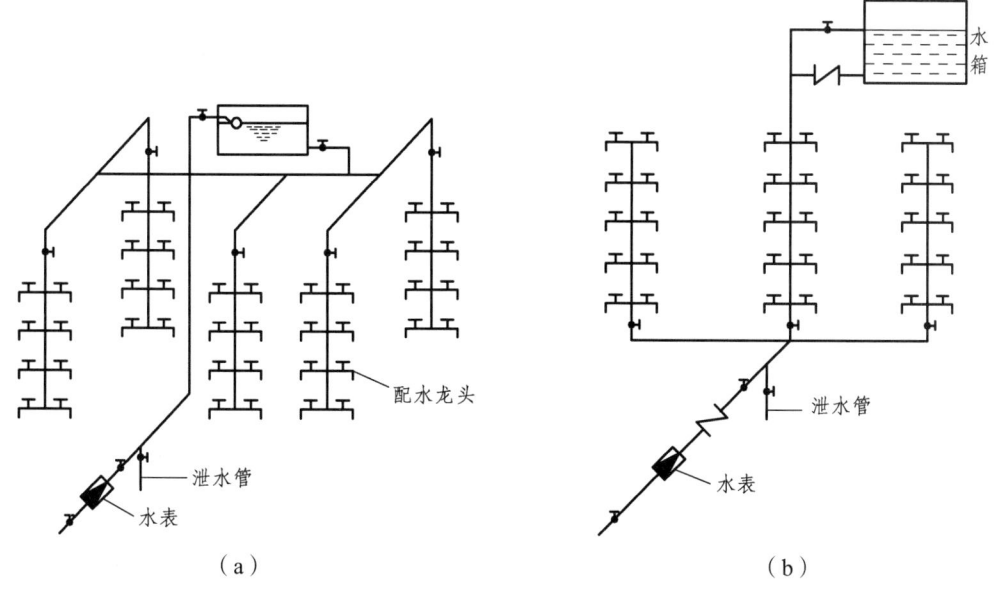

图 2-2 设水箱的给水方式

此给水方式的特点是：供水可靠，系统简单，投资较省，安装和维护简单，可充分利用室外管网水压，节省能源和增压设施。其缺点是：需设高位水箱，增加了结构荷载，给建筑专业的立面处理带来一定的难度，若管理不当，水箱的水质易受到污染。这种给水方式适用于多层建筑，下面几层与室外给水管网直接连接，利用室外管网水压供水，上面几层则靠屋顶水箱调节水量和水压，由水箱供水。

3. 设储水池、水泵和水箱的联合给水方式

室外给水管网水压经常性不足，而且不允许水泵直接从室外管网吸水和室内用水不均匀时，常采用该种供水方式。

这种方式利用水泵将水池中的水提升至高位水箱，用高位水箱储存调节水量并向用户

供水。水箱内设水位继电器来控制水泵的开停（水箱内水位低于最低水位时开泵，高于最高设计水位时停泵）。为利用市政管网压力，下部几层往往由室外管网直接供水，如图2-3所示。

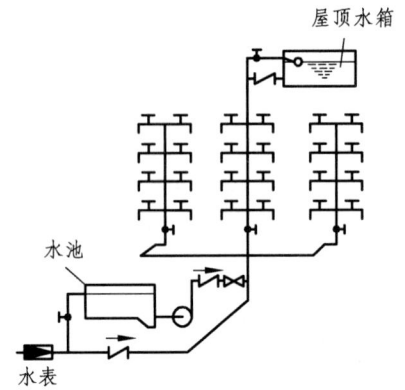

图 2-3　设储水池、水泵、水箱的联合给水方式

这种供水方式的优点是：由于水池、水箱储有一定水量，停水停电时可延时供水，供水可靠，供水压力较稳定，水泵及时向水箱充水，水箱容积可减小。其缺点是：存在水泵振动和噪声干扰。

4. 分区给水方式

在多层和高层建筑中，由于室外管网供水压力较低，只能满足建筑物低层的用水，而不能满足高层的需要。为充分有效地利用室外管网的压力，高层设水泵和水箱联合供水，低层直接由室外管网供水，这就形成上下分区的供水形式，如图2-4所示。

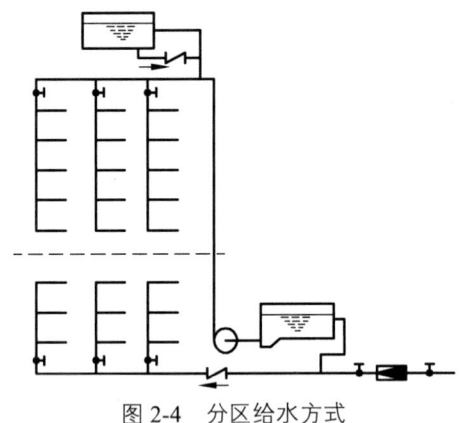

图 2-4　分区给水方式

这种给水方式的优点是：充分利用城市配水管网的压力，减少上、下区供水设备的容量、供水安全、经济、合理。

这种供水方式对建筑物底层设有用水量较大的洗衣房、浴池、厨房和餐厅等尤有经济意义。

5. 设气压给水设备的给水方式

气压给水设备是利用密闭储罐内空气的压缩或膨胀使水压力上升或下降的特点来调节和压送水量的给水装置，其作用相当于高位水箱或水塔。如图 2-5 所示。

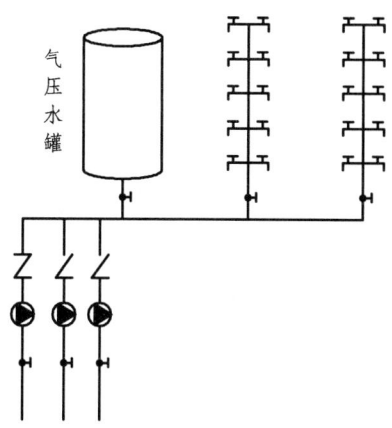

图 2-5　设气压给水设备的给水方式

这种给水设备优点是：具有灵活性大，施工安装方便，便于扩建、改建和拆迁，可以设在水泵房内，且设备紧凑，占地较小，便于与水泵集中管理；供水可靠，且水在密闭系统中流动不会受污染等优点。其缺点是：调节能力小，经常运行，费用较高。

这种方式适用于地震区的建筑、临时性建筑和因建筑艺术等要求不宜设高位水箱或水塔的建筑；有隐蔽要求的建筑都可以采用气压给水装置，但对于压力要求稳定的用户不适用。

2.1.4　地铁车站给水系统

地铁车站是地铁工程的重要组成部分，地铁车站的给排水及消防设计有一般建筑工程的共性，也有作为地铁工程的特性。

地铁车站所在地一般为城区，周围有较完善的市政给水管网，以市政自来水为供水水源。每个车站由 2 条不同的城市自来水管引入消防和生活、生产给水管，采用生活、生产用水和消防用水分开的给水系统，分别设置水表及阀门井。消防用水采用两路进水的不间断供水方式，如图 2-6 所示。生活、生产用水水压按卫生器具用水要求确定。地铁车站给水系统如图 2-7 所示。地铁车站位于地下，市政水压一般能满足生产、生活给水系统水压要求，采用市政给水直接供水给水系统即可。生产、生活给水干管在站厅层、站台层呈枝状布置，满足各用水点要求。地铁生产、生活给水系统具有自身独特的特点和要求，体现在以下几个方面。

图 2-6 不间断供水方式

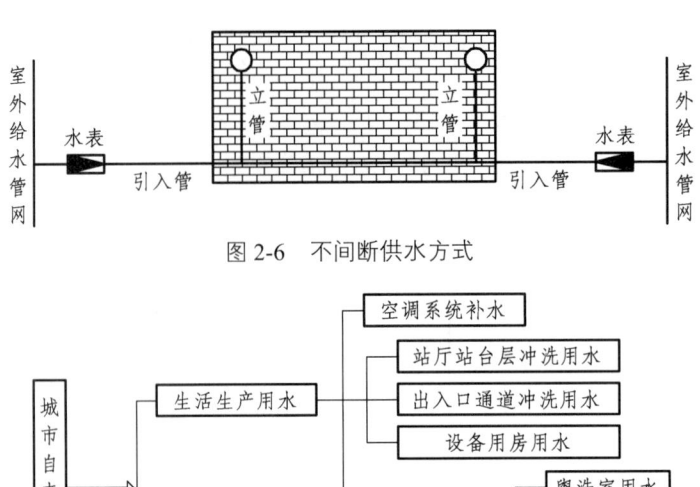

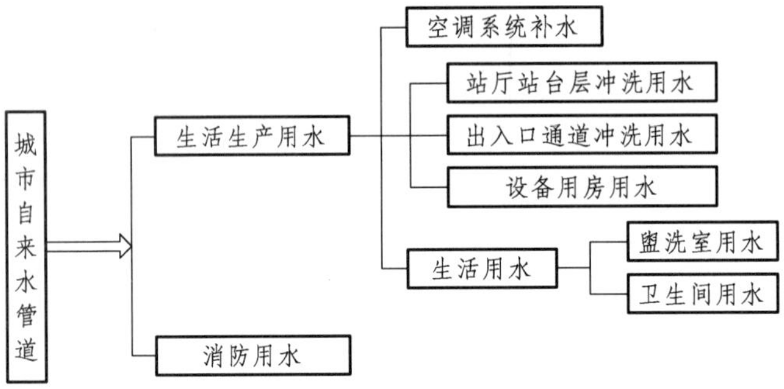

图 2-7 地铁车站给水系统示意图

1. 用水量标准

工作人员生活用水量 50 L/（班·人），冲洗水量 3 L/（m^2·次），冷却补充水量按循环水量的 2%计。

2. 进出车站的给排水管道布置

给排水管道不能穿过连续墙，宜在出入口或风井部位布置，因地铁车站连续墙厚度近 1 m，预留空洞给结构工程带来不便。

3. 管道绝缘

由于地铁车辆采用接触网供电，对于这种直流牵引供电系统，要防止杂散电流对给排水管道的腐蚀。进出车站的给排水管道均需进行绝缘处理后引入或引出，可在进出车站的给排水管道靠车站主体外侧安装 1 m 长的绝缘短管。

4. 管　材

要防止杂散电流对给排水管道的腐蚀，对管材就有相应要求。一般情况下，生产、生活给水管管径小于等于 DN 100 的采用新型塑料给水管，大于 DN 100 的采用镀锌钢管或可延性铸铁管。

5. 生产、生活给水管线布置注意事项

给水管道严禁跨越通信和电器设备用房。给水干管最低处设置泄水阀，最高处设置排气

阀，排气阀一般装置于设备用房端部没有吊顶的部位。给水干管穿越沉降缝处，宜设置波纹伸缩器。由于生产、生活给水管一般采用塑料管材，而塑料管材的线胀系数大，且地铁车站站厅、站台层长度一般在 100 m 以上，所以管线布置时要有效地减少或克服管道线性变化值。在可能暗敷的场所尽量采用暗敷的安装方式，管道直线长度大于 20 m 时应采取补偿管道涨缩的措施，支管与干管、支管与设备的连接应利用管道折角自然补偿管道的伸缩。当不能利用自然补偿或安装补偿器时，管道支架均应为固定支架。管道支架不仅起管线固定的作用，还要求能承受管线因线性膨胀而产生的膨胀力，其间距应比传统的镀锌钢管小得多。

6. 冲洗栓箱的设置

考虑到地铁运营中需要对车站进行清扫，因此站厅、站台层两端和长度大于 20 m 的通道内均设置冲洗栓箱，暗敷于侧墙内。为便于更换洒水栓栓头，应在栓前设置闸阀。

7. 给水立管的设置

从站厅层到站台层的给水立管宜设置在端部风井内，避免给水立管影响接触网供电系统。

2.2 排水系统

2.2.1 排水系统概述

1. 排水方式

地铁排水系统除重力排水外，机械排水主要有以下五个独立排水方式，车控室通过 BAS 系统对设备运行进行监视。

（1）车站废水排水。

车站废水主要包括结构渗漏水、冲洗废水、消防废水以及敞开部位的雨水等。车站站厅层和站台层的冲洗废水、消防废水等由地漏引入车行道两侧的线路明线和站台板下的排水线内，线路明线以 3‰ 的坡度将废水汇集至车站废水泵房的集水池。站台下排水采用两边设小明沟，并依靠底板 2‰ 纵坡将废水汇集到废水泵集水池。

一般车站内设 1～2 座废水泵站。位置均设在车站的端头，集水池设在废水泵层下部。每座泵站内设 2～3 台立式排水泵或潜水泵。2 台水泵互为冗余，消防时 2 台并联使用，排出消防废水。集水池容积按大于 5 min 水泵出水量计。废水由排水泵提升后排入市政下水管道。排水泵站排水管道一般沿车站风进处穿出车站后与市政下水道联通。废水排水管道口径一般为 DN150～200，集水池下设有反冲洗管，用于冲搅集水池底部，减少池内杂物沉淀。在排水管道的止回阀两端设有一根联通管道，用于反冲洗水泵的叶轮及吸水口，防止泵吸水口叶轮堵塞。

泵站设有就地电器控制箱和液体浮球，根据集水池水位情况自动排水，当高水位时两台排水泵均自动排水，一般集水池内设有停泵浮球、第一开泵水位浮球，第二开泵水位（高水位）浮球和低水位浮球，高水位报警浮球共五个。车控室计算机显示水泵运行：开泵、停泵、运行时间、低水位报警、高水位报警等情况。

（2）区间隧道排水。

地铁的区间隧道内主要有结构渗漏水、消防废水、冲洗废水等。一般在两地铁车站之间中部的线路低洼处设置有排水泵站，大部分排水泵站设置在上、下行线两路之间的联络通道中。废水由线路两侧明沟汇集到泵站集水池。集水池容积按 4 h 隧道渗水量考虑。泵站一般设有 2 台潜水泵，2 台水泵平时一主一备。消防时两台并联使用。该潜水泵配有自动耦合机构和自动反冲洗阀装置。泵体与出水管道无需螺栓连接，这样方便了安装维修工作。在水泵启动后反冲阀会自动打开，利用水泵抽出的水压对集水池底部进行冲搅约 30 s 后阀门自行关闭，水泵出水。一部分泵站的废水，经水泵提升先排入车站废水泵站的集水池，再由车站排水泵将废水排出车站。一部分泵站废水由水泵提升后直接排出车站。泵站运行控制方式同上述车站废水泵站一样。

（3）车站污水排水。

车站内厕所等生活污水由排水管道汇集至污水池（主要是厕所污水），污水池设在污水泵站下部。每个车站一般设一个污水泵站。每个泵站设有两台潜水泵，平时一用一备（互为冗余）。该水泵配有自动耦合机构，水泵与出水管道无需螺栓连接，便于安装、维修。污水池的有效容积不大于 6 h 的水泵排水量。

水泵采用水位就地控制，自动排水运行，不设第二开泵水位浮球。同样车站控制室内可显示水泵运行情况。污水经水泵提升后一般排入设在地面的化粪池内。

（4）在车站敞开式出入口和自动扶梯下，设有排水泵 2 台。其集水池主要汇集敞开出入口的雨水和车站结构的渗漏水。每个泵站设有 2 台潜水泵，平时一用一备（互为备用）。排水管道沿出入口穿出车站与市政排水管道联通。水泵采用水位就地控制，自动排水运行。运行方式同污水泵相似，但水泵不配自耦装置。

（5）在地下车站的风井等部位设有泵站和集水池。主要汇集风井口雨水和车站结构渗漏水。每个泵站设有 2 台潜水泵。水泵采用水位就地控制，自动排水运行。运行方式同车站出入口排水泵相似。但排水方式分为水泵提升后直接排水出车站和先经水泵提升后排入车站泵站，再排出车站两种情况。

2. 排水系统设计

车站、区间的污水、废水及雨水均应就近排入市政排水系统，污水应按规定达标后排放。地下车站及地下区间应设置废水泵房、污水泵房和雨水泵房。废水系统包括消防废水、地面冲洗废水、事故排水、结构渗漏水等，这些废水均通过线路排水沟汇流集中到线路区段坡度最低点处的废水泵站集水池内。污水系统主要指车站内卫生间生活污水。在折返线车辆检修坑端部、出入口和局部自流排水有困难的场合需设置局部排水泵房，在地铁洞口及敞开出入口处应设雨水泵房。其特点如下。

（1）排水量标准。

工作人员生活排水量按生活用水量的90%计；消防废水量与消防用水量相同。冲洗排水量为3 L/（m²·次），结构渗漏水量为1 L/（m²·d）。

（2）排水点设置。

地铁车站属地下建筑，污废水一般不能自流排出，需用泵提升后排出，所以在设计时排水点要考虑周全，除各排水点汇流集中到废水泵房、污水泵房的污废水用泵提升后排入市政排水系统外，还需考虑出入口处电梯基坑排水和站台底板下的结构渗漏水。为排除站台底板下的结构渗漏水，需在站台层端部设置集水坑，坑内安装潜污泵，将积水定期提升后排至线路排水沟内，由该沟流至废水泵房的集水池内。在折返线车辆检修坑端部、出入口和局部自流排水有困难的场合需设置局部排水泵房。

（3）排水泵。

排水泵应设计成自灌式，采用水位自动、就地和距离三种控制方式，并要求在车站控制室显示排水泵工作状态和水位信号。

（4）集水池有效容积的确定。

确定集水池有效容积时，既要防止过大而增加工程造价，又要防止过小而频繁开启水泵。废水泵房集水池有效容积可按不小于10 min的渗水量与消防废水量之和确定，但不得小于30 m³。污水泵房集水池有效容积不应小于最大一台泵5 min的流量，但不得大于6 h的污水量，防止污水停留时间过长而沉淀、腐化。

（5）排水泵房与雨水泵站。

车站露天出入口的雨水不能自流排出时，宜单独设置排水泵房。地下铁道隧道洞口雨水宜采用自流排水，当不能自流排水时必须在洞口设雨水泵站，以防雨水涌进地铁车站影响地下铁道安全运营，甚至造成事故。为保证地下铁道安全运营，地下雨水泵站暴雨重现期一般为30年。

（6）车站站厅、站台层地面及设备用房。

这些地方根据需要设置排水地漏，出入口通道与站厅接合处，需设置排水横截沟。地漏和排水横截沟排水立管应接至道床排水沟。

（7）废水泵房、污水泵房。

废水、污水泵房内应设置通气管道，与环控系统空气管道连通，避免臭气污染其他房间。

2.2.2 人防给排水系统

地铁工程除在平常作为重要的交通枢纽外，作为地下工程还兼有人防工程的作用，在战时可作为人员掩蔽的场所。因此在给排水工程中也应考虑到相应的人防要求。给水系统采用城市自来水作为给水水源，战时水箱进水管从车站内的给水管道接入。战时水箱应设在通风良好靠近集中用水的清洁区，可在战时临时修建，但应在地铁设计时设计到位，施工时预留孔洞、预埋管道，并有明显标志，以便临战时在规定时间内修建完毕。战时水箱的结构最好采用不锈钢成品水箱或食品级玻璃钢水箱，施工方便且在使用时不容易出现裂缝和破坏。战时水箱应储存战时生活用水和洗消用水。人防出入口内设置一个供墙面和地面冲洗用的水龙头，可从生产生活给水管或消火栓给水管道接出。水箱排水至水箱附近的地漏，地漏排向废水泵房，由废水泵房内的泵提升至室外市政排水系统。人防口部设洗消污水集水井，集水井宜与平时排水集水井相结合。人防口部各房间内应设洗消排水口，收集洗消污水排向洗消污水集水井，集水井内污水应设机械排出，采用自启动方式，且应设透气管。人防给排水系统设置要求及特点如下。

（1）防爆地漏设计。

简易洗消间、防毒通道等需冲洗的房间及通道内应设置直径不小于75 mm的防爆地漏。人防口部供墙面、地面冲洗排水用的防爆地漏，可通过管道排到清洁区的集水井内，洗消排水用的防爆地漏只能排向染毒区内的集水井。防爆地漏有法兰堵板和丝堵两种形式，平时处于封闭状态，需要排水时开启。

（2）给排水管道。

给排水管道穿越人防外墙时应采取"三防措施"，即防震、防不均匀沉降和防水。给水管穿人防外墙与土壤相接处设接头井防震和防不均匀沉降，并设置防水套管防水；排水管穿人防外墙与土壤相接处设挡土套管防震和防不均匀沉降，并设置防水套管防水；管道穿过密闭墙时，应采取密闭措施。

（3）防爆波阀。

给水管、消防管、排水管、透气管等穿人防顶板处和人防外墙处内侧均应设防爆波阀，并尽量靠近顶板或外墙。防爆波阀具有安全防护的作用，可防止冲击波沿着管道进入人防内部，以保护设施正常运转。在正常状态下，防爆波阀处于常开状态，当冲击波传入阀门时迅速关闭。防爆波阀无手动开启、关闭功能，设计需调节控制的管道时，应在防爆波阀前设置公称压力大于1 MPa的可控阀门，并应设有明显的启闭标志。

2.3 消防系统

消防系统肩负着防火灭火的任务，是城市轨道交通系统中非常重要的组成部分，消防系统主要包括两大部分：火灾报警系统和消防联动灭火系统。消防联动灭火系统中又包括消防栓给水系统、自动喷水灭火系统、气体灭火系统等。

2.3.1 消火栓给水系统

在上海等大城市，消防用水可直接从城市管网抽水，不设消防水池。如当地城市管网不能满足消防要求时，必须设置消防泵和消防水池。确定消防水池容积时，自动喷水灭火系统火灾延续时间按1 h计，消火栓系统火灾延续时间按2 h计，但应减去火灾延续时间内连续补充的水量。消火栓给水系统经增压后在车站内形成环网，区间隧道消防供水由相邻车站消火栓管网引入，双向区间形成环路。消火栓给水系统用水量按同一时间内发生一次火灾考虑。消火栓的水压应保证水枪充实水柱不小于 10 m，栓口处的静水压力不大于 80 MPa。消火栓给水系统服务范围除车站本身外，还包括两地铁车站之间隧道和车站附属的各种连通通道。两地铁车站之间隧道和车站附属的各种连通通道（长度大于 25 m）内均需布置消火栓。消火栓给水系统设置要求及特点如下。

（1）消火栓箱的形式。

根据地铁车站的建筑特点和不同的设置部位选用不同形式的消火栓箱。一般站厅层和连通通道选用单阀单出口消火栓箱，站台层选用双阀双出口消火栓箱。弯曲隧道内消火栓箱宜设在与轨道距离较远的内侧，隧道内消火栓箱上应有电话插孔。车站及折返线消火栓箱内应设火灾报警按钮和消防泵启动按钮。

（2）消火栓箱间距。

消火栓箱间距按 2 股水柱同时到达任一着火点布置。车站内消火栓箱最大间距 50 m，折返线内消火栓箱最大间距 50 m，区间内消火栓箱最大间距 100 m。

（3）水泵结合器。

地铁车站出入口或通风亭的口部应设水泵结合器，并在 40 m 范围内设置室外消火栓。

（4）自动巡检功能。

因为消防泵平时很少运行，为加强消防泵给水的可靠性，消防泵应具有自动巡检功能。在设定的时间周期内自动地启动消防泵，对消防泵的运行进行检查，有利于及时了解消防泵的实际性能，解决消防泵的锈蚀问题，保持消防泵的良好工况。

2.3.2 自动喷水灭火系统

以往不设置地下商场的地铁车站，一般不设置自动喷水灭火系统。在韩国大邱地铁火灾事故发生后，为进一步提高消防安全，我国部分城市消防局就要求所有地铁车站必须设置自动喷水灭火系统。地铁站在设置自动喷水灭火系统时，火灾危险等级按中危险级 II 级考虑。其设置要求为：自动喷水灭火系统干管坡度宜与站厅层、站台层顶板坡度一致，以便于降低吊顶高度和系统排水。

2.3.3 气体灭火系统

地下变电所的重要设备间、车站通信及信号机房、车站控制室、控制中心的重要设备间和发电机房等，不仅设置了昂贵的设备，而且这些区域一旦发生火灾，将影响整个地铁的安全运营，所以这些区域必须设置气体灭火系统。目前，国内很多地铁线路如北京地铁复八线、上海地铁二号线、广州地铁二号线等均选用了 INERGEN（烟烙尽）气体灭火系统。烟烙尽是氮气、氩气、二氧化碳以 52∶40∶8 的体积比例混合而成的一种灭火剂。它的三个组成成分均为不活泼气体，为大气的基本成分。烟烙尽气体无色、无味，不导电，无腐蚀性，无环保限制，在灭火过程中无任何分解物。其灭火原理为稀释氧气，窒息灭火。气体喷放时环境温度变化小，且不影响能见度。

气体灭火系统的缺点：喷射时噪声大；以气态方式储存，储存瓶组较多，储存压力大，常温下为 15 MPa，高压增加了危险性，也相对容易泄露，对管道材料以及安装、维护水平要求较高；系统主要设备元件目前为进口产品，造价较高。

气体灭火系统的组成及设置要求如下。

（1）系统组成。

烟烙尽气体灭火系统主要由烟感探测系统、温感探测系统、钢瓶组件（包括释放阀等）、集流管、止回阀、选择阀、减压孔板、管道、喷头、报警装置和控制盘等部分组成。

（2）基本要求。

气体灭火系统的基本要求为：系统要同时具有自动控制、手动控制和机械应急操作三种启动方式；灭火剂能在尽可能短的时间内喷放到防护区内，并迅速均匀分布，达到要求的灭火浓度；防护区应封闭良好，防止灭火剂流失，并能保持灭火浓度；保护区不宜开口，保护区内与其他空间相同的开口（除泄压口外）应能在灭火剂喷放前自动关闭，否则应将保护区扩大至与之相通的空间；对密闭良好的保护区应设置泄压口，泄压口应设置在保护区室内净高 2/3 高度以上，且应高于保护对象，并宜设在外墙上；若保护区设有外开门弹性闭门器或弹簧门，开口面积不小于泄压口的计算面积，该保护区可不另设泄压口。

2.4 给排水系统主要设备

2.4.1 室内给排水系统主要设备认知

室内给排水系统主要设备如表 2-1 所示。

表 2-1 室内给排水系统主要设备

室内给水	水泵	提升水量的机械设备，离心水泵使用较多
		离心水泵的基本参数：流量、扬程、轴功率、有效功率、效率、转速、允许吸上真空、高度、气蚀余量
	储水池、水箱	调压、调节设备
	气压给水装置	主要由气压供水罐、补气装置及电器控制设备组成
		可以弥补低压供水不足，代替屋顶水箱或水塔
	变频恒压调速给水设备	由可编程控制器、变频调速器、控制电路及电机泵组成
		利用变频器及时调整水泵运行速度，来满足用水量的变化，并达到节能的目的

续表

热水系统	热水器	局部加热设备（燃气热水器、太阳能热水器、电热水器）
		集中加热设备：锅炉（立式、卧式）
		水加热器（容积式、快速式、半容积式、半即热式）
室内生活排水	卫生器具	大便器、小便器、洗手盆、墩布池、地漏等
工业废水排水	潜水泵	

2.4.2 阀门

常用阀门的分类及用途如表 2-2 所示。

表 2-2 常用阀门的分类及用途

类别	用途
截断类	主要用于截断或接通介质流。如闸阀、截止阀、球阀、碟阀、旋塞阀、隔膜阀
止回类	用于阻止介质倒流，包括各种结构的止回阀
调节类	调节介质的压力和流量如减压阀、调压阀、节流阀
安全类	在介质压力超过规定值时，用来排放多余的介质，保证管路系统及设备安全。
分配类	改变介质流向、分配介质，如三通旋塞、分配阀、滑阀等
特殊用途	如疏水阀、放空阀、排污阀等

其他分类方法还有按结构形式、压力、介质工作温度、阀体材料、口径、连接方式分类等。下面介绍常用开关阀的原理及连接方式。

1. 闸阀

闸阀（见图 2-8）是指启闭体（阀板）由阀杆带动阀座密封面做升降运动的阀门，可接通或截断流体的通道。当阀门部分开启时，在闸板背面产生涡流，易引起闸板的侵蚀和振动，也易损坏阀座密封面，修理困难。闸阀通常适用于不需要经常启闭，并且保持闸板全开或全闭的工况。

闸阀在管路中主要作切断用，一般口径 DN≥50 mm 的切断装置多选用它，有时口径很小的切断装置也选用闸阀。

闸阀的优点包括：

（1）流体阻力小。

（2）开闭所需外力较小。

（3）介质的流向不受限制。

图 2-8 闸阀

（4）全开时，密封面受工作介质的冲蚀比截止阀小。

（5）体形比较简单，铸造工艺性较好。

闸阀缺点包括：

（1）外形尺寸和开启高度都较大，安装所需空间较大。

（2）开闭过程中，密封面间有相对摩擦，容易引起擦伤。

（3）闸阀一般都有两个密封面，给加工、研磨和维修增加一些困难。

2. 截止阀和节流阀

截止阀和节流阀都是向下闭合式阀门，启闭件（阀瓣）由阀杆带动，沿阀座轴线作升降运动来启闭阀门。

截止阀与节流阀的结构基本相同（见图 2-9），只是阀瓣的形状不同。截止阀的阀瓣为盘形，节流阀的阀瓣多为圆锥流线型，特别适用于节流，可以改变通道的截面面积调节介质的流量与压力。

截止阀在管路中主要作切断用。节流阀在管路中主要作节流使用。

截止阀有以下优点：

（1）在开闭过程中密封面的摩擦力比闸阀小，耐磨。

（2）开启高度小。

（3）通常只有一个密封面，制造工艺好，便于维修。

截止阀使用较为普遍，但由于开闭力矩较大，结构长度较长，一般公称通径都限制在 DN 200 mm 以下，截止阀的流体阻力损失较大，因而限制了其更广泛的使用。

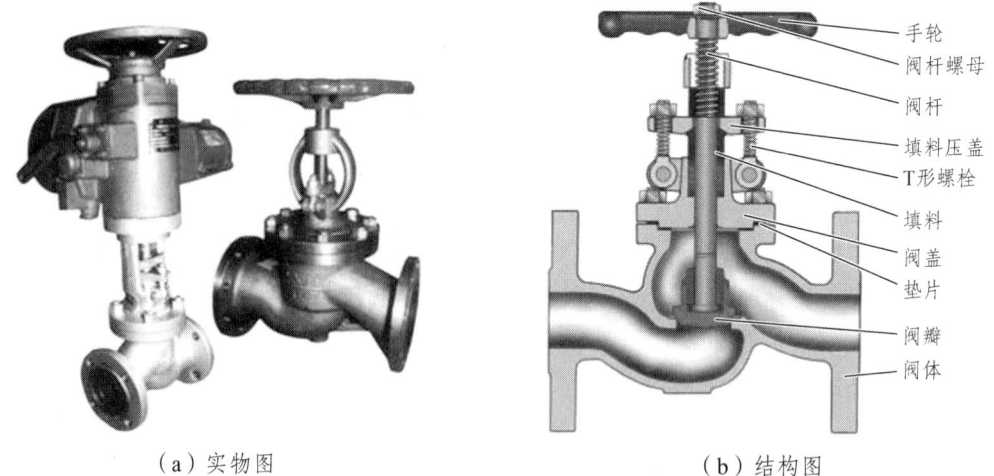

图 2-9 截止阀、节流阀

3. 球　阀

球阀是由旋塞阀演变而来的，如图 2-10 所示。它具有相同的启闭动作，不同的是阀芯旋转体不是塞子而是球体。当球旋转90°时，在进、出口处应全部呈现球面，从而截断流动。球阀在管路中主要用作切断、分配和改变介质的流动方向。球阀具有以下优点：

① 结构简单、体积小、质量轻，维修方便。
② 流体阻力小，紧密可靠，密封性能好。
③ 操作方便，开闭迅速，便于远距离的控制。
④ 球体和阀座的密封面与介质隔离，不易引起阀门密封面的侵蚀。
⑤ 适用范围广，通径从小到几毫米，大到几米，从高真空至高压力都可应用。

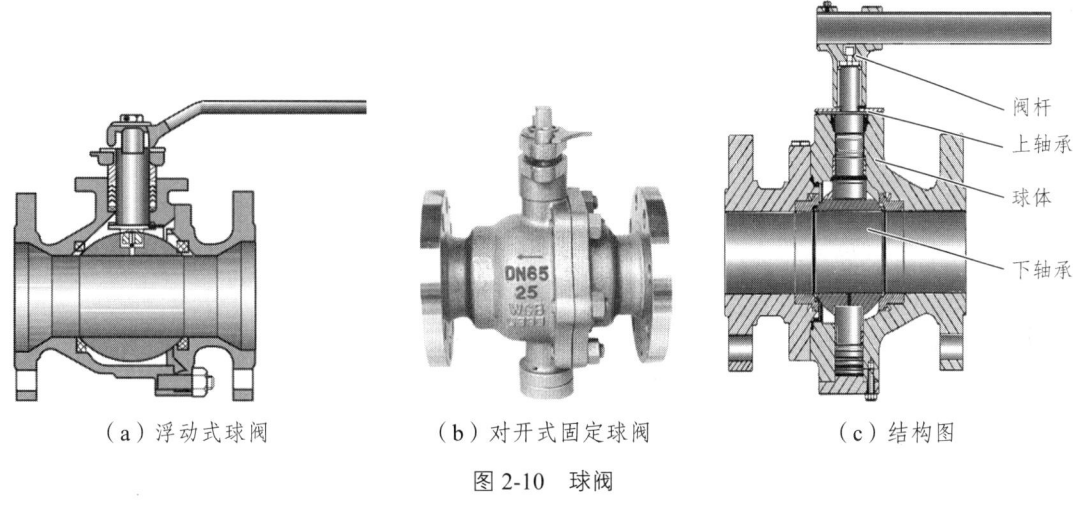

（a）浮动式球阀　　　（b）对开式固定球阀　　　（c）结构图

图 2-10　球阀

4. 蝶 阀

蝶阀（见图2-11）的蝶板安装于管道的直径方向。在蝶阀阀体圆柱形通道内，圆盘形蝶板绕着轴线旋转，旋转角度为 0°～90°，旋转到90°时，阀门是全开状态。蝶阀结构简单、体积小、质量轻，只由少数几个零件组成。而且只需旋转 90°即可快速启闭，操作简单。蝶阀处于完全开启位置时，蝶板厚度是介质流经阀体时唯一的阻力，因此通过该阀门所产生的阻力很小，故蝶阀具有较好的流量控制特性，可以做调节用。

蝶阀的特点：

（1）结构简单，外形尺寸小，结构长度短，体积小，质量轻，适用于大口径的阀门。

（2）全开时阀座通道有效流通面积较大，流体阻力较小。

（3）启闭方便迅速，调节性能好。

图 2-11　蝶阀

（4）启闭力矩较小，由于转轴两侧蝶板受介质作用基本相等，而产生转矩的方向相反，因而启闭较省力。

（5）密封面材料一般采用橡胶、塑料，故低压密封性能好。

5. 隔膜阀

隔膜阀（见图 2-12）是用一个弹性的膜片连接在压缩件上，压缩件由阀杆操作上下移动，当压缩件上升，膜片就高举，形成通路，当压缩件下降，膜片就压在阀体上，阀门关闭，此阀适用于开断、节流。隔膜阀特别适用于运送有腐蚀性、有黏性的流体，而且此阀的操作机构不暴露在运送流体中，故不会被污染，也不需要填料，阀杆填料部分也不会泄漏。

图 2-12 隔膜阀

隔膜阀的连接方式有法兰连接、螺纹连接、承插连接等。

常用的隔膜阀材质分为铸铁隔膜阀、铸钢隔膜阀、不锈钢隔膜阀、塑料隔膜阀。

隔膜阀按结构形式可分为屋式、直流式、截止式、直通式、闸板式和直角式六种。

隔膜阀按驱动方式可分为手动、电动和气动三种，其中气动驱动又分为常开式、常闭式和往复式三种。

隔膜阀特点如下：

（1）流体阻力小。

（2）能用于含硬质悬浮物的介质；由于介质只与阀体和隔膜接触，所以无需填料函，不存在填料函泄漏问题，对阀杆部分无腐蚀。

（3）适用于有腐蚀性、有黏性和浆液介质。

（4）不能用于压力较高的场合。

6. 旋塞阀

旋塞阀在管路中主要用于切断、分配和改变介质流动方向。实物如图 2-13 所示。旋塞阀是历史上最早被人们采用的阀件，具有阻力降小、开启方便、迅速等特点。由于结构简单、开闭迅速（塞子旋转四分之一圈就能完成开闭动作）、操作方便、流体阻力小，旋塞阀至今仍被广泛使用。目前主要用于低压、小口径和介质温度不高的情况下。

7. 调节阀

调节阀又称控制阀，通过接受调节控制单元输出的控制信号，借助动力操作去改变介质流量、压力、温度、液位等工艺参数的最终控制元件，实物如图 2-14 所示。

图 2-13 旋塞阀

图 2-14 调节阀

调节阀主要工作原理是靠改变阀门阀瓣与阀座间的流通面积,达到调节压力、流量等参数的目的。

调节阀由阀体和执行机构组成。执行机构是调节阀的推动装置,它按信号压力的大小产生相应的推力,使推杆产生相应的位移,从而带动调节阀阀芯的动作。阀体部件是调节阀的调节部分,它直接与介质接触,通过执行机构推杆的位移,改变调节阀的节流面积,达到调节的目的。调节阀阀体种类包括直通单座、直通双座、角形、隔膜、小流量、三通、偏心旋转、蝶形、套筒式、球形等。

调节阀适用于空气、水、蒸汽、各种腐蚀性介质、泥浆、油品等介质。

调节阀种类很多,可按以下方法分类:

(1)按行程特点分为直行程和角行程。直行程包括单座阀、双座阀、套筒阀、笼式阀、角形阀、三通阀、隔膜阀;角行程包括蝶阀、球阀、偏心旋转阀、全功能超轻型调节阀。

(2)按调节形式分为调节型、切断型、调节切断型。

(3)按流量特性分为线性、对数型(百分比)、抛物线型、快开型。

(4)按驱动方式分为手动调节阀、气动调节阀、电动调节阀、液动调节阀和自力式调节阀。手动调节阀包括手动球阀、手动蝶阀、节流阀。

调节阀常见的连接方式有法兰连接、螺纹连接、焊接等。

8. 减压阀

减压阀微课

减压阀的原理是靠膜片、弹簧、活塞等敏感元件改变阀瓣与阀座间的间隙,把进口压力减至需要的出口压力,并依靠介质本身的能量,使出口压力自动保持恒定。其实物如图 2-15 所示。

图 2-15 减压阀

减压阀按作用方式可分为直接作用式和先导式。直接作用式是利用出口压力变化,直接控制阀瓣运动；先导式由主阀和导阀组成，出口压力的变化通过导阀放大控制主阀动作。

减压阀按结构形式分为薄膜式、弹簧薄膜式、活塞式、波纹管式、杠杆式。

9. 节流阀

节流阀是通过改变节流截面或节流长度以控制流体流量的阀门。将节流阀和单向阀并联则可组合成单向节流阀。节流阀和单向节流阀是简易的流量控制阀，在定量泵液压系统中，节流阀和溢流阀配合，可组成三种节流调速系统，即进油路节流调速系统、回油路节流调速系统和旁路节流调速系统。节流阀没有流量负反馈功能，不能补偿由负载变化所造成的速度不稳定，一般仅用于负载变化不大或对速度稳定性要求不高的场合。

由于节流阀的流量不仅取决于节流口面积的大小，还与节流口前后压差有关，阀的刚度小，故只适用于执行元件负载变化很小和速度稳定性要求不高的场合。

10. 止回阀

止回阀是利用阀前后的压力差完成自动启闭，从而控制管道中的介质只向指定的方向流动，当介质即将倒流时，它能自动关闭，从而阻止介质逆向流动的阀门。止回阀实物和结构如图 2-16 所示。

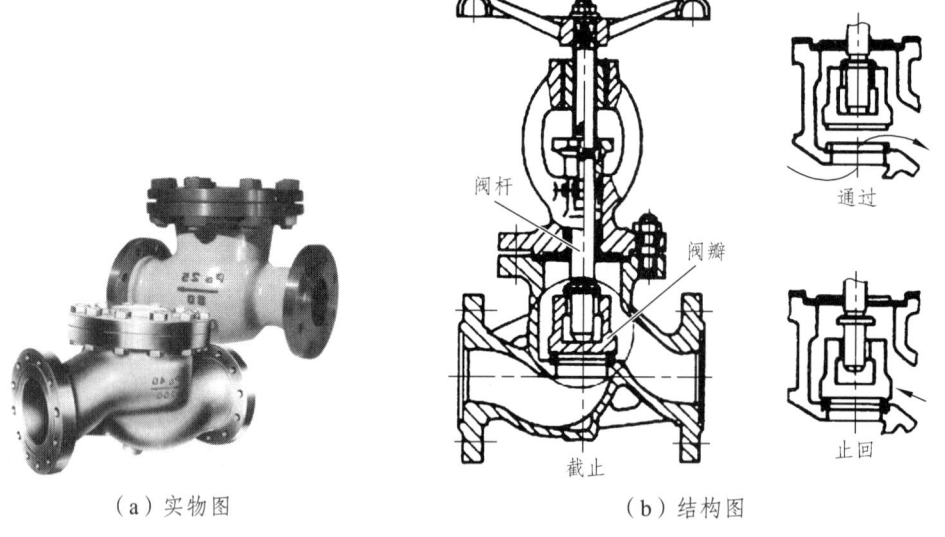

（a）实物图　　　　　　（b）结构图

图 2-16　止回阀

常见的止回阀有以下几种：

（1）升降式止回阀：阀体形状与截止阀一样（可与截止阀通用），因此它的流体阻力系数较大。

（2）旋启式止回阀：阀瓣围绕阀座外的销轴旋转，应用较为普遍。流动阻力小，密封性能不如升降式。适用于低流速和流动不常变动的场合，不宜用于脉动流。

（3）碟式止回阀：阀瓣围绕阀座内的销轴旋转。其结构简单，只能安装在水平管道上，密封性较差。

11. 安全阀

安全阀的作用原理是基于力平衡，一旦阀瓣所受压力大于弹簧设定压力时，阀瓣就会被此压力推开，压力容器内的气（液）体会被排出，以降低该压力容器内的压力。其实物如图 2-17 所示。

安全阀连接方式有法兰连接、螺纹连接、焊接等。

安全阀选用要求包括：灵敏度高；具有规定的排放压力；在使用过程中保证强度、密封及安全可靠；动作性能的允许偏差和极限值。

安全阀微课

图 2-17　安全阀

12. 排气阀

在一般情况下，水中含少量的溶解空气，在输水过程中，这些空气从水中不断释放出来，聚集在管线的高点处，形成空气袋，使输水变得困难，系统输水能力可因此下降 5%~15%。排气阀的作用是排除管道中聚集的空气。排气阀如图 2-18 所示。

（a）实物图

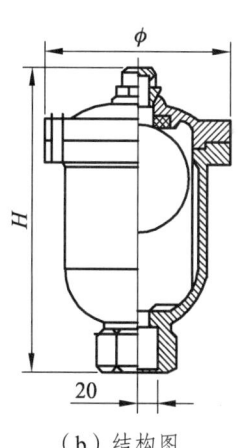

（b）结构图

图 2-18　排气阀

2.4.3　管材的种类及认知

管材的种类及连接方式如表 2-3、表 2-4 所示。

表 2-3　管材的种类

金属管	非金属管	衬里管
钢管 铸铁管 紫铜管和黄铜管 铝管 铅管	塑料管 玻璃管 陶瓷管 不透性石墨管 混凝土管和钢筋混凝土管	衬橡胶管 衬玻璃管 衬搪瓷管 渗铝钢管 塑料涂层钢管 衬铅钢管

表 2-4　钢管种类及连接方式

名称	分类	管材名称列举	连接方式
钢管	碳素钢管	焊接钢管	对焊接 承插焊接 螺纹连接
		10、20 无缝钢管	
		优质碳素钢无缝钢管	
	合金钢管	16Mn 无缝钢管	
		低温钢无缝钢管	
		合金结构管	
		轴承管	
	不锈钢管	奥氏体不锈钢	氩弧焊 轨道自动钢焊 卡压连接
		铁素体不锈钢	
		双相不锈钢	

常用钢管分类方法及规范、连接方式和用途见表 2-5～表 2-8。

表 2-5　常用钢管分类方法及规范

类别	现行规范编号	规范名称	用途	代表材质（牌号）
无缝钢管	GB/T 8162—2018	结构用无缝钢管	一般结构和机械结构	碳素钢20、45号钢；合金钢Q345、20Cr、40Cr、20CrMo、30-35CrMo、42CrMo 等
	GB/T 8163—2018	输送流体用无缝钢管	工程及大型设备上输送流体管道	20、Q345
	GB 3087—2008	低中压锅炉用无缝钢管	工业锅炉及生活锅炉输送低中压流体的管道	10、20号钢

续表

类别	现行规范编号	规范名称	用途	代表材质（牌号）
无缝钢管	GB 5310—2008	高压锅炉用无缝钢管	电站及核电站锅炉上耐高温、高压的输送流体集箱及管道	20G、12Cr1MoVG、15CrMoG 等
	GB/T 5312—2009	船舶用碳钢和碳锰钢无缝钢管	船舶锅炉及过热器用Ⅰ、Ⅱ级耐压管	360、410、460 钢级等
	GB 6479—2013	高压化肥设备用无缝钢管	化肥设备上输送高温高压流体管道	20、16Mn、12CrMo、12Cr2Mo 等
	GB 9948—2013	石油裂化用无缝钢管	石油冶炼厂的锅炉、热交换器及其输送流体管道	20、12CrMo、1Cr5Mo、1Cr19Ni11Nb
	GB 18248—2008	气瓶用无缝钢管	制作各种燃气、液压气瓶	37Mn、34Mn2V、35CrMo
	GB/T 17396—2009	液压支柱用热轧无缝钢管	制作煤矿液压支架和缸、柱，以及其他液压缸、柱	20、45、27SiMn
	GB/T 3093—2002	柴油机用高压无缝钢管	柴油机喷射系统高压油管	钢管一般为冷拔管，其代表材质为 20A
	GB/T 3639—2009	冷拔或冷轧精密无缝钢管	机械结构、碳压设备用的、要求尺寸精度高、表面光洁度好的钢管	20、45 钢
无缝钢管	GB/T 3094—2012	冷拔无缝钢管异形钢管	制作各种结构件和零件	优质碳素结构钢和低合金结构钢
	GB 13296—2013	锅炉、热交换器用不锈钢无缝钢管	化工企业的锅炉、过热器、热交换器、冷凝器、催化管等用的耐高温、高压、耐腐蚀的钢管	0Cr18Ni9、1Cr18Ni9Ti、0Cr18Ni12Mo2Ti
	GB/T 14975—2012	结构用不锈钢无缝钢管	一般结构（宾馆、饭店装饰）和化工企业机械结构用的耐大气、酸腐蚀并具有一定强度的钢管	0-3Cr13、0Cr18Ni9、1Cr18Ni9Ti、0Cr18Ni12Mo2Ti
	GB/T 14976—2012	流体输送用不锈钢无缝钢管	输送腐蚀性介质的管道	0Cr13、0Cr18Ni9、1Cr18Ni9Ti、0Cr17Ni12Mo2、0Cr18Ni12Mo2Ti 等
	YB/T 5035—2020	汽车半轴套管用无缝钢管	制作汽车半轴套管及驱动桥桥壳轴管用的优质碳素结构钢和合金结构钢热轧无缝钢管	45、45Mn2、40Cr、20CrNi3A 等

续表

类别	现行规范编号	规范名称	用途	代表材质（牌号）
无缝钢管	API SPEC 5CT—1999	套管和油管规范	套管：由地表面伸进钻井内，作为井壁衬的管子，其管子之间通过接箍连接	J55、N80、P110 等钢级，以及抗硫化氢腐蚀的 C90、T95 等钢级，其低钢级（J55、N80）可为焊接钢管
			油管：由地表面插入套管内直至油层的管子，其管子之间通过接箍或整体连接。其作用于是抽油机将油层石油经油管输送到地面	J55、N80、P110，以及抗硫化氢腐蚀的 C90、T95 等钢级。其低钢级（J55、N80）可为焊接钢管
	API SPEC 5L—2000	管线钢管规范	把轴出地面的油、气或水，通过管线输送到石油和天然气工业企业	B、X42、X56、X65、X70 等钢级
焊接钢管	GB/T 3091—2015	低压流体输送用焊接钢管	输送水、煤气、空气、油和取暖热水或蒸汽等一般较低压力流体和其他用途管	Q235A 级钢
	GB/T 14291—2016	矿粉矿浆输送用电焊钢管	矿山压风、排水、轴放瓦斯用直缝焊接钢管	Q235A、B 级钢
	GB/T 12770—2012	机械结构用不锈钢焊接钢管	机械、汽车、自行车、家具、宾馆和饭店装饰及其他机械部件与结构件	0Cr13、1Cr17、00Cr19Ni11、1Cr18Ni9、0Cr18Ni11Nb
	GB/T12771—2008	流体输送用不锈钢焊接钢管	输送低压腐蚀性介质	0Cr13、0Cr19Ni9、00Cr19Ni11、00Cr17、0Cr18Ni11Nb、0017Cr17Ni14Mo2 等

表 2-6 常用铁管分类及连接方式

名 称	分类	连接方式	使用	材质
承压铸铁管	砂型离心铸铁管	承插连接 法兰连接	输送水及天然气等压力流体	球磨铸铁 灰口铸铁 高硅铸铁 可锻铸铁 白口铸铁
	连续铸铁直管			
	柔性机械接口灰铸铁管			
	梯唇型橡胶圈接口铸铁管			
	离心铸造球墨铸铁管			
	高硅铸铁管			
无压铸铁管	排水铸铁管		市政排水、室内排水等	

表 2-7 铁管种类及规范

规范	名称
GB/T 13295—2013	水及燃气管道用球墨铸铁管、管件和附件
GB 3422—2008	连续铸铁管
GB 3421—1982	砂型离心铸铁管
GB 6483—2008	柔性机械接口灰口铸铁管
GB/T 17241.7—1998	铸铁管法兰技术条件
GB/T 3287—2011	可锻铸铁管路连接件
GB 3420—2008	灰口铸铁管件
GB 8715—1988	柔性机械接口铸铁管件
GB/T 13294—1991	球墨铸铁管件

表 2-8 有色金属管种类及规范

分类	连接方式	用途
铜及铜合金管	焊接、螺纹	自来水管道、供热、制冷
铝及铝合金管	焊接	输送浓硝酸、醋酸、脂肪酸、丙酮、苯类物质液体和硫化氢、二氧化碳等气体，不能输送碱溶液
铅及铅合金管	焊接、法兰	输送硫酸、盐酸、砷酸、磷酸等，不能输送硝酸、有机酸、碱类溶液及饮用水
钛管	焊接、法兰	输送酸、碱、盐溶液

常用塑料管种类如图 2-19 所示。

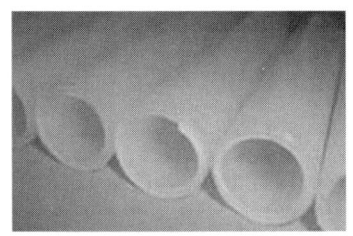

（a）PVDF 管

（b）UPVC 管

（c）PE 管

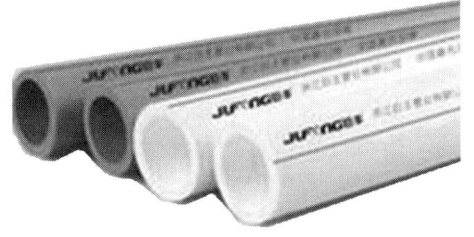

（d）PPR 管

（e）FRP 管

图 2-19 各种材质的管材

塑料管的分类、连接方式和用途见表 2-9。

PE 管和 PVC 管微课

表 2-9 塑料管的分类、连接方式和用途

名称	分类	连接方式	用途及特性
聚乙烯（PE）	低密度聚乙烯（LDPE、LLDPE）	热熔、电熔	40 ℃ 以下埋地给水管道
	中密度聚乙烯（MDPE）		
	高密度聚乙烯（HDPE）		室内外 40 ℃ 以下给水管道
	交联聚乙烯（PEX）		适用于不超过 95 ℃ 的给水管道
聚氯乙烯（PVC）	给水硬聚氯乙烯（PVC-U）管	弹性密封圈连接溶剂黏结	输送 45 ℃ 以下一般用途流体及饮用水
	排水用硬聚氯乙烯（PVC-U）管		建筑、埋地排水及腐蚀性工业排水管
	芯层发泡复合管		特性较优于普通 PVC 管
	化工用 PVC 管		输送 45 ℃ 以下腐蚀性化学流体
	建筑排水用硬聚氯乙烯螺旋管		建筑排水立管专用
	氯化聚氯乙烯（PVC-C）管		耐热、耐老化、耐化学腐蚀性
	洁净管道（CL-PVC）		适用于超纯水管道
聚丙烯（PP）	均聚聚丙烯（PPH）	热熔承插连接、电容连接、带金属螺纹接头连接	用于工业管道（耐腐蚀及纯水专用管道）
	共聚（氯化）聚丙烯（PPB）		建筑内的冷热管道、温度较低热水及工业排水管道
	无规共聚聚丙烯（PPR）		建筑内的冷热管道
聚丁烯（PB）	聚丁烯（PB）	熔接、夹紧连接	冷热水管道、气体、采暖等
聚偏二氟乙烯（PVDF）	工业用 PVDF	热熔连接	输送强烈腐蚀液体、高温液体
	洁净 PVDF		输送超纯水管道
（ABS）	丙烯烃、丁二烯、苯乙烯	溶剂黏结	应用于水处理、化工、食品行业管道
玻璃钢管（FRP）	FRP-W	承插连接、法兰连接、对接	输水管道（淡水、海水、污水等），120 ℃ 以下强烈腐蚀性介质管道
	FRP-R		通风管道
	FRP-F		石油化工腐蚀性介质管道

衬里管种类及连接方式见表 2-10。

表 2-10 衬里管种类及连接方式

复合管微课

名称	分类	连接方式	特点或用途
衬里管复合管	橡胶衬里管	法兰连接	普通钢管作为钢架材料,以耐磨、防腐、耐热等性能优异的橡胶作为衬里层,将金属特性和橡胶特性合二为一,形成了刚柔相济的管路设备,具有高强度、高耐磨、高防腐和耐高温等性能。应用于车间设备用工艺管道等磨损度高、腐蚀性强的固、液、气的输送领域
	衬塑钢管	法兰连接、螺纹连接、卡环连接、沟槽连接	镀锌无缝钢管、焊接钢管为基管,内壁去除焊筋后,衬入与镀锌管内等径的食品级聚乙烯(PE)管材,最后加压加热后一定时间后成型建筑冷热水管道、化工、医药等输送腐蚀性介质的管道
	铸铁衬铅管	法兰连接	耐酸管道
	衬陶瓷管	法兰连接	耐腐蚀管道
	钢衬玻璃管	法兰连接	耐磨、耐腐蚀
	钢骨架聚乙烯复合管	法兰连接、电容连接	聚乙烯芯管上交叉缠绕经过热熔胶涂覆的高强度钢丝,并挤出一层高强度热熔胶,形成增强层,外层包覆聚乙烯保护套的一种新型复合管材,耐高压,耐酸、碱、盐和其他化学介质的腐蚀
	铝塑复合管	卡套连接	中间层为铝管,内外层为聚乙烯或交联聚乙烯,层间为热熔胶黏合而成的多层管。具有聚乙烯塑料管耐腐蚀性和金属管耐高压的优点
	钢塑复合管	绞丝、承插、法兰、沟槽、焊接	以无缝钢管、焊接钢管为基管,内壁涂装高附着力、防腐、食品级卫生型的聚乙烯粉末涂料或环氧树脂涂料,采用前处理、预热、内涂装、流平、后处理工艺制成的给水镀锌内涂塑复合钢管,是传统镀锌管的升级型产品
	不锈钢薄壁复合管	卡套、丝扣、承插连接、活套法兰连接	建筑冷热水用
	PP/FRP 复合管	承插连接法兰连接粘接(FRP 增强)	聚丙烯表面经特殊处理后与热塑型玻璃钢牢固地结合成整体,形成独特的复合结构,具有质轻、耐腐蚀、耐热、无毒、无污染的特点
	FRP/PVC 复合管		PVC 外层增强一层 FRP,与 PVC 外层牢固地结合在一起,耐酸碱、耐压强度较大

2.4.4 增压、储水设备

1. 水 泵

水泵是给水系统中的主要升压设备。水泵的种类很多，有离心泵、轴流泵、活塞泵、水轮泵等。室内给水系统，一般采用离心式水泵，它具有结构简单、体积小、效率高且流量和扬程在一定范围内可以调整等优点。这里重点介绍室内给水工程中常用的水泵，即离心泵。

（1）离心泵的构造。

离心泵的工作原理，是靠叶轮在泵壳内旋转，使水靠离心作用甩出，从而得到压力，将水送到需要的地方。

离心泵主要由叶轮、泵壳、泵轴、轴承、和填料函组成。如图 2-20 所示。

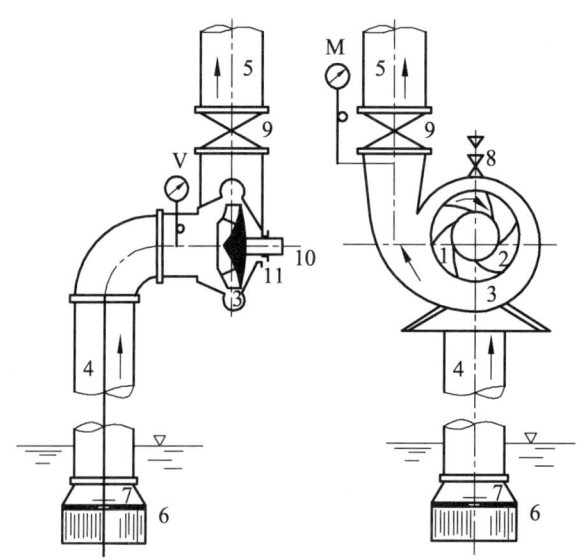

1—叶轮；2—叶片；3—泵壳；4—吸水管；5—压水管；6—拦污栅；7—底阀；8—加水漏斗；
9—闸阀；10—泵轴；11—填料函。

图 2-20 离心泵构造

① 叶轮：叶轮是离心泵的主要构件，由轮盘和若干个弯曲的叶片组成，叶片数一般为 6~12 片。

② 泵壳：泵壳的形状为蜗壳状。泵壳的作用是将水引入叶轮，使水流的动能转化为压能，然后将叶轮流出的水汇集起来，引向压水管。泵壳还将所有固定部分连成一体，支持轴承架。泵壳顶上设排气孔，在水泵启动时起排气作用，底部有排水孔。

③ 泵轴：泵轴是用来固定叶轮，同时也将电动机的能量传递给叶轮的构件，轴的一端与叶轮连接，另一端以联轴器与电机连接，电动机转动带动叶轮旋转，使叶轮工作。

④ 轴承：轴承用来支撑泵轴，便于泵轴旋转。

⑤ 填料函：也称盘根箱，其作用是密封泵轴与泵壳之间的空隙，以防漏水和空气吸入泵内。

离心泵的管路附件有吸水管、压水管、压力表等。

（2）水泵的选择。

选择水泵应以节能为原则，使水泵在给水系统中大部分时间保持高效运行。当采用设储水池、水泵和水箱的联合给水方式时，通常水泵直接向水箱输水，水泵的出水量与扬程几乎不变，选用离心式恒速水泵即可保持高效运行。

（3）水泵的设置。

水泵应按以下原则设置，并满足相应要求。

① 室外管网允许直接吸水时，水泵可以直接从室外管网吸水。但应保证室外管网压强不低于 0.1 MPa（从地面算起），特别是消防水泵。应在吸水管上装阀门、止回阀和压力表，并应绕水泵设置装有阀门的旁通管。

② 水泵宜采用自动运行方式。从储水池吸水时应采用自灌式。在不可能采用自灌式时，可采用抽吸式，并加引水装置。每台水泵的吸水管宜设为单独吸水管（特别是消防水泵），若设为共用吸水管，则一般不少于两条，并设连通管与每台泵吸水管连接。水泵吸水管水平管变径处，应采用偏心异径管并使管顶平，吸水管应有向水泵不断上升的坡度，吸水管内的水流速度一般为 1.0~1.2 m/s。出水管上应装设止回阀、阀门和压力表，并应设防水锤措施，出水管水流速度一般为 1.2~2.0 m/s。

③ 根据建筑物重要性、供水安全性和水泵运行可靠性，生活、消防和生产水泵应设置备用泵，备用泵容量应与最大一台水泵相同，同时应有不间断电源设施。

④ 在有安静要求的房间，其上、下和毗邻的房间内，不得设置水泵。如在其他房间设置水泵，应采用针对水泵的隔振措施。

2. 气压给水设备

气压给水设备是给水工程中的一种给水设备，又称气压给水装置、无塔供水设备等。它是根据波义耳-马略特定律，即在定温条件下，一定质量气体的绝对压力和它所占的体积成反比的原理制造的。它利用密闭罐中压缩空气的压力变化，调节和压送水量，在给水系统中主要起增压和水量调节作用。

气压给水设备一般由气压水罐、水泵机组、管路系统、电控系统、自动控制箱等组成，补气式气压给水设备还有气体调节控制系统。

按压力的稳定情况，气压给水设备可分为变压式和定压式两种。

气压水罐的工作过程微课

（1）变压式气压给水设备。在用户对水压没有特殊要求时，一般采用变压式给水设备，如图 2-21（a）所示。罐内空气压力随给水工况变化，给水系统处于变压状态工作。罐内的水在压缩空气作用下，被压送至给水管网，随着罐内水量的减少，压缩空气体积膨胀，压力减小，当压力降至最小工作压力时，压力信号器动作，使水泵启动。当压力达到最大压力时，压力继电器作用，使水泵关闭。

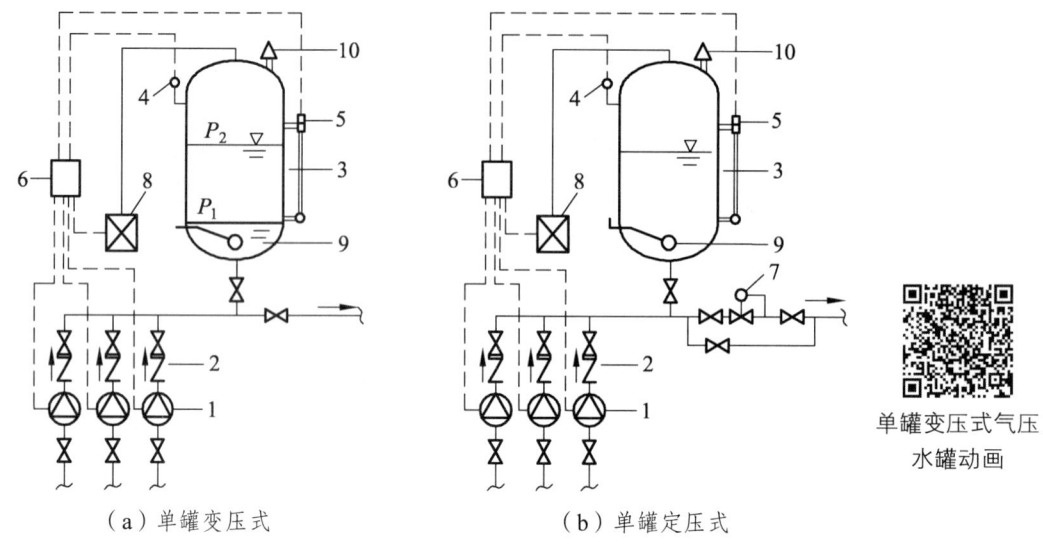

（a）单罐变压式 （b）单罐定压式

1—水泵；2—止回阀；3—气压水罐；4—压力信号器；5—液位信号器；6—控制器；
7—压力调节阀；8—补气装置；9—排气阀；10—安全阀

图 2-21 气压给水设备

（2）定压式气压给水设备。在用户要求水压稳定时，可在变压式给水设备的给水管上装调压阀，调压后水压在要求范围内，使管网处于恒压下工作。如图 2-21（b）所示。

2.4.5 潜污泵

潜污泵是一种电机与水泵直联一体潜入水中工作的通用提水机械，其工作原理是电动机通过泵轴带动叶轮高速旋转，在离心力的作用下对液体做功，液体（水）飞离叶轮向外射出，射出的液体在泵壳扩散室内速度逐渐变慢，压力逐渐增加，然后从泵出口的排出管流出。潜水泵的设计出发点是"不缠绕、不堵塞"，有的型号还装有撕裂机构或切割装置，能将水中长纤维、带状物等撕裂或切割后排出。潜水泵的弱点是其抽送的介质多为软质，对水中含沙量限制在 3%以内，含沙量大时，易损坏密封，电机一旦进水，轴承、绕组绝缘损坏，导致电机烧毁。

潜污泵的类型主要分为 WQ 系列潜污泵、QWK 型切碎式潜污泵、QS 型水浸式潜污泵和 JYWQ 型自动搅匀排污泵等几种形式（见图 2-22）。

潜污泵使用注意事项主要有以下几点：

（1）长期不用后再次启用的泵应在检测合格后方可投入使用。检测方法：用 500 V 兆欧表摇测三相绕组对地绝缘电阻值不小于 0.5 MΩ（潜污泵放入水中 6 小时），离水时摇测冷态对地绝缘电阻值不小于 0.5 MΩ。三相绕组阻值相同。

（2）检查电源装置是否安全可靠，额定电压必须与铭牌相符。

（3）经常检查线缆有无破损、断裂等现象，如有，应立即更换。

（a）WQ 系列潜污泵

（b）QWK 型切碎式潜污泵

（c）QS 型水浸式潜水泵

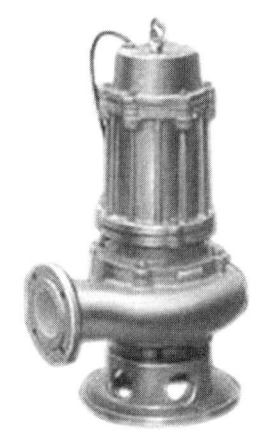

（d）JYWQ 型自动搅匀排污泵

图 2-22　潜污泵

（4）定期检查控制箱接线桩头是否接线牢固可靠，热继电器整定值是否正确。

（5）潜污泵不允许长时间脱水工作。如需在无水条件下试运转，时间不得超过 2 分钟，如有异常，应立即停机检查；在抽水过程中，随着水位的下降，应注意不能让泵体露出水面工作。

（6）潜污泵放入水中或提出水面时，必须使用起吊绳索，绝不可拉拽电缆线；如需要搬运、拆装或检修，必须先切断电源，并悬挂"禁止合闸，有人工作"标示牌。

（7）潜污泵在潜入水中时，应垂直起吊，不允许横放。

（8）开机后，若出现叶轮到转（现象：出水量小或不出水）时，应立即停机，调整相序，使之正转出水。

（9）潜污泵在工作中水泵及控制箱出现声音异常及异味时，应立即停机检查，待故障排除后方可启泵。

（10）潜污泵停机后不能马上启动，必须等管内的存水回流完毕后才可启动，以防止管道内产生水锤损坏水泵。若启动后不能出水，应立即停机查明原因，予以排除。

（11）潜污泵不宜频繁启动，每小时启动次数一般不多于6次，且要求间隔大致均匀。

（12）潜污泵长期不用时，应从水中取出，以减少电机绕组受潮机会，保持电泵使用寿命。

（13）潜污泵在使用频率较低的季节，应每周点动一次，以保证泵叶轮运转灵活。

（14）在正常工作条件下，潜污泵工作一年后，应进行维护保养。如除锈刷漆。

（15）经常检查污水井内有无塑料袋、绳等杂物，如有，应予以清理。

第 3 章

城市轨道交通给排水系统运行管理

3.1 运行管理的主要任务

城市轨道交通给排水系统运行管理的主要任务是负责城市轨道交通所属范围内所有建筑物的给水系统、排水系统、水消防系统和污水处理系统设备的运行管理。设备管理单位通过对上述设备、设施的巡视、操作、日常保养、月检、季检和年检以及小、中、大修等预防性维修,使之能持续、高效地运行,保证不因给排水系统设备、设施出现故障而导致城市轨道交通受到影响。

3.2 运行管理的有关规程和制度

3.2.1 给排水系统运行管理

城市轨道交通车站给排水系统的维护管理遵循"坚持预防为主,实行全面养护,重点整治病害,逐步改善条件,确保使用安全"的原则,根据给排水系统专业管理的标准和要求,按以下规程进行操作、维修和保养:

(1)给排水系统由专业人员进行管理。

(2)给排水操作员必须持有卫生防疫站颁发的健康证,并每年复审一次。

(3)给排水操作员必须熟悉所辖区域内给排水系统设备、管道、阀门,以便有效准确地进行维修工作,确保无跑、冒、滴、漏现象。

(4)坚持每日查表制度,严格控制用水,随时关注用水量,做到每日定时查表,每月汇总并存档备案,对用水量心中有数。

(5)防止二次供水污染,必须按规定定期清洗水箱(供水箱、中水箱)、水池。清洗水箱单位必须具备卫生局颁发的卫生许可证,操作人员持有疾病控制中心颁发的体检合格证。清洗水箱的药品必须符合国家规定,清洁工具必须经过消毒,二次供水卫生许可证、水质化验单齐全。水池、水箱应半年清洗一次，若遇特殊情况，可以增加清洗次数。

（6）保持水箱间与机房卫生，划分责任区，防止水质二次污染，定期（每周）进行卫生检查，并填写记录。

（7）制定维修保养计划，并按计划规定时间、内容做到预防检修，对供水管道、阀门、水表、水泵、水箱进行经常性维护和定期保养、检修，做好记录备案。清洗水箱及维修需临时停水、限水应按规定时间及流程提前3天通知机关各部室和各单位做好准备。

（8）做好应急（漏水、污水外溢、水淹等）抢修工作，接到应急报告迅速奔赴现场，及时进行抢修。排除重大故障应在相关领导和工程师的指导下进行。

（9）生活水泵每季度进行一次全面养护。养护内容主要有：

① 检查水泵轴承是否灵活，如果有阻滞现象，应加润滑油；如果有异常摩擦声响，应尽快更换同型号同规格轴承；如果有卡住、碰撞现象，应更换同规格水泵叶轮；如轴上键槽磨损严重，要尽快更换同型号同规格水泵轴。

② 检查压盘根线是否漏水成线，如是，则应加压盘根。

③ 清洁水泵表面，若水泵脱漆或锈蚀严重，应彻底铲除脱落油漆，重新刷漆。

④ 检查电动机与水泵弹性联轴器有无损坏，如果损坏则应更换。

⑤ 检查机组螺栓是否紧固，如果松动则应拧紧。

（10）对污水系统每季度检查一次，疏通清理一次，并填表备案，污水泵一年检修两次，包括系统附件，同时对污水泵坑进行清淤，保证坑内无块状杂物，保证排水系统畅通，汛期道路无积水、地下室、车库、设备房无积水、浸泡发生。

（11）发生事故时，运行及维修人员应立即抢修并逐级汇报，恢复系统工作状态，无大面积跑水或长时间停水现象，保证供水系统正常运行。

（12）根据设备及水泵运行频率，每年年底制定下一年维修保养计划，并按计划规定时间、内容组织实施，做到预防检修，水泵每季度保养一次，每半年检修一次，水泵运行要每周进行倒泵，保证供水系统正常运行，并及时做好记录备案。

（13）制定水灾事故应急处理预案并按规定演练。

3.2.2 消防水系统运行管理

（1）消防泵要定期试泵，至少每季度一次，要保证电气系统正常运行。

（2）消防栓（箱）每月进行检查，每年养护一次。养护内容有：

① 检查消防栓（箱）门或玻璃、门锁、栓头、水龙带、阀门是否齐全。

② 检查水龙带是否破损、发黑、插接头是否松动。

③ 检查密封胶圈是否变形、老化。

④ 阀门杆加油防锈，并抽取总数的5%进行试水。

⑤ 清扫箱内灰尘,将消防栓的门擦净,最后贴上检查标示,标示内容应有检查人、检查部门以及检查时间。

(3) 自动喷水灭火系统。

① 每日巡视系统的供水总控制阀门、报警控制阀及其附属配件,以确保其处于无故障状态。

② 每日检查警铃一次,看其启动是否正常。打开试铃阀,水力警铃应发出报警信号,如果水力警铃不动作,应检查整个警铃管道。

③ 每季度对喷头进行一次外观检查,不正常的喷头应换掉。

④ 每日检查系统控制阀是否处于开启状态,以保证阀门不会误关闭。

⑤ 每季度对系统进行一次综合试验,按分区逐一打开末端试验装置放水阀门,以检验系统灵活性。

⑥ 当系统因试验或因火灾启动后,应在事后尽快使系统重新恢复到正常状态。

⑦ 每季度检查管网及管道焊接口(压接口),查看有无漏水现象,如有则立即处理。

3.2.3 污水处理系统运行管理

(1) 每天检查污水处理系统各设备运行是否正常,外观是否锈蚀,紧固件是否松脱。

(2) 每天检查各设备上的安全阀和压力表是否正常。

(3) 定期进行水质化验,根据化验结果调整投药量,以保证出水达到最佳状态。

(4) 水泵不能断水空载运行,流量计在冬天运行时,应将水放尽,以免冻裂。

(5) 定期检查 COD 污水在线检测仪试剂是否用完或过期,及时进行添加和更换。

(6) 定期检查二氧化氯发生器盐酸和氯化钠等原料是否用完。

(7) 定期检查碱式氯化铝等原料是否用完。

(8) 每天检查污水处理系统布气是否均匀。

3.2.4 给排水系统维修作业基本规定

1. 维修材料

(1) 给排水工程所用配件的品种规格和质量应符合设计要求和国家现行标准的规定。当设计无要求时应符合国家现行标准的规定,严禁使用国家明令淘汰的材料。

(2) 所有材料进场时应对品种、规格、外观和尺寸进行验收。材料包装应完好,应有产品合格证书、中文说明书及相关性能的检测报告,进口产品应按规定进行商品检验。

(3) 进场后需要进行复验的材料种类及项目应符合本规范各章的规定。同一厂家生产的同一品种、同一类型的进场材料,应至少抽取一组样品进行复验。当合同另有约定时应按合同执行。

(4)当国家规定或合同约定应对材料进行见证检测时,或对材料的质量发生争议时应进行见证检测。

2. 维修施工

(1)承担给排水工程维修施工(主要指承担大修及改造)的单位应具备相应的资质,并应建立质量管理体系。施工单位应按有关的施工工艺标准或经审定的施工技术方案施工,并应对施工全过程实行质量控制。

(2)承担给排水工程施工的人员应有相应岗位的资格证书。

(3)给排水工程的施工质量应符合设计要求和本规范的规定,如违反设计文件和本规范的规定,施工造成的质量问题应由施工单位负责。

(4)施工单位应遵守有关环境保护的法律法规,并应采取有效措施控制施工现场的各种粉尘、废气、废弃物、噪声、振动等对周围环境造成的污染和危害。

(5)施工单位应遵守有关施工安全、劳动保护、防火和防毒的法律法规,应建立相应的管理制度,并应配备必要的设备器具和标识。

(6)工程验收前应将施工现场清理干净。

3. 维修人员

参与维修作业的操作人员、技术管理人员及主要负责人应具备相应的岗位资格,熟悉相关规范标准和施工技术方案。

4. 维修作业原则

(1)排水泵维修时,应确保另一台水泵正常排水,如泵站内水泵均故障,应集中力量先修复一台水泵。水泵未修复前不应撤除应急排水泵。水泵维修前应切断电源。

(2)设备修复后应对表面破损的保温层和防腐层进行恢复。

(3)设备修复后,应按技术规程要求进行供水、加压测漏调试工作,确认设备正常运行后,交操作人员确认。

(4)设备维修不得无故影响地铁的正常运营,设备维修完毕,应做到场清料清。

(5)设备维修人员应遵守地铁制度和安全规定,规范施工。

3.2.5 停水、限水管理

对停水、限水的管理应符合以下要求:
(1)所有的停水、限水审批权限为主管部门。

（2）收到政府部门有关停水通知或决定需停水、限水，至少提前24小时通知各使用单位。

（3）维修班应安排足够的人员处理停水、限水工作。

（4）停水前应将地下水池注满。

（5）停水期间维修人员应每2小时巡查一次地下水池水位，发现水位过低应关闭水泵以免水泵吸空，并立即通知各使用单位。

（6）值班人员应将停水、限水情况记录在值班日志上。

3.2.6　水池、水箱管理

对水池、水箱的管理应符合以下要求：

（1）水池、水箱结构完整，加盖、加锁，出水口干净。钥匙要有专人负责，使用钥匙要有登记。

（2）由专业公司定期做水池、水箱的清洁工作。

（3）水箱管理人员须持健康证，进入水池、水箱间必须进行出入登记。

（4）水池、水箱的入口和溢流口要有防蚊虫、废弃物进入池内的装置。

（5）水池、水箱清洗时，如需停水应至少提前24小时通知各使用单位。

（6）定期检查水池、水箱的状况，防止溢漏、渗漏。

（7）开启水池、水箱盖，须经主管人员同意。

3.2.7　节水管理

节水管理应符合以下要求：

（1）坚持定期巡查，杜绝跑、冒、滴、漏现象。

（2）定期统计用水量，在用水高峰时调整水泵压差，减少流量。

（3）适时调控空调用水，在保证冷水机组正常运行情况下，减少用水量。

（4）合理调整卫生间用水，达到最低用水量。

（5）使用节水型洗浴洁具及龙头，降低洗浴用水。

（6）合理利用水资源。

3.2.8　水泵房管理

水泵房管理应符合以下要求：

（1）值班人员应对水泵房进行日常巡视，检查水泵、管道接头和阀门有无渗漏水。

（2）经常检查水泵控制柜的指示灯状况，观察停泵时水泵压力表指示。在正常情况下，生活水泵、消防消耗、喷洒泵、潜水泵的选择开关应置于自动位置。

（3）生活水泵规定每星期至少轮换一次，消防泵每月自动和手动操作一次，确保消防泵在事故状态下正常起动。

（4）泵房每星期由分管负责人打扫一次，确保泵房地面和设备外表的清洁。

（5）水池观察孔应加盖并上锁。钥匙由值班人员管理；透气管应用不锈钢网包扎，以防杂物掉入水池中。

（6）按照水泵保养要求定期对其进行维修保养。

（7）保证水泵房通风、照明以及应急灯在停电状态下正常使用。

3.2.9 事故（故障）处理原则

给排水系统设备、设施是城市轨道交通机电设备的一部分，其事故（故障）处理原则要求遵循城市轨道交通主管部门制定的相关规定及要求，以"安全第一"为指导思想，确保事故（故障）处理有序、可控、快速、及时，做到"先通后复"。尽量缩小事故（故障）影响范围，减少事件带来的损失，避免对正常运营造成影响。

城市轨道交通给排水系统的事故（故障）处理应符合下列要求：

（1）检查设备发现异常时，能马上处理的，必须马上进行处理，防止事故扩大，处理完毕后将结果通报相关人员。

（2）发生故障时，不能马上处理的，应立即向相关生产调度报告，在未查清原因前不得任意操作。生产调度应立即向领导报告，并组织人员抢修。

（3）对重大故障（事故），接报人员必须立即到达或派人到达现场确认，并按照企业重大故障（事故）处理流程处理并及时通报。

（4）若接报故障已确认有险情或影响行车、客运、消防时，现场人员须先做好临时措施，并及时回复相关生产调度。

（5）发生故障时，应沉着冷静，迅速判断事故原因，采取安全措施，防止事故扩大，并做好事故记录。

（6）事故未处理完毕，原则上不得交接班，有特殊原因的，一定要将事故现象、原因、处理经过等情况说明。

（7）事故（故障）处理完毕后，打扫、整理现场，并向相关领导汇报处理情况。

3.3 维护内容和维修周期

给排水设备日常维修及维修周期如表 3-1 所示。

表 3-1　给排水设备日常维修及维修周期

名称	工作内容	工作周期	工作条件	使用工具
管道检修	1. 对管道及附件进行外观检查。发现管道漏水或跑水，按管型、管材等不同情况进行及时维修 2. 发现漏水，应查明情况，如有直管漏水，裂缝或砂眼范围不大于 100 mm 或面积 10×10（mm^2）的宜采用快速堵漏装置进行修复。漏水点在管弯等部位的可采用夹箍包扎的方法进行处理。当法兰和伸缩接头垫圈泄漏时，应更换新垫圈 3. 钢管道漏水可采用电焊封烧进行修复。焊烧后管道及焊缝表面应清洁，并须防腐处理 4. 当管道漏水，管道、管件、保温层等必须更换时，管道安装应符合以下规定： （1）支架应坚固，不应固定在松土或不坚固的墙面上，支架间距要均匀并符合规定。 （2）螺纹连接应不紧不松、管螺纹应有锥度、丝扣应光洁、不得毛刺、乱丝、断丝。缺丝总长不得超过丝扣全长10%。接口紧固后宜露出 2~3 扣螺纹。 （3）法兰连接时法兰平面必须互相垂直，同心度一致。法兰接口平行度允许偏差为法兰外径的1.5%，且不大于 2 mm。螺栓应对称坚固，坚固好的螺栓应露出螺母之外衬垫材质应符合设计要求。 （4）碳素钢管焊口表面无烧穿、裂纹和明显结瘤、夹渣及气孔等缺陷，焊波均匀一致。 （5）承插式管道胶圈接口应平直无扭曲，对口间隙准确冬季施工不得使用冻硬的橡胶圈。 （6）镀锌管道连接需用镀锌管接件，不得使用非镀锌管件取代 （7）管道穿越隧道外墙结构时，必须设置防水套管，穿越内部结构时，可预留孔洞或预埋套管。 （8）给水硬聚氯乙烯管道安装应符合以下规定： ① 管材和管件的内外壁应光滑、平整、无气泡、裂纹、脱皮、变形、缺损等缺陷。 ② 胶粘剂应呈自由流动状态，在未搅拌的情况下，不得有分层现象和析出物出现；不宜稀释。 ③ 胶粘剂内不得有团块、不溶颗粒和其他影响胶粘剂粘接强度的杂物	1 年	运行中检查，停运后维修	管子钳（各尺寸）、活动扳手、扳手、钢丝钳、剪刀、起子、起重葫芦、电焊机等

续表

名称	工作内容	工作周期	工作条件	使用工具
管道检修	④ 管道和阀门安装允许偏差（mm），应符合规定。 ⑤ 塑料管道的最大支撑间距（mm），应符合规定。 （9）金属管道表面应进行镀锌、油漆、上水泥砂浆或沥青等防腐处理，表面涂层应无脱落、起泡、漏涂等缺陷。 （10）管道保温材料应符合防火要求，保温层应安装牢固、敷设均匀、平整，拼缝均匀整齐 5. 检查管道的锈蚀情况，并进行除锈、油化漆等防腐处理工作，发现金属表面锈蚀深度超过 2 mm 以上，应更换管道 6. 检查管道的弯曲、移位情况，发现管道弯曲值超过规定值，应对管道校正和加装支架，进行加固。发现管道移位，必须增加支架进行加固，消除移位间隙 7. 新安装的管道必须冲管并经水压实验合格后方可使用。	1 年	运行中检查，停运后维修	管子钳（各尺寸）、活动扳手、扳手、钢丝钳、剪刀、起子、起重葫芦、电焊机等
阀门检修	阀门的维护保养、操作、常见故障与测量微课 1. 应手动开闭阀门或排水启闭阀检查是否有下列故障存在：填料函泄漏水，阀杆失灵、垫圈泄漏、阀门开裂、手轮、阀芯损坏、压盖断裂等现象，应按零件损坏情况，进行及时维修或更换。 2. 填料函漏水，可以调整填料压紧程度或更新填料的方法进行修复。当止回阀启闭不灵活，应拆除阀盖后，清除水垢，使阀芯恢复正常灵活状态。 3. 当阀杆失灵、垫圈泄漏、手轮损坏、压盖断裂等，应更换已损坏的零部件。 4. 检查中发现阀体开裂和阀芯（瓣）损坏及其他无法修复时宜更换阀门。 5. 阀门更换时应做到以下几点： （1）先检查阀杆和阀瓣开启是否灵活，型号规格是否符合要求。 （2）立管上阀门，在满足工艺要求前提下，阀门手轮以齐胸高，便于操作为宜，（一般距离地面 1~1.2 m 为宜），且阀杆应顺着操作方向安装。 （3）水平管道上的阀门宜向上或左右 45°安装，特殊情况除外。	1 年	运行中检查，停运后维修	管子钳（各尺寸）、活动扳手、扳手、钢丝钳、剪刀、起子、起重葫芦、电焊机等

续表

名称	工作内容	工作周期	工作条件	使用工具
阀门检修	（4）平排立管上的阀门安装其中心线标高宜一致，且之间的净距不小于100 mm。 （5）安装较重的阀门时应设阀门架。 （6）安装阀门时必须注意管道介质流向、减压阀、止回阀、节流阀、过滤器等均不得反装。截止阀应按介质低进高出原则安装。 （7）止回阀应根据阀门类型和管道情况进行安装。卧式升降止回阀只能安装在水平管道上，旋起式止回阀安装时要保证摇板旋转枢轴呈水平状态。 （8）阀门连接应牢固、紧密，安装完毕启闭阀门，检查其性能。 6. 检查阀门外观及丝杆是否锈蚀，并进行油漆等防腐处理工作，丝杆锈蚀后，应先用砂皮打光表面后，再上润滑脂	1年	运行中检查，停运后维修	管子钳（各尺寸）、活动扳手、扳手、钢丝钳、剪刀、起子、起重葫芦、电焊机等
水泵检修	1. 检查水泵启动后出水情况和出水水压，发现压力值<0.05 MPa应进行下一步检查： （1）应打开泵盖清除叶轮和流道内杂物。 （2）检查水泵转向，水泵转向不对，对换一对电源接线头，改变水泵转向。 （3）检查叶轮和减漏环，发现磨损深度超过0.5 mm，需更换磨损零件。 （4）AS、CP泵每年进行一次水泵绝缘值测试。 （5）集水泵、污水井、废水井每年进行一次清理。 2. 检查水泵的运行电流是否超过额定值，发现超过规定值应做以下检查： （1）检查水泵填料压的是否太紧，泵轴弯曲、轴承磨损，应松开压盖，重新调整，更换泵轴和轴承。 （2）检查联轴器间隙，运行中二轴相顶，应重新调整联轴器间隙，二轴间隙不应小于0.5 mm。 3. 检查水泵振动或噪声是否异常（与日常运行情况相比较），发现情况异常，应作下列检查： （1）检查地脚螺栓是否松动或减振器损坏失灵。 （2）检查联轴器不同心或泵轴是否弯曲，应调整联轴器和更换泵轴。 （3）检查叶轮是否损坏或不平衡，清除叶轮内杂物或更换叶轮。	1年	运行中检查，停运后维修	直尺、管子钳（各尺寸）、活动扳手、扳手、钢丝钳、剪刀、起子、起重葫芦、拉马等

续表

名称	工作内容	工作周期	工作条件	使用工具
水泵检修	4. 检查油位是否在两油位线之间或油质不干净,需加油或更换全部润滑油。(润滑油选用 N32、N46) 5. 检查轴承发热情况,(轴承的最高温度不应高于 80 ℃),发现温度过高应做下列检查: (1) 检查轴承是否损坏,轴承座是否磨损,并更换。 (2) 检查轴是否弯曲或联轴器安装时未找正,需更换泵轴或调整联轴器。 6. 检查填料函发热或漏水,应重新调整压盖松紧,使漏水呈滴状连续渗出。填料磨损的应更换新填料。 7. 检查中发现泵体损坏、轴承座磨损时宜更换水泵或泵体,水泵重新安装时应符合规定。 8. 水泵大修时,应解体水泵,对上述项目全部进行检查,更换磨损零件	1年	运行中检查,停运后维修	直尺、管子钳(各尺寸)、活动扳手、扳手、钢丝钳、剪刀、起子、起重葫芦、拉马等
水泵大修	1. 切断电源后将水泵全部解体。 2. 清洁分解后零部件,检查零件磨损情况并进行更换。 3. 叶轮减漏环磨损度超过 1 mm,应更换。 4. 滚动轴承、填料、润滑油、调节螺栓、调节螺帽均必须更换。 5. 安装水泵应符合规定,加油至二油位线之间。 6. 试运转,先应点动运转,确认无异常噪声、振动等缺陷后,开始试运转。检查其运行电流应在额定范围值之内。排水情况满足使用要求	累计5 000小时以上或投用满6年以上	停运行	

第 4 章

城市轨道交通给排水系统设备操作、检修及故障处理

4.1 工具及仪器仪表的使用

4.1.1 常用仪表种类及连接方式的认知

在现代工业装置的管道工程中，工业自动化仪表是工业生产中进行自动检测、显示、调节和控制的重要工具。

仪表的分类方法很多，如表 4-1 和表 4-2 所示，根据不同的原则可以分为许多类。

表 4-1 检查仪器分类

按功能	按被测变量	按工作原理或结构形式
检测仪表	压力	液柱式、弹性式、电气式
	温度	电偶、电阻、辐射、膨胀
	流量	节流、转子、涡、靶式
	物位	浮力、静压、声波、光学、辐射
	成分	pH 值、色谱、氧分析、红外

表 4-2 其他形式分类

能源分类	电动、气动、液动仪表
组合方式	基地式仪表、单元组合式仪表
结构分类	显示记录仪表，远传、遥控式仪表，复合式多用途仪表，数字式仪表，带微机的智能化仪表
防爆能力分类	普通型仪表、隔爆型仪表、安全火花型仪表

（1）检测仪表类。

检测仪表根据其检测对象的不同分为温度检测仪表、压力检测仪表、流量检测仪表、物位检测仪表、分析仪表。

（2）显示仪表类。

显示仪表根据记录、指示、模拟和数字等功能的不同分为记录仪表、指示仪表、模拟仪表、数显仪表。

在自控仪表的校准、维修、安装过程中，有些仪表称为一次仪表，有些仪表称为二次仪表。

一次仪表是指安装在现场且直接与工艺介质相接触的仪表，如压变、温变仪表等。热电阻、热电偶一般不称为仪表，而称为感温元件。实际应用中把安装在现场的仪表（个别除外，如电动阀门定位器）统称为一次仪表。

二次仪表是指仪表的示值信号不直接来自工艺介质的各类仪表的总称，其信号通常来自一次仪表的传送信号。二次仪表通常安装在值班室内的仪表盘上。

仪表分类只是为仪表维修、维护、安装及管理上方便，如何进行分类及称谓还要根据实际情况而定。

1. 差压式流量计

节流装置与差压变送器配套测量流体的流量，是目前使用最广的一种流量测量仪表。在管道中流动的流体具有动能和位能，在一定条件下这两种能量可以相互转换，但参加转换的能量总和是不变的。节流元件测量流量就是利用这个原理来实现的。在节流装置中，应用最多的是孔板、喷嘴、文丘里流量计、V锥流量计等。

差压式流量计通常是由能将被测流量转换成差压信号的节流装置（包括节流元件和取压装置）、导压管和差压计或差压变送器及其显示仪表等所组成。在单元组合仪表中，由节流装置所产生的差压信号，常通过差压变送器转换成相应的电信号或气信号，以供显示、调节用。

2. 电磁流量计

电磁流量计是根据法拉第电磁感应定律进行流量测量的流量计。电磁流量计的优点是压损极小，可测流量范围大。最大流量与最小流量的比值一般为 20∶1 以上，适用的工业管径范围宽，最大可达 3 m，输出信号和被测流量呈线性，精确度较高，可测量电导率≥5 μs/cm 的酸、碱、盐溶液、水、污水、腐蚀性液体以及泥浆、矿浆、纸浆等的流体流量。但它不能测量气体、蒸汽以及纯净水的流量。其实物如图 4-1 所示。

图 4-1 电磁流量计

电磁流量计简单说是由流量传感器变送器组成的。电磁流量计的安装要求是一定要安装在管路的最低点或者管路的垂直段，但是一定是在满管的情况下，对直管段要求是前 5D 后 3D，这样才能保证电磁流量计的使用和对精度的要求。

连接方式：法兰连接。

3. 浮子流量计

金属管浮子流量计实际是一种可变面积式流量计，如图 4-2 所示。它通常具有一段直立的锥管和一只可以在其中自由地随流量大小上下移动的浮子。当流体自下而上流经锥管时，流体的动能在浮子上产生的推力 S 和流体的浮力 A 使浮子上升。随着锥管内壁与浮子之间的环形流通面积增大，流体动能在浮子上产生的推力 S 随之下降。当推力 S 与浮力 A 之和等于浮子自身重力 G 时，浮子处于平衡状态，并稳定在某一高度上，该高度位置对应的刻度指示流过流量计的流量。传感器将流量的大小转换成浮子的位移量，通过磁耦合系统，将浮子位移量传给转换器指示出流量的大小。

图 4-2　浮子流量计

浮子流量计是工业自动化过程控制中常用的一种改变面积流量测量仪表。它具有体积小、检测范围大、使用方便等特点。它可以用来测量液体、气体、以及蒸汽的流量，特别适宜低流速小流量的介质流量测量。

4. 涡轮流量计

涡轮流量计是一种速度式仪表，它具有压力损失小、准确度高、始动流量低、抗振与抗脉动流动性好、测量范围宽、容易维修等特点。

涡轮流量计是将涡轮置于被测流体中，当流体进入流量计时，在特殊结构的整流器的作用下得到整流并加速，在一定流量范围内涡轮的角速度和流量成正比，利用电磁感应原理感应出与流体体积流量成正比的脉冲信号，该信号经前置放大器整形后，得到实际流量，并显示在 LCD 屏上。涡轮流量计如果同温度、压力传感器检测到的信号一起输入智能流量积算仪进行运算处理，将得到标准状况下的流量，并显示在 LCD 屏上。

5. 压力测量计

压力测量计是用来测量气体或液体压力的工业自动化仪表，又称压力表或压力计（见图 4-3），按照不同标准可以分为很多类型，如表 4-3 所示。

按测量范围分类，压力计可分为气压计、真空计、压力真空计、风压计。

按压力测量原理分类，压力计可分为液柱式、弹性式、活塞式、电气式压力计。

图 4-3　压力计

表 4-3 压力计的分类

类别	子类别		工作原理	用途
液柱式压力计	U 型管压力计		流体静力学原理	低微压测量，高精度者可用作压力基准器。常用于静态压力测量
	单管压力计			
	斜管微压计			
	补偿微压计			
	自动液柱式压力计			
负荷式压力计	活塞式压力计	单活塞式	静力平衡原理（压力转换成砝码重力）	用于静压测量，是精密压力测量基准器
		双活塞式		
	浮球式压力计			
	钟罩式微压计			
压力传感器	电阻应变片压力传感器	应变式	应变效应	用于将压力转换成电信号实现距离检测、控制
		压阻式	压阻效应	
	压电式压力传感器		压电效应	
	电感式压力传感器		压力引起磁路磁阻变化造成铁心线圈等效电感变化	
	电容式压力传感器	极距变化式	压力引起电容变化	
		面积变化式		
		介质变化式		
	电位器式压力传感器		压力推动电位器滑头位移	
	霍尔压力传感器		霍尔效应	
	光纤压力传感器		用光纤测量由压力引起的位移变化	
	谐振式压力传感器	振弦式	压力改变振体的固有频率	
		振筒式		
		振膜式		
压力开关	位移式压力开关		压力改变弹性元件位移，引起开动作	位式报警控制
	力平衡式压力开关			

常用的弹性元件有弹簧管、膜片和波纹管，相应的有弹簧管压力表、膜式压力表和波纹管式压力表。

弹簧管压力表：适用于测量无爆炸性、不结晶、不凝固、对铜和铜合金无腐蚀作用的液体、气体或蒸汽的压力，弹簧管是主要测压元件。

膜式压力表：分为膜片压力表和膜盒压力表两种。前者主要用于测量腐蚀性介质或非凝固、非结晶的黏性介质的压力；后者常用于测量气体的微压或负压。它们的敏感元件分别是膜片和膜盒。

波纹管式压力表：其波纹管弹性元件容易变形，而且位移大，常用于微压和低压测量（一般不超过 1 MPa）。

压力表连接方式一般为螺纹连接。

6. 液柱式压力计

液柱式压力计是根据流体静力学原理，利用液柱所产生的压力与被测压力平衡，并根据液柱高度来确定被测压力大小的压力计。所用液体叫作封液，常用的有水、酒精、水银等。液柱式压力计多用于测量低压、负压和压力差。常用的液注式压力计有 U 型管压力计、单管压力计和斜管微压计。

7. 活塞式压力计

活塞式压力计是基于帕斯卡定律及流体静力学平衡原理产生的一种高准确度、高复现性和高可信度的标准压力计量仪器。

活塞式压力计将被测压力转换成活塞上所加平衡砝码的重力进行测量。

其连接方式为螺纹连接。

8. 电气式压力计（压力传感器）

电气式压力计通常是将压力的变化转换为电阻、电感或电势等电量的变化，构成各种压力传感器。由于它输出的是电量，便于信号远传，尤其是便于与计算机连接组成数据自动采集系统，所以得到了广泛的应用，极大地推进了试验技术的发展。

电气式压力计由压力传感器、测量电路和信号处理装置所组成。

电气式压力计常见的类型有电阻式、电容式、电感式等等。

9. 压力开关

压力开关是一种简单的压力控制装置。当被测压力达到额定值时，压力开关可发出警报或控制信号。如图 4-4 所示。

压力开关的工作原理是当被测压力超过额定值时，弹性元件的自由端产生位移，直接或经过比较后推动开关元件，改变开关元件的通断状态，达到控制被测压力的目的。

弹性元件有单圈弹簧管、膜片、膜盒及波纹管等。开关元件有磁性开关、水银开关、微动开关。开关形式有常开式和常闭式两种。调节方式包括两位式和三位式两种。

图 4-4　压力开关

4.1.2　液位测量仪表的认知

物位测量是指液位、料位和相界面位置高度的检测。生产过程中罐、塔、槽等容器中存放的液体表面位置称为液位。料斗、堆场仓库等储存的固体块、颗粒、粉料等的堆积高度和表面位置称为料位。两种互不相溶的物质的界面位置称为界位。液位、料位以及界位总称为物位。

物位测量仪表的种类很多,常见的有液位仪表和料位仪表。

(1) 液位仪表包括浮力式(浮筒、浮球、浮标、沉筒)、静压式(压力式、差压式)、电容式、电感式、电阻式、超声波式、微波式等,如表4-4所示。

(2) 料位仪表包括重锤探测式、音叉式、超声波式、激光式、放射性式等。

表4-4 液位测量仪表

类型	工作原理	主要特点	应用场合
直读式	连通器原理	结构简单、价格便宜、读数不太明显、玻璃易损坏	现场指示
浮标式	浮标在液面中随液面的变化而变化	结构简单、价格便宜	测量储罐内液位
沉筒式	阿基米德原理	可连续测量敞口或密封容器中的液位和界面	用于现场调节或控制指示液位的场合
压差式	基于液面升降造成液柱差的原理	能远传液位的变化	用于敞口或密封容器的液位测量或变送
电容式	置于液体中的电容,其电容值随液位的高低而变化	能远传指示,测量滞后小,但线路复杂,成本较高	测量高压腐蚀性介质的液位
电阻式	基于金属电阻体浸在导电溶液中,液位变化引起电阻的变化	结构简单,只适用于导电液	储罐液位测量
辐射式	放射性同位素发射和接收程度随液位高低而变化	非接触测量,能测量各种液位,成本高,使用和维修不便	用于腐蚀性的液位测量
超声波式	利用超声波在气体、液体和固体中的衰减程度、穿通能力和辐射声阻抗不同的性质	测量准确度高,惯性小,非接触测量,价格贵,维修和使用不便	用于测量精度要求较高的场合
微波式	利用微波发射和接收的相位差随液位高低而变化	非接触测量,能测量各种液位,精度高,价格高	用于敞口或密封容器的液位测量或变送

4.2 给排水系统设备维护保养

为了规范给排水设备设施的维修养护工作,确保给排水设备设施各项性能良好,延长设备设施的使用寿命，避免发生意外事故，须制定给排水维护保养标准。

4.2.1　水泵机组的维修养护

1. 水泵的维修养护

生活水泵、消防水泵、排污泵、潜水泵每季度进行一次全面养护。其养护内容主要有：检查水泵轴承是否灵活，如有阻滞现象，应加注润滑油，如有异常摩擦声响，则应更换同型号规格轴承，如有卡住、碰撞现象，则应更换同规格水泵叶轮，如轴键槽损坏严重，则应更换同规格水泵轴；检查压盘根处是否漏水成线，如是则应加压盘根，清洁水泵外表，若水泵脱漆或锈蚀严重，则应彻底铲除脱落层油漆，重新刷油漆，检查电动机与水泵弹性联轴器有无损坏，如损坏则应更换，检查机组螺栓是否紧固，如松弛则应拧紧。

2. 控制柜的维修养护

对控制柜每半年进行一次全面养护。其维修养护内容主要有：清洁柜内所有元器件、清洁外壳，务必使柜内无积尘、无污物；检查、紧固所有的接线头，对于锈蚀严重的接线头应更换；检查柜内所有线头的号码管是否清晰，有否脱落，如有问题应及时整改；对于交流接触器，应清除灭弧罩内的碳化物和金属颗粒，清除触头表面的污物，不能正常工作的触头应更换；检查复位弹簧是否正常工作，然后拧紧所有紧固件；自耦降压启动器的电阻不低于 0.5 MΩ，否则应进行干燥处理；柜体外壳接地可靠，如有松脱或锈蚀则应做除锈处理，然后拧紧接地线；热继电器的绝缘盖板应完整无损，导线接头有无过热痕迹或烧伤，如有则需维修或更换；自动空气开关电阻应不低于 100 MΩ，否则应烘干，在开关闭合或断开过程中，应无卡位现象，触头表面清除干净；中间继电器、信号继电器应做模拟试验，检查动作是否可靠，信号输出是否正确；信号灯、指示灯是否指示正常，如有偏差应调整或更换；检查运传压力表信号线接头是否腐蚀，如有则重新焊接或更换。

3. 电机的维修养护

电机的维修养护内容主要有：外观检查应整洁、铭牌完好，接地线连接良好，用摇表检测绝缘电阻，电阻应不低于 0.5 MΩ，否则应烘干处理；电机接线盒内三相导线及连接片应牢固紧密；电动机轴承有无阻滞或异常声响，电动机风叶有无碰壳现象；清洁外壳，外壳是否脱漆严重，若严重应重新油漆。

4. 相关阀门、管道及附件的维修养护

相关阀门、管道及附件的维修养护内容主要有：闸阀密封胶垫是否漏水，如有则应更换；黄油麻绳处是否漏水，如漏水则应重新加压黄油麻绳，对阀杆加黄油润滑，锈蚀严重者应重

新油漆。止回阀的维修养护应检查止回阀的密封胶垫是否损坏，弹簧弹力是否足够，油漆是否脱落。浮球阀的维修养护应检查密封胶垫、连杆、连杆插销。液位控制器应检查密封圈、密封胶垫是否损坏，如损坏则应更换，清除压力室内污物，疏通控制水道，检查控制杆两端螺母是否紧固，紧固所有螺母。

4.2.2　水池、水箱的维修养护

水池、水箱的维修养护每半年进行一次，若遇特殊情况可增加清洗次数，清洗时的程序如下：

（1）首先关闭进水总阀，关闭水箱之间的连通阀门，开启泄水阀，抽空水池、水箱中的水。

（2）泄水阀处于开启位置，用鼓风机向水池、水箱吹 2 小时以上，排除水池、水箱中的有毒气体，吹进新鲜空气。

（3）用燃着的蜡烛放入池底不会熄灭，以确定空气是否充足。

（4）打开水池、水箱内照明设施或设临时照明。

（5）清洗人员进入水池、水箱后，对池壁、池底洗刷不少于三遍，并对管道、阀门、浮球按上述维修养护要求进行检修保养。

（6）清洗完毕后，排除污水，然后喷洒消毒药水。

（7）关闭泄水阀，注入清水。

4.2.3　室外给排水设施的维修保养

室外给排水管道每半年全部检查一次，水管阀门完好，无渗漏，水管通畅无阻塞，若有阻塞，应清除杂物，若管道坡度不正确，应重新铺设。下沉式广场水沟每半年全面检查一次，沟体应完好，盖板齐全。排水、雨水井、化粪池每季度全面检查一次，每半年对易锈蚀的雨污水井盖、化粪池盖刷一次黑漆防锈，保持雨污水井盖标识清楚，路面井盖要做防震垫圈。室外喷水池每月检查保养一次，要求喷水设施完好，喷水管道无锈蚀。室外消火栓每季度全面试放水检查，每半年养护一次，主要检查消火栓玻璃、门锁、栓头、水带、连接器阀门、"119""消防栓"等标识是否齐全；对水带的破损、发黑、发毒与插接头的松动现象进行修补、固定，更换变形的密封胶圈；将水带展开换边折叠卷好；将阀门杆上油防锈；抽取总数的 5% 进行试水；清扫箱内外灰尘，将消火栓玻璃门擦净，最后贴上检查标志，标志内容应有检查日期、检查人、检查结果。上、下雨污水管每月检查一次，每次雨季前检查一次，每 4 年油漆水管一次，要求水管无堵塞、漏水或渗水，流水通畅，管道接口完好，无裂缝。

4.2.4 室内给排水设备设施的维修养护

1. 消防设备的维修养护

室内普通消火栓的维修养护内容及程序见上面室外消火栓的保养内容及程序。对于自动喷洒消防灭火系统的维修养护，其内容如下：

（1）每天巡视系统的供水总控制阀、报警控制阀及其附属配件，外观检查，确保处于无故障状态。

（2）每天检查一次警铃，启动是否灵活，打开试警铃阀，水力警铃应发出报警信号，如果警铃不动作，应检查整个警铃管道。

（3）每月对喷头进行一次外观检查，不正常的喷头及时更换。

（4）每月检查系统控制阀门处于开启状态，保证阀门不会误关闭。

（5）每两个月对系统进行一次综合试验，按分区逐一打开末端试验装置放水阀，试验系统灵敏性。

当系统因试验或因火灾启动后，应在事后尽快使系统重新恢复到正常状态。

2. 用户室内给排水管道及附件的维修及养护

用户室内给排水管道及附件在使用过程中，由于使用不当或前期隐患，会出现各种各样的问题，需要进行及时维修和正常养护，其主要的维修养护内容如下：

（1）停水。要先关掉总阀，打开支管阀门，检查堵塞原因，及时更换或清洗。

（2）维修墙内水管。关闭室内所有用水阀门，查看水表，如转动说明墙内水管破损漏水，然后关闭水表前阀门，打通漏水处墙面，取出破损水管，装入新水管，再打开总阀看是否漏水，如无漏水，补好墙面，恢复装修饰面。告知用户不得擅自改动墙内水管。

（3）阀门接头漏水。关闭自来水总阀，查找原因；若是阀门、接头未扭紧的缘故而漏水，应拆下阀门接头，在外丝处旋上几道水胶带，再把阀门接头装上扭紧；如因破损配件而漏水应及时更换阀门或接头。然后告知使用人员，应爱护使用，旋扭阀门不要用力过度。

（4）疏通地漏。先用抽子试通，不能查明原因则打开检查口检查，不通时再使用疏通机直至通畅为止，然后用胶管试水检验，并告知使用人员，使用时不要向管道乱丢杂物。

4.3 系统设备维保操作流程

4.3.1 检查管网操作流程

（1）重点查看阀件、焊缝、法兰、吊架、保温层及防腐层。检查过程中应防止保温材料对皮肤的伤害。

（2）检查阀门开启、关闭是否有效，开启和关闭位置是否正确。

（3）检查压力表指针是否灵活，指示应准确，表盘清晰，位置便于观察，坚固良好，无渗水。

（4）检查减压阀，检测值应在规定的范围内。

（5）温度计应完好，刻度清晰，位置便于观察。

（6）检查安全阀、自动放气阀，放气孔应无堵塞。

（7）检查补偿器。

（8）检查热膨胀节，应无严重变形。

（9）检查疏水器，应能自动排水而不漏气。

（10）出现异常及时处理，并汇报上级领导。

（11）结束填写相关记录，归档。

4.3.2　生活水箱清洗操作流程

（1）清洗操作人员必须持有有效健康证（有效期为1年）。

（2）对清洗工具、靴子要用消毒水浸泡消毒。所用消毒液必须从防疫站购买。

（3）清洗要按自上而下的顺序进行。

（4）清洗顶部要从观察孔远端开始。

（5）清洗四壁要自上而下清洗。

（6）最后清洗底部要从远离观察孔的地方开始。

（7）清洗完后要从观察孔往水箱中喷洒消毒液。

（8）水箱清洗后要通知防疫部门来取样化验，每月自行检查一次。

（9）清洗完后认真填写记录，将相关表格、记录归档。

4.3.3　水泵保养操作流程

（1）操作前应先停电，挂上标示牌，以防止误操作伤人。

（2）关闭出水阀门，进水阀门。关闭阀门时不要用力过大，防止碰伤、扭伤。

（3）保养止回阀。止回阀应完好，无渗漏。

（4）保养水泵轴承，如间隙过大，应更换；如能继续使用，应更换润滑油。废油不要对环境造成污染。

（5）检查机械密封，应完好无渗漏。

（6）检查叶轮，应无变形，上水好。

（7）检查压力表。指针应灵活、准确，便于观察，坚固良好，无渗水。

（8）开启进水阀门。

（9）启动水泵，观察压力、耗电。
（10）出现异常停泵检查、分析原因，解决处理并汇报上级领导。
（11）慢慢开启出水阀门，使水泵的负荷缓慢增加。
（12）水泵运行正常。
（13）保养工作结束后，将各种记录归档。

4.4 给排水系统故障排除

4.4.1 给水系统故障处理

（1）因给水泵故障影响供水时，把出现故障的给水泵打到"停止"位置，将备用水泵投入"自动"状态运行。

（2）因给水泵自动控制系统故障影响供水时，由两名技工分别在上水池和下水池泵房采用手动状态定时供水，并用对讲机保持联系和在现场监护，防止出现水浸事故，待自动控制系统修复后恢复自动控制状态。

（3）因供水管网或供水阀故障影响供水时，应立即组织抢修，尽快恢复供水。

4.4.2 排水系统故障处理

（1）排水管故障，先将该区域的供水管网关闭，用沙包拦截溢水区域，防止溢水流入电房和电梯等，组织疏通排水管并用吸水机吸水。

（2）雨水管堵塞，先用沙包拦截，防止溢水流入电房和电梯等，组织疏通排水管并用吸水机吸水。如雨水较大，无法拦截时可将溢水从走火梯引走，排到街外。

4.4.3 给水水泵常见故障的分析与处理

1. 水泵不能启动

（1）原因：电源电压过低。处理：调整电压。
（2）原因：电缆线电压降过大。处理：调换电缆线。
（3）原因：电源缺相。处理：更换熔断的熔丝，断裂的导线或损坏的铜铝过渡件等。
（4）原因：电机锭子绕组烧坏。处理：更换绕组。
（5）原因：水泵叶轮扎住。处理：拆开导向件，清除杂物。

2. 水泵突然停转

（1）原因：开关跳闸或熔丝烧断。处理：查处短路、过载等导致电流过大的原因。

（2）原因：出线盒进水相线烧断。处理：重新装配控线盒，调整涨紧垫圈位置，拧紧螺母。

（3）原因：电缆发胖。处理：重新接线，调换封口塞橡皮。

（4）原因：锭子绕组损坏。处理：更换绕组。

（5）原因：叶轮扎住。处理：清除扎住的杂物。

3. 出水量小

（1）原因：电压偏低。处理：适当调高电压。

（2）原因：叶轮气隙太小。处理：减少垫片。

（3）原因：叶轮损坏或叶轮腔内有杂物。处理：更换叶轮或清除杂物。

（4）原因：出水管损坏。处理：更换水管。

（5）原因：转子与轴承之间松动转子下移。处理：转子与轴承之间加上适当的垫片、使转子上移。

（6）原因：水泵动力转速不配套或皮带打滑，使转速偏低。处理：恢复额定转速，清除皮带油垢，调整好皮带紧度。

（7）原因：轴流泵叶片安装角太小，水泵扬程不足，管路太长或管路有直角弯。处理：调好水泵叶片角，降低水泵安装位置，缩短管路或改变管路的弯曲度。

（8）原因：水泵底阀、管路及叶轮局部堵塞或叶轮缺损。处理：清除水泵堵塞物，更换叶轮。

4. 水泵声音不正常

（1）原因：水泵入水太浅。处理：把水泵重新放入水下够深处。

（2）原因：叶轮与导向件响。处理：调整位置或重新加工。

（3）原因：甩水器与轴承座相摩擦。处理：更换轴承座或甩水器垫片。

（4）原因：轴承损坏。处理：更换轴承。

（5）原因：缺相运转。处理：检查线路予以修复。

5. 水泵吸不上水

原因：水泵泵体内有空气或进水管积气，或是底阀关闭不严灌引水不满、真空泵填料严重漏气，闸阀或拍门关闭不严。

处理：先把水压上来，再将水泵泵体注满水，然后开机。同时检查水泵逆止阀是否严密，管路、接头有无漏气现象，如发现水泵漏气，拆卸后在接头处涂上润滑油或调合漆，并拧紧螺丝；检查水泵轴的油封环，如磨损严重应更换新件；水泵管路漏水或漏气；水泵可能安装时螺帽拧得不紧。若水泵渗漏不严重，可在漏气或漏水的地方涂抹水泥，或涂用沥青油拌和的水泥浆。临时性的修理可涂些湿泥或软肥皂。若在水泵接头处漏水，则可用扳手拧紧螺帽，如水泵漏水严重则必须重新拆装，更换有裂纹的管子；水泵降低扬程，将水泵的管口压入水下 0.5 m。

4.4.4 潜污泵常见的故障及对应的排除方法

1. 电泵不能启动或启动困难

故障现象：合上电源开关，按下启动按钮后，电泵不能启动；或者电动机启动后转速上不去，水泵不出水或出水量小。出现这种情况可以从电气和机械两方面进行检查与分析。

（1）电气方面。

① 电泵不能启动：

a. 电源无电压。

b. 电控箱内二次控制回路空开未合上。

c. 控制回路故障：按钮故障，热继电器常闭点 NC 断开，接线桩头接触不良或松脱。

d. 控制线接错，不能形成回路。

② 电泵启动困难：

a. 电源电压低。电压低于允许偏差范围：线电压 380 V 允许 ±10%电压偏差（342 ~ 418 V），相电压 220 V 允许 +7% ~ -10%电压偏差（235 ~ 198 V）。

b. 电源缺相。此时电机由于电磁场不均匀而造成转子左右摆动，发出强烈的"嗡嗡"的声音，却启动不起来。可用钳形电流表检查三相电流，或观察控制柜上的电流表。如为两相供电，应立即切断电源；检查电源开关的接触是否良好，主回路的接线是否有断头或松动，熔断器是否烧断。

c. 定子绕组接线错误，如规定为三角形接线的电动机误接成星形。

（2）机械方面。

电动机的三相电流均有，电流大而又平衡，电动机启动不起来，应从机械方面查找原因。电动机与水泵的轴承抱轴，叶轮卡住，水泵或电动机内进入异物都会使电动机启动不了，此时应拆开机泵进行检查修理。电泵启动故障及其处理方法可参照表 4-5。

表 4-5 电泵启动故障及其处理方法

故障原因	处理方法	故障原因	处理方法
电源无电压	恢复供电	电缆线过长	截去多余部分
控制回路无电	合上控制回路开关	电缆线截面太小	换用较大截面的电缆
控制回路故障	检查按钮、热继电器、浮子开关等节点	电动机绕组烧坏或断相	大修，更换绕组
定子绕组接线错误	调整接线	电动机导轴承抱轴	大修或更换轴承
电源开关接触不良	修理触头或更换开关	水泵轴承抱轴	大修或更换轴承

续表

故障原因	处理方法	故障原因	处理方法
熔断器烧断	换用熔丝或熔片	水泵叶轮卡住	大修或更换叶轮
控制柜主回路接线松动	检查并拧紧接线头	水泵或电动机内有异物	拆开机泵，取出异物
电力电缆线断相	进行修复		

2. 电泵不出水或出水量小

故障现象：电泵启动后，电动机三相电流正常，电源电压也没有问题，水泵不出水或出水量小。

（1）新安装的电泵试车时如水泵不出水或出水量小，可能是水泵的转向反了，调换任意两相相序，即可解决；或是扬程超过，换用较大的电泵；另外，扬水管连接法兰漏水，扬水管破裂都会影响水泵的出水量。

（2）正常使用的电泵，如果出水量日渐减小，可能是电泵长期使用后密封口环磨损严重，应进行更换。水泵吸入口堵塞影响水的吸入，清理水泵的格栅或滤网。

（3）电动机转子断条、开焊，都会造成电动机出力不够，转速下降，使水泵的出水量不足。处理方法：更换转子或焊好开焊处。电泵出水故障及其处理方法可参照表4-6。

表4-6 电泵出水故障及其处理方法

故障原因	处理方法
水泵反转	调换电源线任意两相相序
泵吸不到水： （1）吸入口滤网堵塞； （2）水位低于水泵的吸水口	（1）清理滤网； （2）停机或增加叶轮和出水管，使水泵潜入水中
出水管管路漏水量大	检查修理出水管管路
水泵壳体之间漏水	检查和重新装配水泵
水泵密封口环磨损	修理或更换磨损件
扬程超过	换用功率较大的电泵
管路中的积水结冰	化冰后再开机
电动机绕组短路	大修，更换绕组
电动机转子导条断或开焊	更换转子或进行补焊

3. 电泵振动大

故障现象：电泵运行时振动剧烈，手摸输水管道有明显的振动感觉，并伴有异杂声。

（1）电泵振动剧烈大都是机械上的问题所造成。如电泵组装不良，机泵的轴线不在同一条直线上；泵座的螺钉未拧紧，均会使电泵产生振动。

（2）电泵经长期运行后零部件的磨损，松动也会引起电泵振动，应进行保养和更换磨损件。电泵振动大及其处理方法可参照表4-7。

表4-7　电泵振动大及其处理方法

故障原因	处理方法
电动机推力轴承磨损过大	更换轴承
电动机导轴承磨损过大	更换轴瓦或轴承
电动机转子不平衡	校正转子动平衡
水泵轴瓦磨损过大	更换轴瓦
叶轮磨损： （1）水泵和电动机组装不当，叶轮在泵壳内的间隙不均匀； （2）电动机推力轴承磨损过大	（1）重新组装电泵，调整叶轮间隙； （2）更换轴承
水泵叶轮不平衡	校正叶轮平衡
泵轴弯曲	大修，调直泵轴或更换
泵座螺钉未拧紧	拧紧螺钉
机泵组装时轴线未对正	重新组装对准两机轴线
动水位接近水泵吸入口	停机或增加叶轮和扬水管

4. 电泵耗用电功率增大

故障现象：电泵运行时水泵的扬程和流量为额定工况，但电流表的指针超过电动机的额定电流，致使耗用电功率增大。

电泵耗用电功率的增大主要是机械上的毛病。如新安装的电泵联轴器组装不当，即机泵的轴线不在同一条直线上，叶轮扫泵壳，会使电泵运转时电流增大，应重新组装电泵。正常运行的电泵，电动机导轴承和推力轴承的磨损；水泵轴和叶轮的磨损；电动机转子的扫膛。这些都会增加电泵的机械损失，导致电流增大并耗用电功率。电泵运用到一定时间应进行保养和更换易损件。电泵耗电大的原因及其处理方法可参照表4-8。

表4-8　电泵耗电大的原因及其处理方法

故障原因	处理方法
水泵轴瓦磨损过大	更换轴瓦
叶轮扫泵壳	重新组装电泵，使叶轮在泵壳内的间隙
电动机和水泵组装不当	重新组装
电动机推力轴承磨损过大	调节垫片或更换轴承

5. 电泵突然不转

故障现象：电泵在正常使用中突然不转，输水管道不出水，电流表的电流等于零或出现堵转电流值。

（1）电气上，电源停电，电源开关失灵跳闸，熔断器烧断或者电动机绕组短路，电缆接头的损坏都会使电泵突然停转，应逐项查明原因解决。

（2）机械上，机泵轴承的抱轴，叶轮卡住都会使电泵停转。这时电动机处在堵转状态，电流会很大，堵转电流可达额定电流的7倍，时间稍长就会烧坏电机，此时应立即关电源，对机泵进行检查与修理。电泵停转及其处理方法可参照表4-9所示。

表4-9 电泵停转及其处理方法

故障原因	处理方法	故障原因	处理方法
电源停电	恢复供电	热继电器动作	检查并处理后送电
电动机绕组烧坏	大修，更换绕组	熔断器烧断	更换熔丝或熔片
电动机导轴承抱轴	大修或更换轴承	水泵轴承抱轴	大修或更换轴承
电源开关跳闸	检查并处理后送电	叶轮卡住	大修或更换叶轮

4.5 应急预案

4.5.1 停水应急预案

（1）值班人员按要求定期巡视供水系统。

（2）当出现供水异常，应立即查找原因及时处理问题，保证正常供水。

（3）如因市政供水管网出现供水中断时，应立即报告主管部门，同时派专业工程人员检查市政供水阀门及管路并记录检查情况，及时与自来水公司联系进行维修。

（4）如停水、检修时间较长，及时采取临时解决方案。

（5）如提前接到自来水公司停水通知，应在停水前做好相应准备工作。

4.5.2 水灾事故应急处理预案

（1）相关责任人员立刻赶到现场，找出出水原因。

（2）尽快找出并关闭相应的主管和分管阀门。

（3）如水灾原因是水管破裂泄漏，通知维修班紧急修复。

（4）如水灾原因为暴雨，应打开所有沙井盖及去水口盖，以尽快疏水。

（5）确保所有去水管畅通。

（6）用沙袋将水路来源阻断，改变其流向（楼内每层设有防水沙袋若干个）。

（7）将所有电梯升至高处并关闭电源，以避免损失。

（8）用墩布、扫帚、水泵或其他设备清洁被淹区域。

（9）保护现场，待事故原因查清后，写出书面报告，并及时上报主管部门。

4.5.3　水管爆裂应急预案

（1）接到水管爆裂的消息后，维修班长应立即组织维修工进行处理。

（2）维修工接到任务后，应以最快的速度赶到事故现场，时间不得超过5分钟。

（3）检查喷水部位，区别爆裂水管的类型，以采取相应的处理方法。

（4）楼内水管或水龙头爆裂喷水，视情况先关闭分支或主立管控制节门，关闭时防止扭伤或碰伤。如果是供应热水，则应防止烫伤。然后进行维修，待维修工作完成后再打开分支或主立管节门。

（5）进行被关闭阀门下级管网的排气及放黄锈水工作，直至清澈为止。黄锈水对水体会造成一定的污染。

（6）楼外供水管爆裂，先关闭该楼总阀门进行抢修，并通知相关单位。

（7）楼内每层设有防水沙袋若干个，以防室内浸水。

（8）将所有电梯升至高处并关闭电源，以避免损失。

（9）确认送水后供水系统是否正常。

（10）填写记录归档。

第 5 章

城市轨道交通火灾自动报警系统

5.1 火灾自动报警系统现状和发展趋势

5.1.1 火灾自动报警系统的发展历程

火灾自动报警系统从最初的发展到现在至少经历了 6 个历程。

第一代，19 世纪 40 年代到 20 世纪 40 年代，主要是研制感温探测器。1847 年美国人研制出第一台城镇火灾报警装置。随后陆续推出了定温、差温、差定温等探测器。其灵敏度不高，对于阴燃火灾不报警，反应速度慢。

第二代，20 世纪 50 年代到 70 年代，感烟探测器代替感温探测器占据主导位置。1941 年，瑞士科学家发明离子感烟探测器，灵敏度比感温探测器高许多，但抗干扰性能力差，误报率高。由于采用多线制方式，施工难度大。探测器中的离子室采用放射性元素，具有污染性，不利于环保，特别是在废弃后难以处理，国际上希望有能替代离子探测器的产品。

在大规模集成电路出现前，出于对火灾探测器体积和质量的限制，探测器本身没有编码器，为了确定现场大量探测器的位置，将每个探测器的引线直接连到控制器，在控制器的连线处标明该探测器的位置，这就实现了火灾报警到部位的功能。早期的探测器有两根电源线、选通线、信号线和自检线各一根，合计 5 根线。除选通线外，其余 4 根线可以共用。后来又将一根电源线和信号线、自检线合并成一根，选通线兼作另一根电源线，所以最终的多线制火灾报警控制系统的每个探测器与控制器的连线只有 2 根。每个探测器有一条信号线与控制器相连，另一根地线可以公用，也连接到火灾报警控制器，所以，n 个探测器连到控制器的连线共有 $n+1$ 根，如图 5-1 所示。

这种报警系统存在着明显的弊病。首先报警是由探测器控制的，无论是火情还是探测器周围环境的变化，如空气温度、湿度文化、气流大小以及气压高低等，只要探测器探测的信息变化达到了其设定的阈值，就发出报警，误报率高。其次，探测器与控制器之间的连线繁多，使线路出现故障的可能性增大，并且安装和维护十分困难。其三，控制器对信号的处理是靠硬件电路适当连接实现的，故电路复杂，可靠性差，也导致误报率极高。

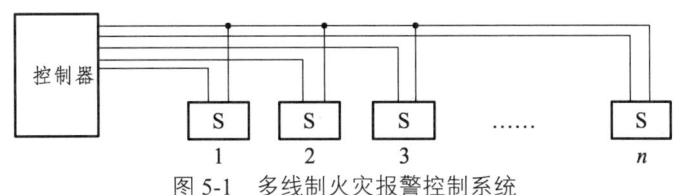

图 5-1 多线制火灾报警控制系统

第三代，20世纪80年代至今，总线制火灾自动系统占据主导位置。瑞士 Cerberus 公司最先推出总线制方式。1990年我国开始生产总线制火灾自动系统，并开始大面积应用。这种自动报警系统已采用微处理器控制，其线制一般有四线制、三线制、二线制（见图5.2），探测器和模块均采用地址编码形式，通过总线与控制器实现信号传送，其探测器的报警形式为开关量，它的灵敏度在制造时，通过硬件决定，不可调整，此类系统可进行现场编程，并通过各种模块对各联动设备实行较复杂的控制，此类系统已具有系统自检以及对外围器件的故障检验等功能。

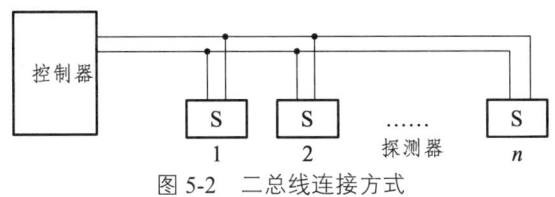

图 5-2 二总线连接方式

该系统布线、施工简单，易于维护，系统造价低，并且推出了环保的利用光散射原理研制的光电型感烟探测器。但是该系统采用简单的开关控制方式，对环境适应能力差，误报率高。

开关量型火灾探测系统主要由智能火灾报警控制器与开关量型探测器（或控制模块）构成，开关量型探测器是一种固定阈值探测器，它的火灾灵敏度不会随着周围环境的变化而自动补偿，当环境变化时会给探测带来影响，如离子探测器在使用过程中，其电离室由于被灰尘附着，造成电离室输出电压发生变化，从而引起探测器的误报或漏报。一般来说开关量探测器都是单一火灾探测方式，如测烟或测温度，具有一定的局限性。再有由于开关量探测器只是通过硬件作简单的门限比较来判断火灾信号的有无，并不对火灾的信息或过程进行处理，没有火灾的算法，因此其对火灾判定的准确性不是很好。

第四代，模拟量及分布智能探测技术在火灾自动报警系统中广泛应用。模拟量传输式智能火灾报警系统，是第四代产品。目前国内已经从传统的开关量式火灾探测报警技术，跨入具有科技水平的模拟量式智能火灾探测报警技术阶段。

模拟量型探测器是一种无固定阈值的火灾探测器，其主要特点是，传感器测到的信号的大小被以电压或电流大小的形式传送到控制器，探测器本身并不做判断或处理，所有的处理过程都集中在控制器中，包括对探测环境的自动补偿，火灾信息的保存、处理和判断。探测器仅仅相当于一只火灾传感器。这就要求火灾控制器具有更高性能的微处理器，更大的数据存储量。随着系统内挂接的探测器数量的增多，算法越来越复杂，火灾探测响应速度越来越慢。

安装在保护区的探测器不断地向所监视的现场发出巡检信号,用来监视现场的烟雾浓度、温度等,并不断反馈给报警控制器,控制器将接收到的信号与内存的正常整定值进行比较,用以判断确定火灾。

当发生火灾的时候,控制器发出声光报警,显示火灾区域或楼层房号的地址编码,并打印报警时间、地址等。同时向火灾现场发出警报提醒,开启各应急疏散指示灯,指明疏散方向,联动相关设备。大致的逻辑如图5-3所示。

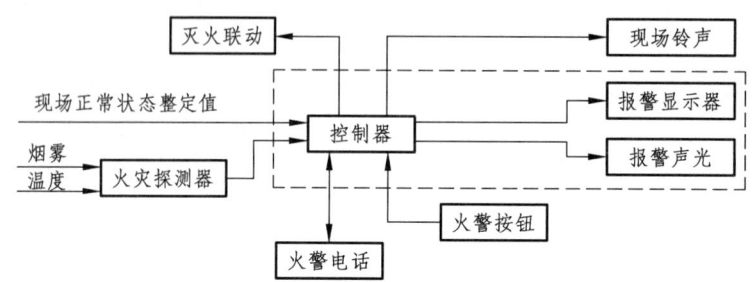

图5-3 模拟量火灾控制系统

模拟量报警方式与开关量报警方式的根本区别在于:模拟量火灾探测器内部电路不存在报警阈值,探测器将烟雾浓度或环境温度等报警因素转换成为具有一定值的数据信号,即"模拟量信号",这个模拟量信号随着报警因素的变化而变化。火灾报警控制器循环往复地接受这个模拟量信号,并由其内部的单片计算机进行相应的数据处理,计算机程序自动地为每个探测器设定一个初始值和两个阈值——"预火警值""火灾报警值"。在火灾发生时,探测区域内的烟雾浓度急剧增加,由探测器发回的模拟量信号也迅速增强,当其数值达到且超过火警值时,火灾报警控制器将发出"预火警"信号。如果烟雾浓度不再继续上升,则停止预火警报警,"预火警"信号消失;若烟雾浓度仍继续上升,并达到火灾报警浓度,则火灾报警控制器立即发出火灾报警信号和一系列灭火联动指令。由此可见,模拟量火灾自动报警系统能够对其所接收到的模拟量信号进行判别和分析,从而提高了系统的稳定性和可靠性,降低了误报率。

第五代,基于视频分析的火灾自动报警系统以及主动吸气式火灾自动报警系统。智能型火灾自动报警系统为第五代产品,但如今还是存在着多代并存的现象。多线制、模拟量火灾探测系统市场上依然可以看见。其中多线制火灾自动探测系统多存在于国外市场,在国内很少见到多线制火灾自动探测系统。

世界市场占有率最高的第五代智能火灾自动探测系统按智能的分配大致可分为3类:探测器智能系统、控制器主机智能系统、分布智能系统。

第六代火灾报警系统是城市火灾自动报警监控网络系统,是通过有线或无线的方式实时监控整个城市中各个消防场所的火灾报警系统。

火灾发生时,现场的火灾报警信号到达监控中心的城市火灾报警网络管理系统,通过地理信息系统(GIS)实行事故地点定位,接警中心的电子地图上就会立即自动显示出报警点的准确位置。同时把报警信息、位置信息等传送到处理中心。

本监控系统包括：监控中心，一般设在消防部门或指定的第三方，监控中心由多个接警计算机和中心计算机构成，接警计算机负责监控接入系统的各个远程火灾报警系统，并由专人值班操作，对火警进行确认；中心计算机作为后台处理机，提供大容量的数据库并生成消防预案，并为其他系统提供数据服务；远程火灾报警系统为上面提到的火灾报警系统，通过公共电话网（PSTN）、Internet 和无线（联通的 CDMA、移动的 GPRS）等方式接入监控中心。

5.1.2 火灾自动报警系统的现状

1. 火灾探测器在特殊场所应用存在问题

（1）灰尘油污严重，电磁干扰强的电厂、钢厂等典型的工业环境。
（1）具有爆炸气体或粉尘的石油、化工、油漆车间的爆炸环境。
（1）具有灰尘大、距离较长特点的各种隧道、地铁。
（1）要求耐各种海上气候环境和防水等级高的船上环境、舰艇环境。
（1）消防保护场所分散距离较远的大型厂矿、通讯机站。
（1）要求破坏性小、与环境相协调的古建筑物场所。
（1）发生火灾产生黑烟的危险场所。

2. 火灾报警控制器（联动型）性能有待进一步提高

（1）开放性问题。报警等信息没有标准化，难于共享。
（2）网络化问题。控制器系统间，与其他系统间的联通。
（3）联动可靠性、抗雷击能力问题等。
（4）安全性问题。
（5）稳定性问题。

3. 产品国际标准化问题

火灾报警系统（FAS）在发达国家和地区应用较早，我国此项技术的应用研究起步于 20 世纪 90 年代中期，但是近年来得到快速发展，目前已有多家科研院所和厂家致力于研发适合我国消防领域特点的防灾报警系统及相关产品。

随着计算机网络技术的发展，地铁智能系统也在向着以设备监控为核心的综合监控系统方向发展，通过集成结构、系统、服务、管理及它们之间的最优化组合，向人们提供一个安全、高效、舒适、便利的乘、候车环境。

目前，国内外地铁防灾报警、设备监控系统已经走过了各站分离的阶段，进入了全线组网的新阶段。防灾报警多数采用分布智能系统，设备监控多采用分散控制、集中管理的系统模式。

5.1.3 火灾探测技术发展趋势

（1）超大空间的火灾探测：图像。
（2）黑烟探测：后向散射迷宫，减光迷宫。
（3）超高灵敏度探测器：激光散射迷宫、吸气式。
（4）感烟/气敏等多传感多判断复合探测。
（5）分布光纤测温。
（6）环境针对性探测：灰尘场所 FILTREX 探测器。

5.1.4 报警控制技术的发展趋势

（1）通信接口开放性，控制器间、与其他系统间易构成网络。
（2）报警形式多样化，文字、图形、声响、语音。
（3）专家型智能火灾探测算法：建立现场数据库，形成模糊系统与神经网络的算法。
（4）火灾报警系统总线的标准化、统一化。
（5）核心技术趋向采用高可靠的嵌入式系统。
（6）火灾报警系统通讯采用更加稳定、可靠的数字化总线。
（7）报警信息共享，信息标准化，支持多种标准接口联网方式。
（8）具备远程管理维护功能，便于重点防火单位的网络化管理，实现城市远程监控管理网络系统。

5.2 火灾自动报警系统工作原理及作用

火灾自动报警系统是一种能早期发现和通报火灾的自动消防设施，是人类同火灾作斗争的实践中发明的一种重要的建筑设施。火灾自动报警及消防联动控制系统，对实现建筑火灾早发现、早扑灭、早疏散、不成灾起着关键作用。搞好火灾自动报警及消防联动控制系统的设计、施工及维护保养，是确保火灾自动报警系统发挥作用的重要保证。

5.2.1 火灾自动报警系统工作原理

火灾自动报警系统微课及动画

火灾自动报警系统可以通过设置在建筑内的感烟、感温和感光等火灾探测装置，在火灾初期，把火场烟、温、光、气体等物理量的变化，转变成电信号。该信号经过连接导线传送至区域火灾报警控制器和（或）集中火灾报警控制器，发出声、光报警信号，显示火灾发生部位，记录火灾发生的时间，以通知消防值班人员做出反应，通过消防联动控制系统自动或值班人员手动方式启、闭自动喷水灭火系统、室内消防栓系统、防烟排烟系统、通风系统、空调系统及防火门、防火卷帘以及挡烟垂壁等消防设施动作，并接收其信号反馈。火灾自动报警系统是早期报警、防止火灾蔓延、及时扑救初起火灾的有效设施。

5.2.2 火灾自动报警系统的作用

火灾自动报警及消防联动控制系统的主要作用是尽早预报初期火灾或可能引起着火的信息，为将火灾扼制在发生之前或消灭在萌芽状态或为人员及时疏散提供情报，是预防火灾和把火灾损失降低到最低程度的重要设施。其具体作用如下。

（1）自动监测作用。
① 自动探测被保护区的异常温度或气味，及时发出预警信号和火灾信号，或自动探测被保护区的火灾信号。
② 监测电气线路或电气设备。
③ 监测易燃易爆危险物品场所。
（2）发出报警信号，显示着火、故障或泄漏部位。
（3）联动控制消防设施。通过联动触发信号和联动控制信号，控制相关消防设备（设施）动作。
（4）显示受控消防设施的工作状态。通过联动反馈信号，将受控自动消防设备（设施）的工作状态信息反馈给消防联动控制器。
（5）向远程监控中心传输火灾报警及其他相应信息。

5.3 火灾自动报警系统组成

火灾报警及消防联动控制系统的组成应至少由火灾探测报警系统、电气火灾监控系统、可燃气体探测报警系统、消防联动控制、消防控制室图形显示装置或其组合设备、线路及供电设备等组成。火灾自动报警系统应能自动探测火灾、监控电气设备、易燃易爆场所及消防联动系统和相关设备（设施），显示相应设备（设施）的动态信息和消防管理信息，向远程监控中心传输火灾报警及其他相应信息。

5.3.1 火灾报警系统的组成

火灾报警系统由触发装置（火灾探测器、手动火灾报警按钮）、火灾报警装置、火灾警报装置和电源四部分组成，如图5-4所示。

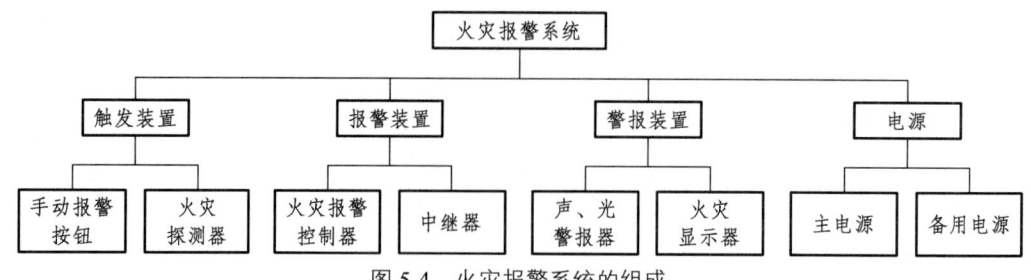

图 5-4　火灾报警系统的组成

它能够将火灾初期燃烧产生的烟雾、热量和光辐射等介质，通过感烟、感温和感光等火灾探测器变成电信号，经导线传输到火灾报警控制器，显示火灾发生部位，记录火灾发生的时间，发出声、光报警信号，以通知消防值班人员做出反应，通过消防联动控制系统自动或值班人员手动方式启、闭相关消防设施动作，并接收其信号反馈。

（1）触发器件（触发装置）。

在火灾自动报警系统中，自动或手动产生火灾报警信号的器件称为触发器件，主要包括各类火灾探测器和手动报警按钮。它是火灾自动报警系统中不可缺少的组成部分之一。

（2）火灾报警装置。

火灾报警装置是火灾自动报警系统（FAS）的核心，具有接收、显示和传递火灾报警信号，巡检、监视探测器及系统自身的工作状态，进行声光报警；指示报警部位和报警时间，接通消防电话和消防广播；联动灭火和疏散设施；提供稳定的工作电源等其他辅助功能的控制指示设备。

（3）火灾警报装置。

在火灾自动报警系统中，用以发出区别于环境声、光的火灾警报信号的装置称为火灾警报装置，火灾警报器是一种最基本的火灾警报装置，通常与火灾报警控制器组合在一起，它以声、光方式向报警区域发出火灾警报信号，以警示人们采取安全疏散、灭火救灾措施。

（4）电源。

火灾自动报警系统属于消防用电设备，其供电设备包括主电源和备用电源。主电源应采用消防电源，备用电源有蓄电池、UPS 电源等。消防设备应急电源 FEPS（Fire Fighting Equipment Emergency Power Supply）可作为火灾自动报警系统的备用电源。系统电源除为火灾报警控制器供电外，还为与系统相关的消防控制设备等供电。

5.3.2　消防联动控制系统的组成

消防联动控制系统通常由消防联动控制器、气体灭火控制器、消防电气控制装置（包括各类消防泵、防排烟风机、防火卷帘、电动防火门、双电源等控制设备）、消防设备应急电源、消防应急广播设备、消防电话、传输设备、消防控制室图形显示装置、模块（包括输入模块、输出模块、输入输出模块和中继模块）、消防电动装置、消火栓按钮等全部或部分设备组成。

消防控制设备的控制方式应根据建筑的形式、工程规模、管理体制及功能要求综合确定，大型建筑或建筑群宜采用分散与集中相结合控制方式。

5.3.3 可燃气体探测报警系统的组成

可燃气体探测报警系统一般由可燃气体控制器、可燃气体探测器和火灾声警报器组成。可燃气体报警控制器的报警信息应能传输到消防控制室图形显示装置，并独立显示。可燃气体探测器主要类型如图 5-5 所示。

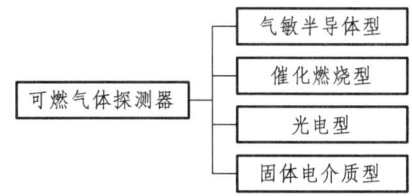

图 5-5　可燃气体探测器类型

5.3.4 电气火灾监控系统的构成

电气火灾监控系统应由电气火灾监控设备和电气火灾监控探测器构成。电气火灾监控探测器又包括剩余电流式电气火灾监控探测器、测温式电气火灾监控探测器、线型感温火灾探测器。

电气火灾监控设备的报警信息应能传输到消防控制室图形显示装置，并独立显示。

5.3.5 消防控制室图形显示装置

消防控制室图形显示装置是消防联动控制设备的一个重要组件，如图 5-6 所示。该装置安装在消防控制中心，用于接收并显示火灾报警控制器和消防联动控制器的相关信息，包括火灾自动报警系统保护区内的建筑平面图、消防设备的设置及工作状态等。

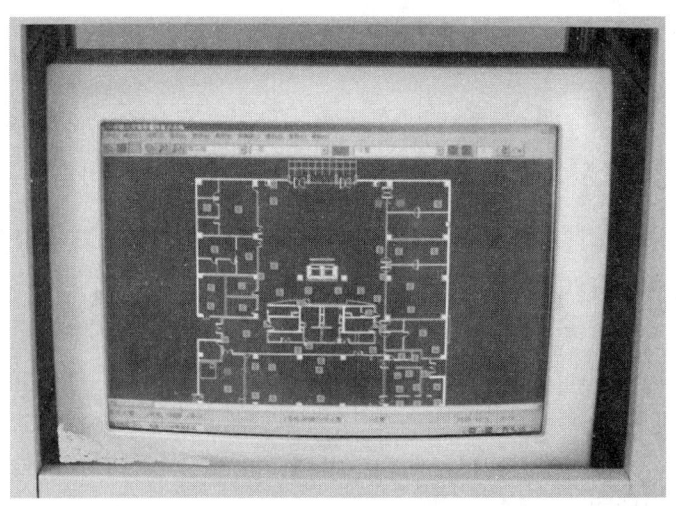

图 5-6　消防控制室图形显示装置

5.3.6 线路及供电设备

线路包括供电线路、控制线路、信号线路、广播线路、通信线路等。

供电设备包括主电源、应急电源及备用电源。主电源应采用消防电源；备用电源有蓄电池、UPS 电源等。消防设备应急电源（FEPS）可作为火灾自动报警系统的备用电源。

5.3.7 火灾自动报警系统构架

火灾报警系统一般采用分散控制、集中管理的基本原则，采取一体化网络、二级管理、三级控制的模式进行设计。常见的地铁设备监控系统设控制中心、车站两级管理，按中心级、车站级、就地级三级控制模式设置，如图 5-7 所示。

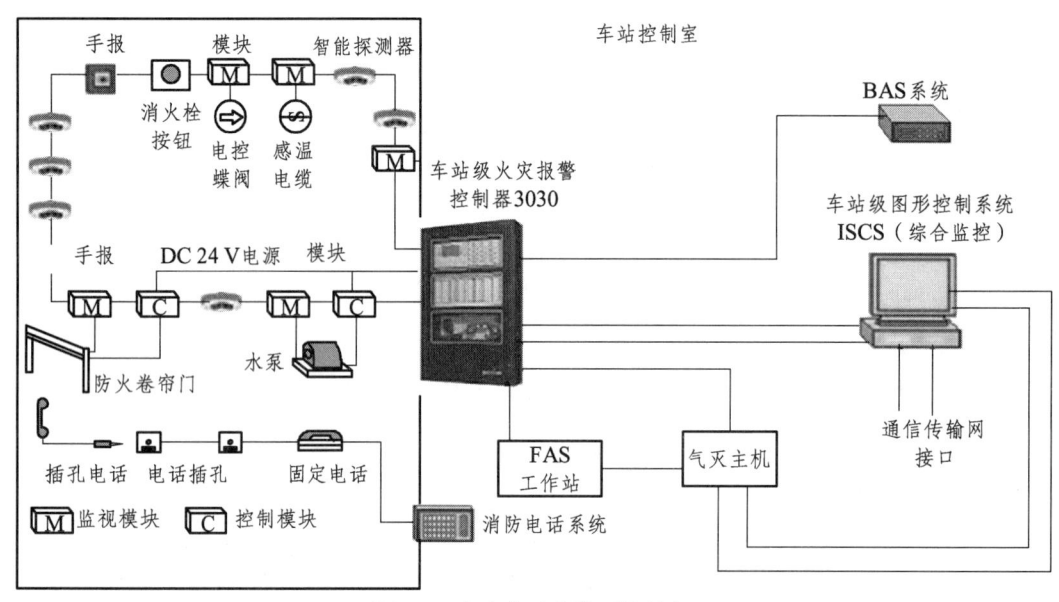

图 5-7　火灾自动报警系统构架

1. 中央级管理及控制功能

（1）在控制中心大厅内设立"中央控制级"系统，作为全线火灾报警系统的一级管理和一级中央控制系统，对火灾报警系统实行集中管理和控制。

（2）控制中心网络系统是以令牌方式进行点对点通信的对等式网络，为分散的火灾报警分机提供一个通信平台，用来管理报警，监测控制以及传送信息，各火灾报警分机都可以是网络的一个节点，网络系统中每个节点既相互独立，又互为补充。

（3）当光纤网络出现一个开路点时，车站级控制系统与控制中心和维修监测中心均在线时，不影响整个网络的正常通信。

（4）当发生2个或2个以上开路点时，与中心级或维修监测中心的火灾报警控制器保持连接的网段，仍能正常工作。

（5）脱离与中心级和维修监测中心火灾报警控制器连接的网段，系统会自动形成子网络，同时在子网络中至少有一个节点设备能够通过简单的键盘操作，成为能够监控子网络的临时中央机。

（6）环形网络功能，对网络的构成和通信提供更高的可靠性，就像在网络中创建了两个路径，即使一个路径有故障，还可以通过第二个路径来进行通信，保证系统功能的正常实现。比如，网络线路中有开路、短路故障时，网络可以通过另一条路径来进行完整的网络通信。

（7）网络中有多处故障时，网络会进行重组，使网络功能尽可能完整。而系统中有一个控制器有问题时，只有此控制器监控的部分失去功能，而其他部分仍可正常工作，增强了系统功能和抗风险的能力，使风险减到最低。

2. 车站级管理及控制功能

（1）车站级火灾报警控制系统可接收火灾报警系统中央级指令并自动执行，也可独立组织、管理、指挥管辖区内防救灾工作。在脱离系统网络的情况下，车站级火灾报警控制系统能完全独立监视和控制本站管辖范围内的火灾报警系统。

（2）车站级火灾报警控制器，与车站管辖范围内火灾自动报警探测器、手动火灾报警按钮（带电话插孔）、各种输入输出模块等联网，组成车站级火灾报警系统，如图5-8所示。

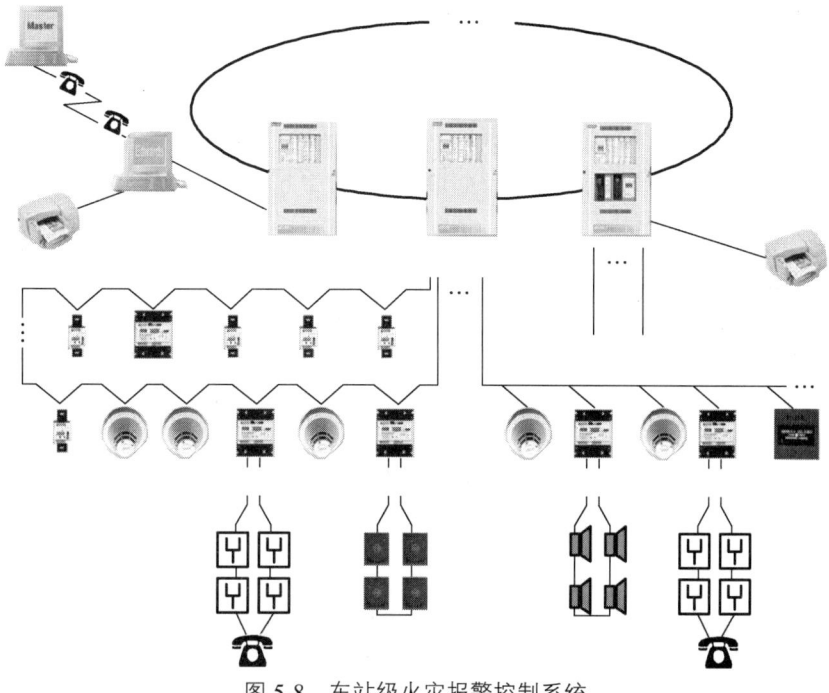

图5-8　车站级火灾报警控制系统

FAS 系统一般不单独组网。FAS 系统利用通信的网络传输，通过车站级综合监控系统向中央级综合监控系统发送设备运营状态，控制中心人员可通过综合监控对车站进行监控。

（3）FAS 系统通过主机 MODBUS-TCP 网关向综合监控传输设备数据，并将数据做成界面以供车站人员实时监控。

（4）FAS 主机通过网关接入综合监控两台冗余 FEP（通信前置机）上互为冗余的两个网络。

3. 就地级控制功能

（1）就地级设备包括消防泵、喷淋泵、防排烟防火阀、电动挡烟垂帘、防火卷帘门等。

（2）现场控制设备能够直接完成现场灭火、阻隔火源蔓延、控制烟雾、疏散人群等功能，均具有现场控制机构，以便在紧急情况下，能够通过人为现场控制实施灭火和安全疏散人群工作。

5.4 火灾自动报警系统的运行方式

火灾自动报警系统的基本形式有区域报警系统、集中报警系统和控制中心报警系统。

5.4.1 区域报警系统

区域报警系统就是由区域火灾报警控制器和火灾探测器等组成，或由火灾报警控制器和火灾探测器等组成，功能简单的火灾自动报警系统。宜用于二级保护对象，适用于小型、不做防火分区控制的火灾自动报警系统，如图 5-9 所示。

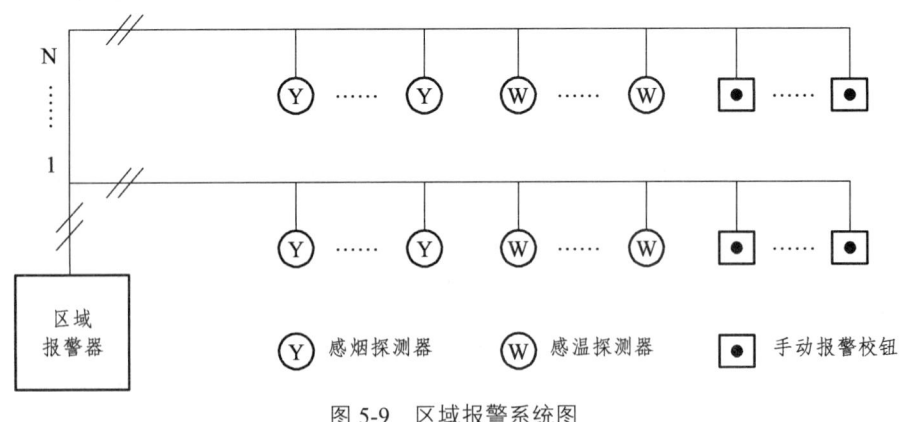

图 5-9　区域报警系统图

区域报警系统主要是接收探测器或手动报警按钮发出的火灾信号，各种报警信号至区域报警器，经信号选择电路处理后，进行火灾、短路与开路（当区域报警器与探测器之间存在接触不良或断线时，报警器会发出开路或短路的故障报警信号），报警器发出火灾报警信号，并根据火警位置，发出火警声光报警，记录火警信号、开路、短路故障信号，然后通过通信接口电路将三类信号送至集中报警控制器，区域报警控制器将根据接收到的探测器火警信号，按照预设的逻辑联动外部设备，如排烟阀等。

5.4.2 集中报警系统

集中报警系统就是由集中火灾报警控制器、区域火灾报警控制器和火灾探测器等组成，或由火灾报警控制器、区域显示器和火灾探测器等组成，功能较复杂的火灾自动报警系统。宜用于一级和二级保护对象，适用于大、中型火灾自动报警系统，如图 5-10 所示。

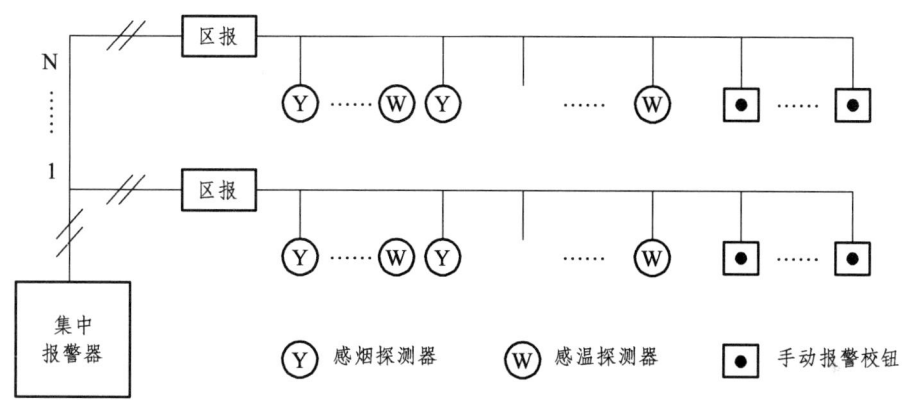

图 5-10　集中报警系统图

集中报警系统接收由各个区域报警器的火灾报警和故障报警信号，巡检信号受区域报警器与门输出电路的控制，当某区域报警器有火灾报警信号，等到巡检信号出现后才输出，集中报警器接收到这一信号后存入内存，再进行显示、声光报警、打印等操作。

5.4.3 控制中心报警系统

控制中心报警系统是由消防控制室的消防控制设备、集中火灾报警控制器、区域火灾报警控制器和火灾探测器等组成，或由消防控制室的消防控制设备、火灾报警控制器、区域显示器和火灾探测器等组成，功能复杂的火灾自动报警系统。用于特级和一级保护对象，如图 5-11 所示。

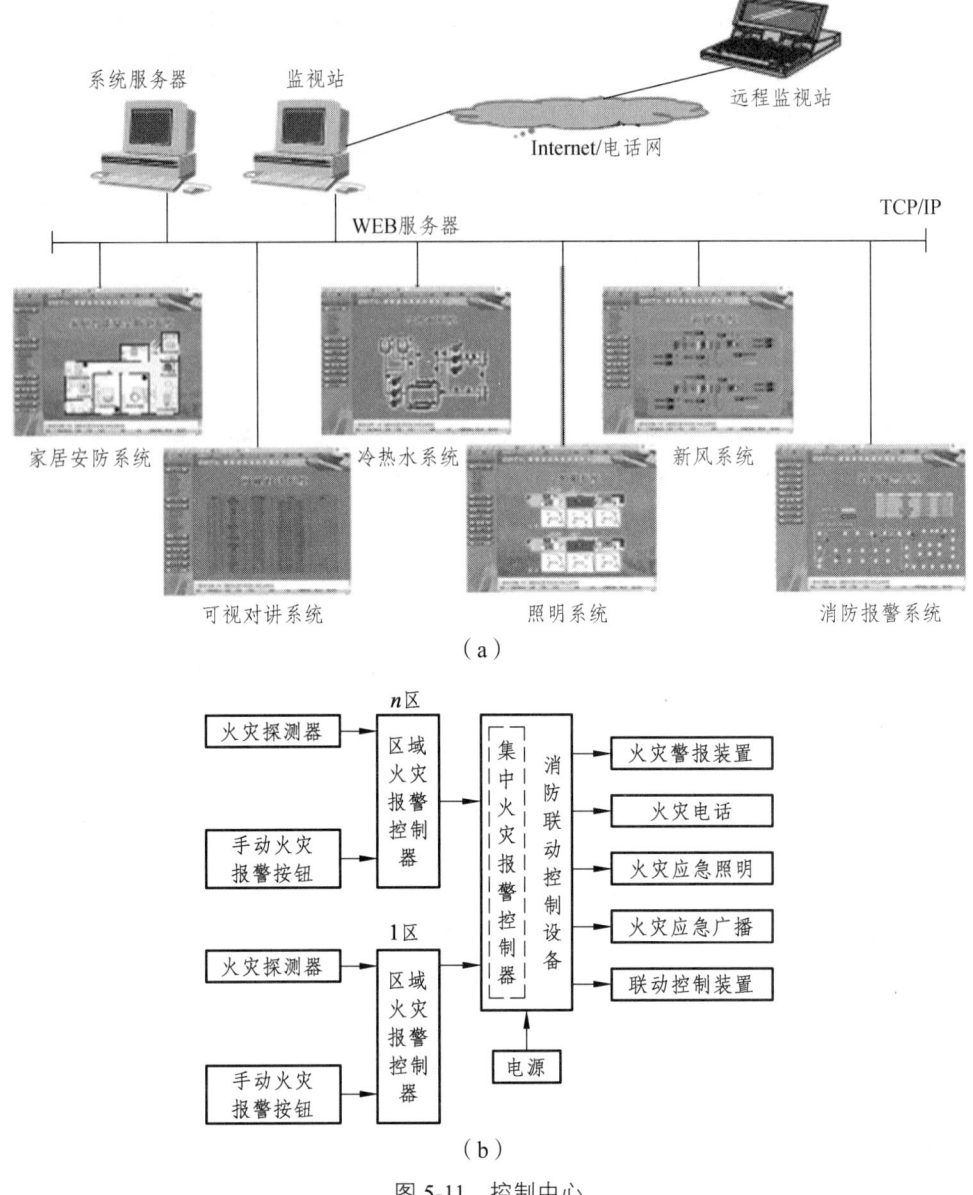

图 5-11 控制中心

5.4.4 火灾自动报警系统控制形式的选择

（1）仅需要报警，不需要联动自动消防设备的保护对象宜采用区域报警系统。

（2）不仅需要报警，同时需要联动自动消防设备，且只需设置一台具有集中控制功能的火灾报警控制器和消防联动控制器的保护对象，应采用集中报警系统，并应设置一个消防控制室。

（3）设置两个及两个以上消防控制室的保护对象，或已设置两个以上集中报警系统的保护对象，应采用控制中心（通用）报警系统。

5.5 火灾自动报警系统设置范围

5.5.1 火灾自动报警系统保护对象等级

火灾自动报警系统保护对象分为特级、一级、二级。

1. 特 级

建筑高度超过 100 m 的高层民用建筑。

2. 一 级

（1）指建筑高度不超过 100 m 的高层民用建筑（一类建筑）。

（2）指建筑高度不超过 24 m 的民用建筑及建筑高度超过 24 m 的单层公共建筑。

① 200 床及以上的病房楼，每层建筑面积 1 000 m^2 及以上的门诊楼。

② 每层建筑面积超过 3 000 m^2 的百货楼、商场、展览楼、高级旅馆、财贸金融楼、电信楼、高级办公楼。

③ 藏书超过 100 万册的图书馆、书库。

④ 超过 3000 座位的体育馆。

⑤ 重要的科研楼、资料档案楼。

⑥ 省级（含计划单列市）的邮政楼、广播电视楼、电力调度楼、防灾指挥调度楼。

⑦ 重点文物保护场所。

⑧ 大型以上的影剧院、会堂、礼堂。

（3）重要的工业建筑。

① 乙类生产厂房。

② 甲、乙类物品库房；占地面积或总建筑面积超过 1 000 m^2 的丙类物品库房。

③ 总建筑面积超过 1 000 m^2 的地下丙、丁类生产车间及物品库房。

（4）重要的地下民用建筑。

① 地下铁道车站。

② 地下电影院、礼堂。

③ 使用面积超过 1 000 m^2 的地下商场、医院、旅馆、展览厅及其他商业或公共活动场所。

④ 重要的实验室、图书、资料、档案库。

3. 二 级

（1）建筑高度不超过 100 m 的高层民用建筑（二类建筑）。

（2）建筑高度不超过 24 m 的民用建筑。

① 设有空气调节系统的或每层建筑面积超过 2 000 m² 、但不超过 3 000 m² 的商业楼、财贸金融楼、电信楼、展览楼、旅馆、办公室、车站、海河客运站、航空港等公共建筑及其他商业或公共活动场所。

② 市、县级的邮政楼、广播电视楼、电力调度楼、防灾指挥调度楼。

③ 中型以下的影剧院。

（3）工业建筑。

① 丙类生产厂房。

② 建筑面积大于 50 m²，但不超过 1 000 m² 的丙类物品库房。

③ 建筑面积大于 50 m²，但不超过 1 000 m² 的地下丙、丁类生产车间及地下物品库房。

（4）地下民用建筑。

① 长度超过 500 m 的城市隧道。

② 使用面积不超过 1 000 m² 的地下商场、医院、旅馆、展览厅及其他商业或公共活动场所。

5.5.2 火灾自动报警系统设置场所

根据《建筑设计防火规范》（GB 50016—2014）规定，建筑中的下列部位应设置火灾报警装置。

（1）任一层建筑面积大于 1 500 m² 或总建筑面积大于 3 000 m² 的制鞋、制衣、玩具、电子等类似用途的厂房。

（2）每座占地面积大于 1 000 m² 的棉、毛、丝、麻、化纤及其制品的仓库，占地面积大于 500 m² 或总建筑面积大于 1 000 m² 的卷烟仓库。

（3）任一层建筑面积大于 1 500 m² 或总建筑面积大于 3 000 m² 的商店、展览、财贸金融、客运和货运等类似用途的建筑，总建筑面积大于 500 m² 的地下或半地下商店。

（4）图书或文物的珍藏库，每座藏书超过 50 万册的图书馆，重要的档案馆。

（5）地市级及以上广播电视建筑、邮政建筑、电信建筑，城市或区域性电力、交通和防灾等指挥调度建筑。

（6）特等、甲等剧场，座位数超过 1 500 个的其他等级的剧场或电影院，座位数超过 2 000 个的会堂或礼堂，座位数超过 3 000 个的体育馆。

（7）大、中型幼儿园的儿童用房等场所，老年人建筑，任一层建筑面积大于 1 500 m² 或总建筑面积大于 3 000 m² 的疗养院的病房楼、旅馆建筑和其他儿童活动场所，不少于 200 床位的医院门诊楼、病房楼和手术部等。

（8）歌舞娱乐放映游艺场所。

（9）净高大于 2.6 m 且可燃物较多的技术夹层，净高大于 0.8 m 且有可燃物的闷顶或吊顶内。

（10）电子信息系统的主机房及其控制室、记录介质库，特殊贵重或火灾危险性大的机器、仪表、仪器设备室、贵重物品库房。

（11）二类高层公共建筑内建筑面积大于 50 m² 的可燃物品库房和建筑面积大于 500 m² 的营业厅。

（12）其他一类高层公共建筑。

（13）设置机械排烟、防烟系统，雨淋或预作用自动喷水灭火系统，固定消防水炮灭火系统、气体灭火系统等需与火灾自动报警系统联锁动作的场所或部位。

（14）建筑高度大于 100 m 的住宅建筑，应设置火灾自动报警系统。

（15）建筑高度大于 54 m 但不大于 100 m 的住宅建筑，其公共部位应设置火灾自动报警系统，套内宜设置火灾探测器。建筑高度不大于 54 m 的高层住宅建筑，其公共部位宜设置火灾自动报警系统。当设置需联动控制的消防设施时，公共部位应设置火灾自动报警系统。高层住宅建筑的公共部位应设置具有语音功能的火灾声警报装置或应急广播。建筑内可能散发可燃气体、可燃蒸气的场所应设置可燃气体报警装置。

5.5.3 火灾自动报警系统设置部位

特级中除面积小于 5 m² 的厕所、卫生间外，均应设置火灾探测器。
一级中的办公室、会议室、营业厅等 32 个部位（详见 GB 50016—2014）。
二级中的办公室、会议室、营业厅等 19 个部位（详见 GB 50016—2014）。

5.6 常用火灾探测器及应用范围

5.6.1 火灾探测器概述

火灾探测器动画

1. 火灾探测器的概念和作用

火灾探测器是对初起火灾进行探测的一种装置，是火灾自动报警系统的重要组件之一。火灾探测器作用是对被保护现场空间进行监测，它至少含有一个能够连续或以一定频率周期监视与火灾有关的适宜的物理或化学现象的传感器，并将探测到的火灾信息输送至火灾报警控制器。

2. 火灾探测器的类型

火灾探测器可按其探测的火灾特征参数、监视范围、复位功能、拆卸性能等进行分类。

根据火灾探测器的结构造型和监视范围不同,可分为点型和线型两类。点型火灾探测器是响应一个小型传感器附近的火灾特征参数的探测器;线型火灾探测器是响应某一连续路线附近的火灾特征参数的探测器。

根据火灾探测方法和原理(即探测火灾的参数),火灾探测器可分为感烟式、感温式、感光式、复合式和可燃气体探测器等。

根据火灾探测器使用环境,火灾探测器可分为防爆型、耐碱型、耐酸型、耐寒型;陆用型、船用型等。

每种类型中,又可分为不同的形式。具体分类如图 5-12 所示。

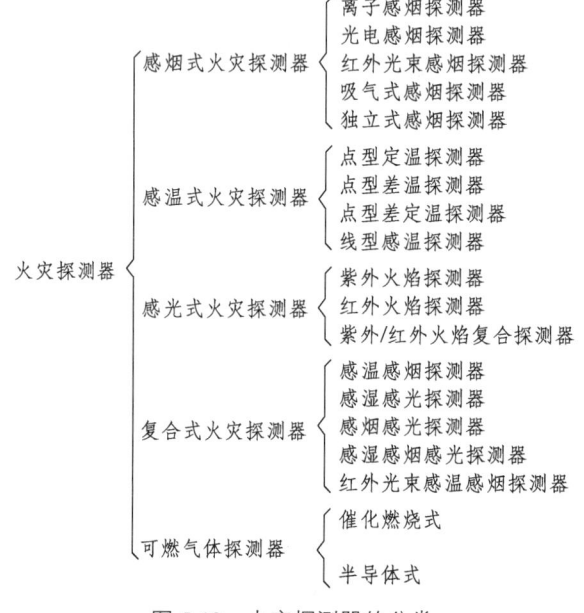

图 5-12 火灾探测器的分类

感烟式火灾探测器微课

1. 感烟式火灾探测器

感烟式火灾探测器(见图 5-13)是对监测区域中某一点或某一部分周围的烟雾参数进行敏感的一种火灾探测器,感烟探测器可分为离子感烟火灾探测器、光电感烟火灾探测器、红外光束感烟探测器。

感烟式火灾探测器的灵敏度可分为三级:一级(高)用于禁烟场所(如计算机房)等;二级(中)用于少量有烟场所(如客房或卧室)等;三级(低)用于人员密集有烟场所(如会议室)等。

图 5-13 感烟式火灾探测器

感烟式火灾探测器类型包括:

(1)离子感烟火灾探测器。该类型是根据烟雾粒子的吸附作用能改变电离室电离电流这一特征来进行火灾探测的，探测单元由两个内含放射性源镅232的电离室相互串联而成，与识别电路构成电压平衡桥。目前，离子感烟火灾探测器由于有放射污染的问题，基本已经不再生产。还在使用的离子感烟探测器也在逐渐被淘汰。

（2）光电感烟火灾探测器（见图5-14）。该类型探测器是利用起火时产生的烟雾能够改变光的传播特性这一基本性质而进行火灾探测的，分为散光型和遮光型两种。

（3）红外光束感烟探测器。该类型探测器为线型火灾探测器，主要用于高架、大空间（如仓库、中庭、电缆间等）场所，其工作原理和遮光型光电感烟火灾探测器相同，只是光束发射器和接收器分别是两个独立的部分（见图5-15）。

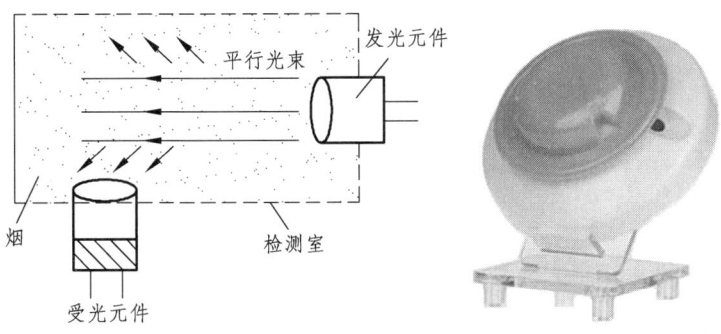

图5-14 光电感烟探测器

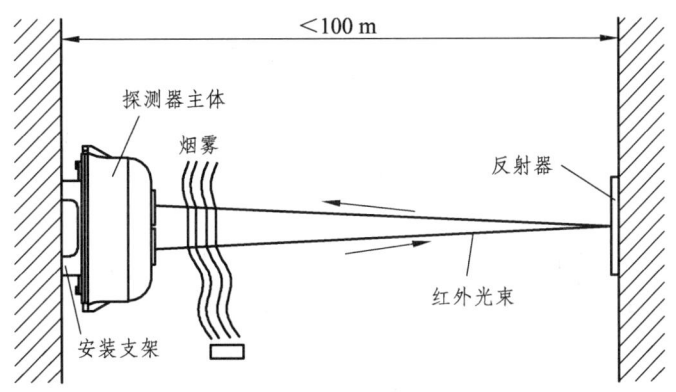

图5-15 红外线光速感烟灾探测器工作原理图

感烟报警器动画

（4）吸气式感烟火灾探测器。该类型探测器是一种新型火灾探测器，采用吸气方式对空气进行采样，快速、动态地识别和判断可燃物质受热分解或燃烧产生的烟气，从而探测火灾。吸气式感烟火灾探测器按其灵敏度可分为普通型、灵敏型和高灵敏型；按探测原理可分为浓度计型、粒子计型和混合型；按采样方式可分为点型采样吸气式和管路采样吸气式；按其功能可分为探测型和探测报警型。

（5）独立式感烟火灾探测器。该类型探测器是一种包括感烟探测、火灾报警器件和独立电源的火灾探测装置，主要适用于家庭住宅的火灾探测和报警，具有安装简便、报警响应迅速、适用范围广泛、经济耐用的优点。

2. 感温式火灾探测器

感温式火灾探测器（见图 5-16）是对监测区域中某一点或某一部分周围的温度参数（异常温度、温升速率和温差变化）进行敏感的一种火灾探测器。其类型如图 5-17 所示。

图 5-16　感温型火灾探测器

感温式火灾探测器微课

（1）点型定温火灾探测器。这是一种在它的敏感元件被加热到预定温度值即响应的装置，适用于环境温度变化较大或环境温度较高的场所，常用的有双金属型、易熔合金型、水银接点型、热敏接点型半导体型等几种。一般定温在 65 ℃ 以上动作。

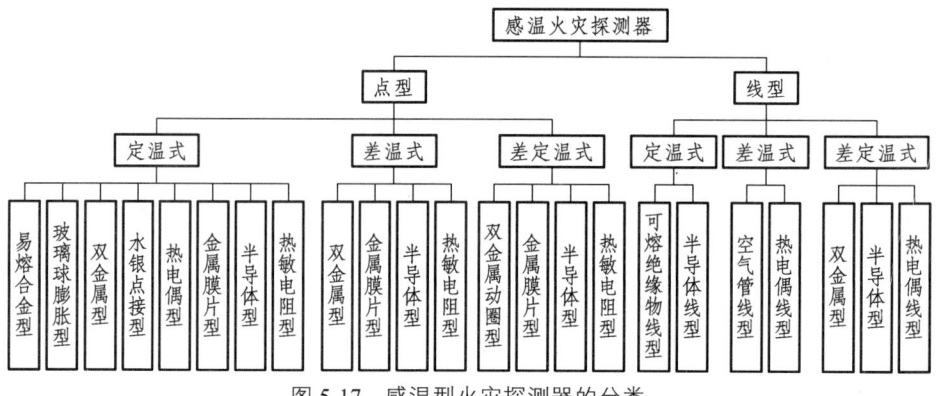

图 5-17　感温型火灾探测器的分类

（2）点型差温火灾探测器。这是一种利用局部温度异常速率升高产生感应的火灾探测装置，适用于发生火灾时温度快速变化的场所。主要有膜盒差温、双金属片差温、热敏电阻接点差温火灾探测器等几种。一般温升速率在 10 ℃/min 以上动作。

（3）点型差定温火灾探测器。这是一种兼有差温式、定温式两种火灾探测功能的复合式火灾探测器，具有两种功能，提高了可靠度，使用相当广泛，主要有膜盒差定温、双金属差定温、热敏电阻差定温火灾探测器三种。

（4）线型感温火灾探测器。该类型探测器是将热敏元件沿一条线连续分布，只要任一点温度出现异常，就能感应报警。常用的有缆式线型定温火灾探测器、空气管线型差温火灾探测器、线型光纤感温探测器等。

3. 感光式火灾探测器

感光式火灾探测器又称火焰探测器，是通过对火灾光的特性（即火焰的光照强度和火焰的闪烁频率）做出响应的一种火灾探测器。其特点是响应速度快，特别适用于起火而无烟雾的易燃易爆场所，是唯一能在室外作用的火灾探测器。

感光式火灾探测器主要有紫外火焰探测器和红外火焰探测器、紫外/红外火焰复合探测器。红外火焰探测器又分为单波段、双波段和多波段红外火焰探测器。

4. 复合式火灾探测器的类型

复合式火灾探测器是指一个火灾探测器同时具备两种或两种以上探测传感功能的火灾探测器，其特点是提高探测火灾的成功率和可靠度。复合型火灾探测器常见类型如图 5-18 所示。

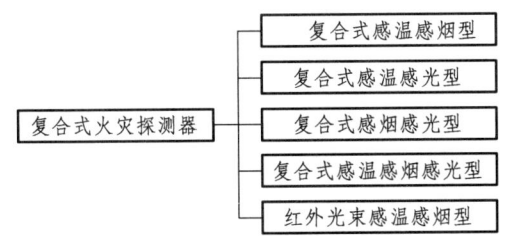

图 5-18　复合型火灾探测器的类型

5. 模拟量火灾探测器

模拟量火灾探测器是指输出代表敏感现象值信号的火灾探测器，是新一代火灾探测器，一般由计算机控制。

模拟量火灾探测器与通常的开关量探测器的区别是，这种火灾探测器本身不判定火警，而是每 2 s 向火灾报警控制器输送状况信息一次，火灾报警控制器将这些数据进行处理，做出评估或判定，达到报警程度立即发出报警信号。

6. 其他火灾探测器

其他火灾探测器主要有无线火灾探测器、图像火灾探测器、防爆火灾探测器、火焰探测器、可燃气体探测器等。

（1）无线火灾探测器是一种采用无线方式与火灾报警控制器进行通信的火灾探测器。由于采用无线传输技术，省去了大量布线安装工程，该系统简单，维护方便。

（2）图像火灾探测器是指使用摄像机、红外线热成像器件等视频设备获取监控现场视频信息，进行探测的设备，可分为感烟型、感火焰型两种类型。

（3）防爆火灾探测器是一种具有防爆性能的火灾探测器。适用于有火灾爆炸危险的场所。根据其防爆结构主要有安全型和隔爆型两种。

（4）火焰探测器是利用火焰发出的红外、紫外光探测火灾的探测器，如图 5-19 所示。分为红外火焰探测器和紫外火焰探测器。

图 5-19　火焰探测器

火焰探测器微课

红外火焰探测器一般用硫化铝、硫化镉等制成的光导电池感应火灾放出的红外线，从而发出电信号报警。

紫外火焰探测器是用紫外光敏电子管接收火焰放出的紫外线，发出火灾报警信号。这种探测器受环境影响小，对火焰反应快，主要用于燃烧速度较快的油类和化学危险物品的场所，不适用于阴燃火灾的探测。

（5）可燃气体探测器是探测保护对象空间可燃气体浓度大小的一种传感器，如图 5-20 所示。这种探测器使用气敏元件制作，本身具有防爆性能，主要应用于液化石油气、城市煤气、天然气、石油化工生产、油库等爆炸危险场所。这种探测器能使空间可燃气体含量在爆炸下限以下就发出信号报警，以便事先采取有效的防火防爆措施，避免事故的发生。

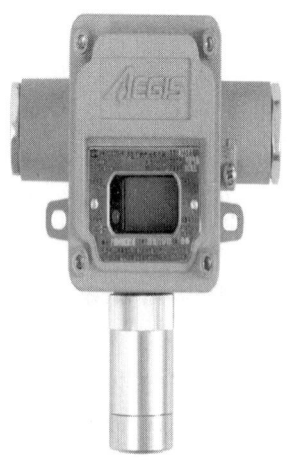

图 5-20　可燃气体探测器

7. 手动火灾报警按钮

手动火灾报警按钮是一种向火灾报警控制器发出火灾报警信号的手动装置，一般安装在各层楼梯口或通道内等显著位置，其作用是发现火情后，人为操作进行报警，如图5-21 所示。

图 5-21　手动火灾报警按钮

可燃性气体探测器微课

5.6.2　火灾探测器的选择

消防系统分为两大类：使用水灭火的固定式灭火系统和使用其他非水灭火剂的固定灭火系统。建筑内部消防系统一般是用水来灭火。特殊情况：配电室，电话总机房，建筑自备的发电机房，设置电视、电脑等电器的房间，以及保存文物、珍宝、古玩、重要档案的房间一般采用其他非水灭火剂的固定灭火系统。

不同类型的火灾探测器，根据工作原理和特性的不同，其适用范围和设置要求也有所不同。因此，在选择安装时应引起足够的重视，否则可能影响其实际使用效果。特别是在建筑改变使用性质时，应考虑火灾报警探测器的适应性。

1. 火灾探测器选择的一般要求

在火灾自动报警系统中，探测器的选择一般应根据探测区域可能发生的初期火灾特点、房间高度、环境条件等因素综合确定。火灾烟雾通常是由以下三种物质组成的混合气溶胶：气相燃烧产物，未完全燃烧的液相、固相分解产物，未燃的高温可燃蒸气。

火灾发生的时间与温度的关系曲线如图 5-22 所示，根据火灾发生的规律选择不同类型的火灾探测器。

其具体应符合下列要求：

① 对火灾初期有阴燃阶段，产生大量的烟和少量的热，很少或没有火焰辐射的场所，应选择感烟探测器。

② 对火灾发展迅速，产生大量热、烟和火焰辐射的场所，可选择感温探测器、感烟探测器、火焰探测器或其组合。

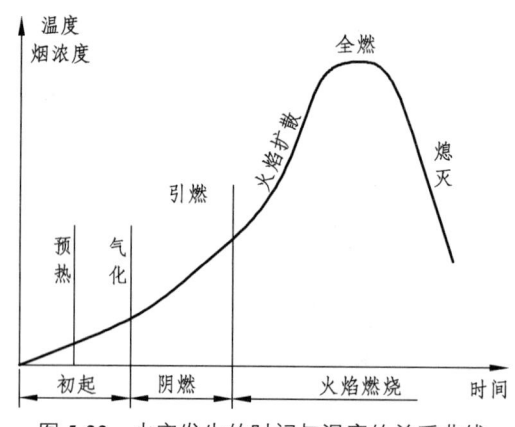

图 5-22 火灾发生的时间与温度的关系曲线

③ 对火灾发展迅速,有强烈的火焰辐射和少量的烟、热的场所,应选择火焰探测器。

④ 对火灾初期可能产生一氧化碳气体且需要早期探测的场所,宜选择一氧化碳火灾探测器。

⑤ 对使用、生产或聚集可燃气体或可燃液体蒸气的场所,应选择可燃气体探测器。

⑥ 对火灾形成特征不可预料的场所,可根据模拟试验的结果选择探测器。

⑦ 对设有联动装置、自动灭火系统以及用单一探测器不能有效确认火灾的场合,宜采用同类型或不同类型的探测器组合。

⑧ 对于需要早期发现火灾的特殊场所,可以选择高灵敏度的吸气式感烟火灾探测器,且应将该探测器的灵敏度设置为高灵敏度状态;也可根据现场实际分析早期可探测的火灾参数而选择相应的探测器。

2. 根据安装场所环境特征选择探测器

(1)相对湿度长期大于 95%,气流速度大于 5 m/s,有大量粉尘、水雾滞留,可能产生腐蚀性气体,在正常情况下有烟滞留,产生醇类、醚类、酮类等有机物质的场所,不宜选用离子感烟探测器。

(2)可能产生阴燃或者发生火灾不及早报警将造成重大损失的场所,不宜选用感温探测器;温度在 0 ℃ 以下的场所,不宜选用定温探测器;正常情况下温度变化大的场所,不宜选用差温探测器。

(3)常温和环境温度梯度较大、变化区间较小的场所,宜选用定温探测器。常温和环境温度梯度小、变化区间较大的场所,宜选用差温探测器。

(4)若火灾初期环境温度变化难以确定,宜选用差定温复合式探测器。垃圾存储间等有灰尘污染的场所,亦宜选用差定温复合式探测器。

(5)在电缆托架、电缆隧道、电缆夹层、电缆沟、电缆竖井等场所,宜采用缆式线型感温探测器。

(6)在库房、电缆隧道、天棚内、地下汽车库以及地下设备层等场所,可选用空气管线型差温探测器。

5.6.3 常用火灾探测器性能特点及适用范围

（1）在散发可燃气体、可燃蒸汽和可燃液体的场所，宜选用可燃气体、可燃液体探测器。
（2）下列场所宜选用离子感烟探测器或光电感烟探测器：
① 办公楼、教学楼、百货楼的厅堂、办公室、库房等。
② 饭店、旅馆的客房、餐厅、会客室及其他公共活动场所。
③ 电子计算机房、通信机房及其他电气设备的机房以及易产生电器火灾的危险场所。
④ 书库、档案库等。
⑤ 空调机房、防排烟机房及有防排烟功能要求的房间或场所。
⑥ 重要的电缆（电线）竖井、配电室等。
⑦ 楼梯间、前室和走廊通道。
⑧ 电影或电视放映室等。
（3）对于在火势蔓延前产生可见烟雾、火灾危险性大的场合，如电子设备机房、配电室、控制室等处，宜采用光电感烟探测器，或光电和离子感烟探测器的组合。
（4）大型无遮挡空间的库房，宜采用红外光束感烟探测器。
（5）有下列情形的场所，不宜选用离子感烟探测器：
① 相对湿度长期大于95%。
② 气流速度大于5 m/s。
③ 有大量粉尘、水雾滞留。
④ 可能产生腐蚀性气体。
⑤ 在正常情况下有烟滞留。
⑥ 产生醇类、醚类、酮类等有机物质。
（6）有下列情形的场所，不宜选用光电感烟探测器：
① 可能产生黑烟。
② 大量积聚粉尘。
③ 可能产生蒸汽和油雾。
④ 在正常情况下有烟滞留。
⑤ 存在高频电磁干扰。
⑥ 大量昆虫充斥的场所。
（7）下列情形或场所宜选用感温探测器：
① 相对湿度经常高于95%。
② 可能发生无烟火灾。
③ 有大量粉尘。
④ 在正常情况下有烟和蒸汽滞留。
⑤ 厨房、锅炉房、发电机房、茶炉房、烘干房等。

⑥ 汽车库等。

⑦ 吸烟室、小会议室等。

⑧ 其他不宜安装感烟探测器的厅堂和公共场所。

（8）有下列情形的场所，宜选用火焰探测器：

① 火灾时有强烈的火焰辐射。

② 无阴燃阶段的火灾。

③ 需要对火焰做出快速反应。

（9）有下列情形的场所，不宜选用火焰探测器：

① 可能发生无焰火灾。

② 在火焰出现前有浓烟扩散。

③ 探测器的镜头易被污染。

④ 探测器的"视线"易被遮挡。

⑤ 探测器易受阳光或其他光源直接或间接照射。

⑥ 在正常情况下有明火作业以及 X 射线、弧光等影响。

（10）当有自动联动装置或自动灭火系统时，宜采用感烟、感温、火焰探测器（同类型或不同类型）的组合。

（11）感烟探测器的灵敏度级别应根据初期火灾燃烧特性和环境特征等因素正确选择。一般可按下述原则确定：

① 禁烟场所、计算机房、仪表室、电子设备机房、图书馆、票证库和书库等灵敏度级别为Ⅰ级。

② 一般环境（居室、客房、办公室等）灵敏度级别为Ⅱ级。

③ 走廊、通道、会议室、吸烟室、大厅、餐厅、地下层、管道井等处，灵敏度级别为Ⅲ级。

④ 当房间高度超过 8 m 时，感烟探测器灵敏度级别应取Ⅰ级，感温探测器应按相关规定选择。

（12）差、定温探测器动作温度的选择不应高于最高环境温度 20～35 ℃，且应按产品技术条件确定其灵敏度。一般可按下述原则确定：

① 定温、差温探测器在升温速率不大于 1 ℃/min 时，其动作温度不应小于 54 ℃，且各级灵敏度的探测器的动作温度应分别大于下列数值：Ⅰ级 62 ℃、Ⅱ级 70 ℃、Ⅲ级 78 ℃。

② 定温式探测器的动作温度在无环境特殊要求时，一般选用Ⅱ级。

（13）在下列场所可不安装感烟、感温式火灾探测器。

① 火灾探测器的安装面与地面高度大于 12 m（感烟）、8 m（感温）的场所。

② 因气流影响，靠火灾探测器不能有效发现火灾的场所。

③ 天棚和上层楼板间距、地板与楼板间距小于 0.5 m 的场所。

④ 闷顶及相关吊顶内的构筑物和装修材料是难燃型的或者已装有自动喷水灭火系统的闷顶或吊顶的场所。

⑤ 难以维修的场所。

5.7 火灾报警控制器

5.7.1 火灾报警控制器的概念及作用

火灾报警控制器动画

1. 概　念

火灾报警控制器是一种能为火灾探测器供电、接收、显示和传递火灾报警信号，并能对自动消防等装置发出控制信号的报警装置。

2. 作　用

火灾报警控制器的作用就是对火灾探测器、手动报警按钮及各种接口进行监测和管理，接收探测信息和检测线路故障信息，同时能启动各种接口以便控制各种消防联动设备，并接收反馈信号。

目前，我国市场上通常是将火灾报警控制器和消防联动控制器的双重功能集成在一个机体内。

5.7.2 火灾报警控制器的类型

（1）按应用方式分为独立型（不具有向其他控制器传递信息功能的控制器）、区域型（具有向其他控制器传递信息功能的控制器）、集中型和通用型（集中区域兼容型）。

① 区域火灾报警控制器。

概念：一种能直接接收火灾探测器或中继器发来的报警信号的多路火灾报警控制器，并按报警区域的划分，装在区域值班室或楼层服务台。

组成：由输入回路、声、光报警单元、自动监控单元、手动检查测试单元、输出回路和稳压电源、备用电源等电路组成。

工作原理：输入回路接收各火灾探测器送来的火灾报警信号，由声、光报警单元发出声、光报警信号和显示其发生的部位，并通过输出回路控制有关消防设备，并向集中报警器传送报警信号。自动监控单元起着监控各类故障的作用，通过手动检查测试单元可以检查整个系统是否处于正常工作状态。

② 集中火灾报警控制器。

概念：一种能接收区域火灾报警控制器发来的报警信号的多路火灾报警器。

组成：由输入回路、声、光报警单元、自动监控单元、巡检单元、手动检查测试单元、输出回路和稳压电源、备用电源等电路组成。集中火灾报警控制器除电路输入单元和显示单元的构成和要求与区域火灾报警控制器有所不同外，其他大同小异。

工作原理：集中火灾报警控制器采取了总线制（2~4根），通过串行地址编码，接收火灾探测器的工作状态，通过输出模块，进行联动控制，并具有巡检功能。

③ 通用火灾报警控制器。

通用火灾报警控制器兼有区域、集中火灾报警器的双重特点。通过设置或修改参数，既可作为区域火灾报警器使用，又可作集中报警器使用。

（2）按其容量可分为单路火灾报警控制器和多回路火灾报警控制器。

（3）按使用环境可分为陆用型火灾报警控制器和船用型火灾报警控制器。

（4）按其结构可分为壁挂式、台式和柜式火灾报警控制器，如图 5-23 所示。

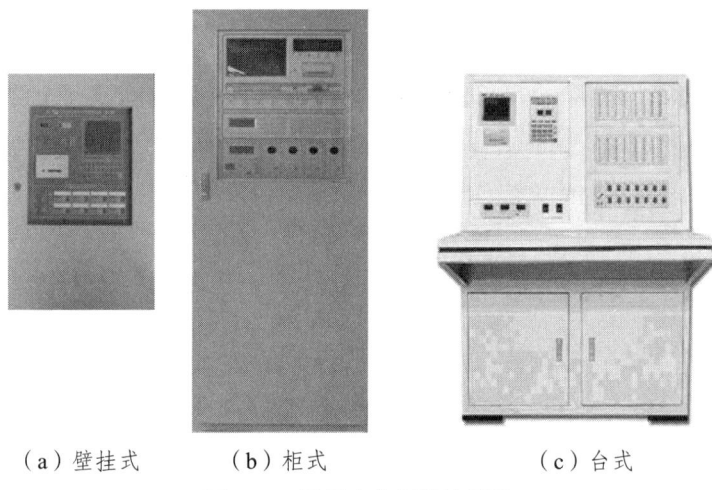

（a）壁挂式　　　（b）柜式　　　（c）台式

图 5-23　通用火灾报警控制器

（5）按系统布线方式可分为多线制火灾报警控制器和总线制火灾报警控制器。

（6）按其防爆性能可分为防爆火灾报警控制器和非防爆火灾报警控制器。

（7）按信号处理可分为有阈值火灾报警控制器和无阈值模拟量火灾报警控制器。

（8）按内部电路设计可分为普通型火灾报警控制器和微机型火灾报警控制器。

（9）按接收信号的方式可分为有线火灾报警控制器和无线火灾报警控制器。

5.7.3　火灾报警控制器的基本功能

（1）供电功能。

（2）火灾报警功能。

（3）故障报警功能。

（4）屏蔽功能。

（5）监管功能。

（6）自检功能。

（7）信息显示与查询功能。

（8）系统兼容功能。

（9）主、备电源自动显示、监控、切换功能。

（10）软件控制功能。

5.7.4　火灾显示盘

火灾显示盘通常也称为区域显示器，是火灾自动报警系统的基本组件之一，用于显示所辖区域内现场报警触发器件的报警信息，发布报警信号。火灾显示盘根据其供电方式可分为直流供电型和交流供电型两种。火灾显示盘通常由主控单元、指示操作单元、通信单元、电源单元和可选的报警控制输出单元（如挂接火灾报警控制器时）构成。火灾显示盘通过通信单元接收火灾报警控制器发出的火灾等信息，指示所辖区域的报警信息，同时启动声、光指示。

第 6 章

城市轨道交通机电设备监控系统

随着现代社会的不断发展，新型城市交通——地下铁道的建设方兴未艾。不断发展的自动化技术的应用，对地铁机电设备进行集中控制、管理，为地铁机电设备科学、高效的运行保驾护航，同时保障了地下环境的安全、舒适。

6.1 系统构成

环境与设备监控系统是一套充分满足地铁环控特点和城市气候差异的、整合当今世界最新技术的高性能、智能化的 BAS（Building Automation System）控制系统。该系统体现分散控制、集中管理、资源共享的基本原则，达到营造舒适的环境、降低能源消耗、节省人力、提高管理水平的目的，全面满足地铁运营管理的需要。该系统一般采用分布式计算机系统，由中央管理级、车站监控级、现场控制级监控设备及相关通信网络共同构成实时监控系统，其监控对象包括：通风、空调系统、集中冷站/制冷系统、给排水系统、照明系统、乘客导向系统、自动扶梯、电梯系统、屏蔽门、防淹门系统等。

以广州地铁 1 号线为例，广州地铁 1 号线共有 14 个地下车站、2 个地面车站和一座地铁控制中心（OCC）大楼，全长 18.6 km，采用了集散控制系统（DCS）对地铁全线环控设备及其他车站机电设备进行集中监控。由于引进了楼宇控制概念，地铁车站设备监控系统亦被称为 BAS 系统。广州地铁 1 号线采用美国 CSI 公司的 I/NET2000 系统对全线环控系统进行监控，并对全线车站的扶梯、给排水设备、应急电源进行监视报警。BAS 控制系统结构图如图 6-1 所示，BAS 系统网络结构图如图 6-2 所示。

6.1.1 中央级

系统中央级设于控制中心的中央控制室，主要由计算机、显示器、打印机、网络 TAP、隧道火灾通风控制盘、中央控制器等组成。中央级具备远程控制指令，实现远程控制功能。通过操作工作站，值班人员可根据实时运行状态向有关车站发出控制指令，实现远程控制。相关技术人员还可以通过工作站，对故障设备进行诊断和故障处理，如有软件丢失，可以自动下载程序，保证系统的运行可靠。

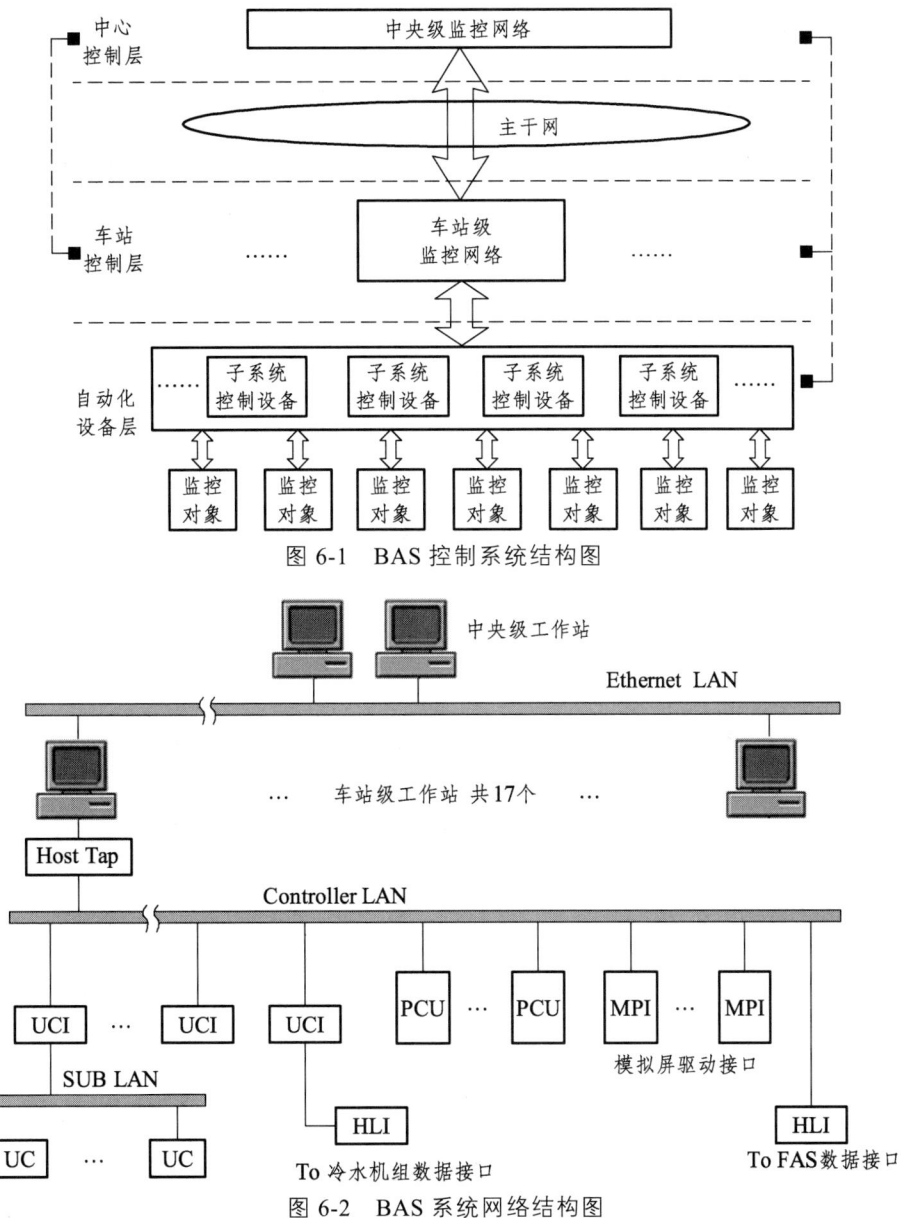

图 6-1 BAS 控制系统结构图

图 6-2 BAS 系统网络结构图

6.1.2 车站级

系统车站级设于车控室内,其主要由计算机主机、显示器、打印机、网络 TAP、控制器接口、消防报警接口(HLI)等组成车站工作站。控制器接口通过车站监控系统通信网络与车站监控工作站及控制中心通信,接收控制中心指令并控制现场控制器。同时,将设备运行状态和参数送到车站监控工作站及控制中心。车站控制系统通过网络接口设备向上与中央监控 EMCS 系统连接。

6.1.3 现场级

现场级的控制器一般集中在环控电控室，部分分散设置于现场被监控设备的附近。现场控制器具备软件联锁保护设置，控制被控对象设备顺序动作；系统各种运行参数的采集存储通过一定的计算，来实现环境和设备优化控制；对中央级、车站级下达的控制指令和控制模式、设定值的更改和其他关联参数的修正，由现场控制器处理后执行。现场控制器接收安装于各测试点内的传感器、检测器的信息，按内部预先设置的参数和执行程序自动实施对相应机电设备的监控，或随时接收监控工作站及中央系统发来的指令信息，调整参数或有关执行程序，改变对相应机电设备的监控要求。

6.2 EMCS（BAS）系统设备构成及功能

6.2.1 EMCS 系统结构

EMCS 系统遵循标准化、开放性的接口设计原则，能够很好地与火灾自动报警（FAS）、蓄电池（EPS）、智能低压、变频器、冷水机组、给排水、照明、导向（PIDS）、电梯与自动扶梯、屏蔽门、通信、自动售检票（ACF）、信号、供电等各系统实现接口，并实现与主控系统（MCS）、运营控制中心（OCC）、车辆段与综合基地的监控系统的连接。

EMCS 系统典型网络结构图如图 6-3 所示。

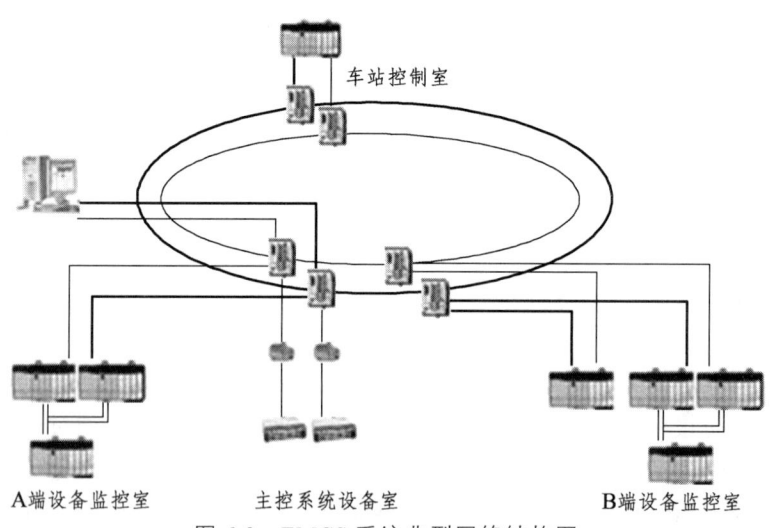

图 6-3 EMCS 系统典型网络结构图

6.2.2　城市轨道交通车站机电设备自动控制系统车站的设备构成

以上海城市轨道交通为例，上海城市轨道交通机电设备自动控制系统的主要设备采用 CSI 公司产品，主要包括网络接口设备（TAP）、单元控制器接口设备（UCI）过程控制单元（PCU）、通用单元控制器（UUC），以及和消防报警系统连接的高级接口（HLI）。网络接口设备（TAP）、单元控制器接口设备（UCI）及消防报警接口（HLI）安装在车站控制室内。其他的控制器分别安装在被监控设备或这些设备的电器控制箱附近，和这些设备的开关控制点或状态反馈点相连。

站厅、站台各装有两个温度传感器（室内型），用于监视站厅和站台的温度；在进风的风道内安装温度传感器（室外型——每端各两个），用于监测室外的温湿度。在送风静压室的适当位置安装温度传感器（一端一个）。在回风风道或回风风室适当的位置安装温度传感器和湿度传感器（室内型，每端各两个）用于检测代表站厅、站台的平均温度、湿度。

控制计算机通过其串型接口和网络 TAP 相连，通过网络 TAP 和过程控制单元（PCU），消防报警高级接口（HLI）及两个单元控制器接口（UCI）相连，组成控制器网。通用单元控制器（UCC）分两路和两个单元控制器接口（UCI）相连，组成两个子网。被监控的设备和过程控制单元（PCU）及通用单元控制器（UCC）相连，形成一个集散型的设备监控系统。系统通过消防报警高级接口（HLI），接收消防报警指令信号，协同消防报警系统工作。车站的机电设备自动控制系统还通过以太网和控制中心相连，组成城市轨道交通机电设备管理系统。

6.2.3　城市轨道交通车站机电设备自动控制系统车站级的设备功能

（1）网络接口（TAP）：车站主机和控制器网络之间的通信连接。

（2）控制器接口（UCI）：提供控制器子网和控制器之间的通信，并作为一个控制器提供控制功能。

（3）通用单元控制器（UC）：每个控制器提供 8 个输入点和 8 个输出点，输入或输出数据。

（4）过程控制单元（PCU）：输入温度和湿度信号，对公共区空调机的冷水阀进行最优节能控制。

（5）消防接口（HLI）：将消防报警信号传输给设备自动控制系统，由设备自动控制系统执行相应的设备控制。

（6）PC 机：通过 PC 机屏幕来监视各设备的工作情况，用鼠标操作、控制设备；通过模式控制按钮，来控制设备的联动。

（7）打印机：打印记录系统的工作过程。

（8）传感器：测量、传输环境的温度和湿度信号。

硬件设备选择具备高可靠性、高容错性、可维护性好的工业级控制设备，根据现场实际情况和用户的需要，中央级、车站级的监控室可配置冗余设备的操作工作站和服务器、维护工作站、事件/报表打印机、UPS、模拟屏或大屏幕投影系统等。网络采用分布式结构，由通信传输网、中央级和车站级的监控局域网、现场总线网组成。采用工业级交换设备，通过双网冗余、VLAN 组网、分层隔离等技术手段，更好地满足高可靠性的实时监控的需要，减少故障的波及面。软件系统与硬件系统配置相适应，采用模块化结构，具有很好的开放性和扩展性，具备完整远程维护和诊断功能。系统软件要求平台先进、成熟、可靠、开放。应用软件按中央级、车站级、现场控制级的三层次编制，符合地铁 BAS 的功能需求，人机界面友好。

6.3 EMCS 运行模式

6.3.1 正常运行方式

计算机和打印机每天 24 小时不间断工作。正常运行时，计算机电源由通用稳压电源接出，屏幕显示监视设备运转情况、故障报警情况。通过键盘输入指令更改风机状态，按空调通风系统的工况进行控制，可以从消防报警主机上接收火灾报警信号，确认后，键入相应指令，所有风机、风阀按火灾工况运转。

6.3.2 火灾运行方式

1. 车站火灾模式

车站发生火灾时，EMCS 响应火灾自动报警系统的联动信号，如图 6-4 所示，转入火灾运行模式，自动强制执行相应的模式控制程序，将车站通风空调设备转换到排烟运行方式并调整相关设备的运行。火灾时 EMCS 优先执行火灾报警系统的控制指令，按预

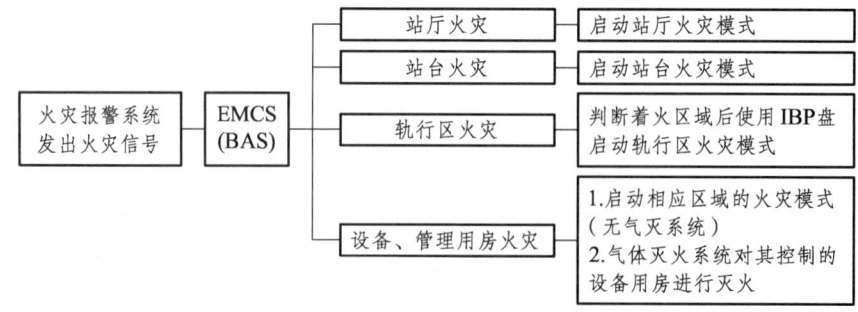

图 6-4 车站火灾联动关系图

定模式控制设备运行。车站级 PLC 系统同时采用双向通信接口连接 FAS 控制器，实现火灾状态下各种机电设备的运行协调。当火灾报警系统处于火灾报警模式时，PLC 接收到火灾自动报警系统的指令，根据指令内容执行相应的控制模式，控制有关设备的运行，PLC 将相关设备运行状态信息反馈给火灾报警系统。

2. 区间火灾模式

区间发生火灾时，EMCS 系统根据信号控制系统提供的列车位置信息和司机报告的火灾情况，控制中心启动 IBP 盘上相应区间火灾模式，火灾模式通过中央控制中心下达相关指令给相邻两车站 PLC 控制器执行火灾模式，保证旅客的安全疏散。如图 6-5 所示，当起火的列车停在区间隧道时，应按预定的隧道内火灾模式运行。车头、车尾火灾，运行的火灾模式均要确保对疏散方向迎面送风。车中部发生火灾时，环控应该根据现场火灾情况，选择有利于大部分人逃生的方向进行疏散，也就是对疏散方向送风。

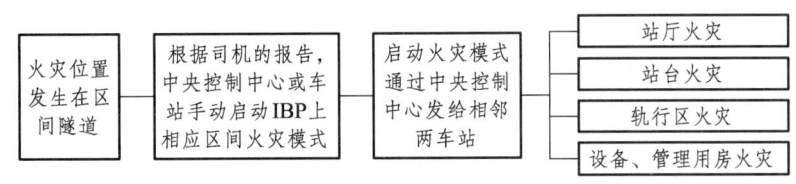

图 6-5　区间火灾联动关系图

6.3.3　计算机操作中注意事项

（1）本机电设备自动控制系统一旦安装调试完成，即处于 24 小时连续工作，操作人员可任意开关计算机和打印机电源，但不能随便关闭系统电源。

（2）系统无备用电池，当外界交流电失电后，系统无法继续工作，但系统内各种程序，设定值仍然保留，一旦恢复供电，系统即刻自动投入控制。

（3）系统断电时间不应超过半个月，否则无法保证系统程序和参数不丢失。

（4）严格防止系统线路中串入高于 25 V 以上的直流或交流电压，包括线路感应电压，否则会引起系统毁坏。

（5）计算机要专用，以避免外界计算机病毒侵入损坏本系统的正常工作。

（6）在火灾发生时，车站内的 BAS 系统在对所控风机、风阀等动作，起到隔绝大火蔓延、排烟等作用。BAS 系统在设计火灾工况软件时，要依据环控专业的工艺图以及系统的执行过程等各方面要求，制定 BAS 系统遵循下列原则：

① 以车站的环境工艺图为依据，尽量统一全线 BAS 软件的设计原理。

② 当站厅、站台层发生火灾时所联动设备如车站两端的设备、管理用房中 BAS 系统所控设备要求送风机、排风机开，排烟风机高速运行，变风量空调箱开，热泵机组关。

注意：运行的风机风阀开；停用的风机关。

（7）隧道火灾、阻塞通风工况模式的中央联动。

控制中心控制主机在隧道发生火灾或阻塞通风时，可直接命令相邻区间的两个车站的风机、风阀按对应的模式运行。

控制中心发出的命令可以在中央控制主机上撤销，当车站的风机、风阀的复位只能在车站的控制主机上完成。

控制中心联动命令的发出和车站设备的联动运行，可以在车站一级的控制主机上监控（模式表中的相应模式框绿灯常亮，隧道通风图上风阀到位、风机运转指示情况）。

6.4 EMCS 系统的运行管理

EMCS 系统作为城市轨道交通车站设备集中监控的手段和工具，运用高效、科学的手段，协调车站机电设备的运行，不但为乘客提供舒适的乘车环境，而且大大提高了城市轨道交通对意外安全事件的反应处置能力，极大地保证了乘客的人身安全。因此必须保证 EMCS 系统的正常运行。

6.4.1 EMCS 系统运营管理组织结构

EMCS 系统按控制功能及权限分为中央级、车站级。其中：中央级工作站由环控调度使用并负责日常管理；车站级工作站由车站工作人员使用并负责日常管理。维修人员则全面负责 EMCS 系统的维护保养及故障处理、确保 EMCS 系统的正常使用。

1. 中央级设备的运行管理

中央级设备控制着线路辖下的车站及隧道机电设备，环控调度通过中央级工作站对全线车站及区间隧道内设备的运行状态、故障情况以及 EMCS 系统自动运行情况进行监控。环控调度也负责对城市轨道交通突发事件进行反应，下令车站人员执行相应火灾模式或授权车站人员对设备进行操控。环控调度还负责通过中央级 IBP 盘对全线区间阻塞及火灾模式进行控制。

2. 车站级设备的运行管理

车站级设备控制着本车站机电设备。车站人员通过车站级工作站对本站内设备的运行状态、故障情况以及 EMCS 系统自动运行情况进行监控，接收环控调度指令，控制车站内设备动作，并对设备执行情况进行确认。车站工作人员通过 FAS 系统车站级发现火灾后报警，然后到现场确认并将现场情况向环控调度汇报。当发生火灾而 EMCS 系统未自动接受 FAS 系统指令启动相应模式时，车站工作人员接收环控调度命令，通过 EMCS 系统工作站或车站 IBP 盘执行火灾模式。

车站人员必须熟悉 EMCS 系统操作方法，熟悉车站设备现场操作方法，熟练掌握环控工艺模式，还需熟练掌握火灾处理程序，组织相应的火灾模式。

3. 设备维修的运行管理

EMCS 系统的维护保养及故障维修由专业维修人员完成。维修人员对 EMCS 系统进行维护，确保为使用部门提供运行良好的系统设备。其具体工作主要有：根据规程进行计划性维护维修，努力做到以养代修；对 EMCS 系统进行故障维修、抢修，确保系统功能完整；对系统缺陷进行整改、对系统功能进行优化；对使用部门进行培训，规范系统操作，做好技术支持等。

6.4.2 故障的紧急处理方式

车站值班人员要经常仔细检查设备，除发生故障及时报修外，还需各类相关专业人员如环控、低压配电、自控人员能相互配合，确保本专业设备完好。这样就能在发生火灾时，及时使设备投入运行减少火灾损坏，甚至消灭火灾的隐患。

（1）系统操作发生故障时，值班员应及时汇报公司调度故障情况，由调度发令指派专业人员进行修理。

（2）系统发生局部故障而不影响其他部分正常运行时，不应关闭整个系统。

（3）系统出现死机情况时，值班员不应随意退出系统，应及时汇报分公司调度故障情况，由调度发令指派专业人员进行处理。

（4）系统操作中，当风阀运行反馈未到时，须现场确认状态，严禁未打开风阀（风阀反馈信号未到）而起动风机。

（5）发现 UPS 失电，UPS 只能维持短时供电，系统被迫关闭而从以太网上退出，应及时汇报调度，改用手动控制设备，加强设备运行巡视。

（6）对于设备的报警故障，可以从运行信息栏中查出发生时间、设备操作方式与顺序，以便找出相关的原因。

设备安装调试完毕，车站消防报警和自动控制系统有火警联动功能。即在火灾发生时，Simplex4120 主机上火警一旦确认（4120 在自动挡），车站自动控制系统（BAS）就可通过消防接口（HLI）接收消防报警信号，联动车站的空调、通风设备按火灾模式工况运行。

第 7 章

城市轨道交通防排烟系统

城市轨道交通地下车站、隧道、建筑发生火灾,烟雾是阻碍人们逃生和进行灭火行动、导致人员死亡的主要原因之一。

7.1 防火分区和防烟分区

防火分区是指在建筑内部用防火墙、楼板、防火门或防火卷帘分隔的区域,可以将火灾限制在一定的局部区域内(在一定时间内),不使火势蔓延的防火单元。防火分区的隔断对烟气起一定的隔断作用。

防火分区的目的是:在建筑物内通过设置防火墙、防火门、防火卷帘等设备划分防火分区这一措施,可以在发生火灾时,有效地把火势控制在一定的范围内,防止火灾的扩大,减少火灾损失,同时可以为人员安全疏散、消防扑救提供有利条件。

从空间位置上,防火分区包括水平防火分区和垂直防火分区。

防烟分区是烟气控制的基础手段,防烟分区内不能防止火灾的扩大,只能有效地控制火灾产生的烟气流动,是为有利于建筑物内人员安全疏散和有组织排烟而采取的技术措施,主要依靠采用挡烟垂壁(帘)、挡烟梁(墙)等形式来实现。

每个防烟分区建筑面积不应超过 500 m^2,且防烟分区不得跨越防火分区。分隔区内的排烟量,在人员疏散的短时间内,必须大于或等于该区内产生烟的数量。

1. 水平防火分区

水平防火分区是指用防火墙或防火门、防火卷帘等防火分隔物将面积大的建筑物在水平方向分隔出两个或两个以上的防火区域。它可以阻止火灾在水平方向蔓延。防火分区应用防火墙分隔。如确有困难时,可采用防火卷帘加冷却水幕或闭式喷水系统,或采用防火分隔水幕分隔。如图 7-1 所示。

2. 垂直防火分区

垂直防火分区是指用耐火性能较好的楼板及窗间墙(含窗下墙),并要求对各种孔洞缝隙用不燃烧料进行填塞封堵,把火灾控制在一定的楼层范围内,防止火灾向其他楼层垂直蔓延的防火区域。如图 7-2 所示。

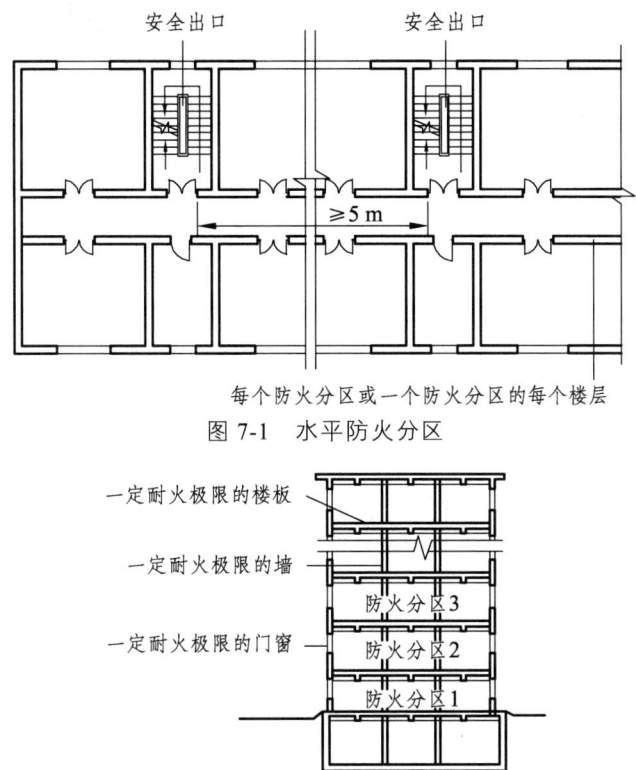

图 7-1 水平防火分区

图 7-2 垂直防火分区

一般垂直防火分区利用建筑楼层的自然分隔，是以每一层作为一个防火分区。所有建筑物的地下室，在垂直方向上尽量以每个楼层为单元划分防火分区。

3. 城市交通隧道防火分区的划分要求

隧道内的变电站、管廊、专用疏散通道、通风机房及其辅助用房等，应采用耐火极限不低于 2 h 的防火墙和甲级防火门等分隔措施与车行隧道分隔。隧道内附设的地下设备用房，占地面积大，人员较少，每个防火分区的最大允许建筑面积不应大于 1 500 m²。

4. 防烟分区的划分要求

防烟分区一般要结合建筑内部的功能分区和排烟系统的设计进行划分。设置排烟系统的场所或部位应划分防烟分区。设置防烟分区应满足以下几个要求：

（1）防烟分区应采用挡烟垂壁、隔墙、结构梁等划分。防烟分区不应跨越防火分区。

（2）挡烟垂壁等挡烟分隔设施的深度不应小于储烟仓厚度，当采用自然排烟方式时，储烟仓的厚度不应小于空间净高的 20%，且不应小于 500 mm；当采用机械排烟方式时，不应小于空间净高的 10%，且不应小于 500 mm。对于有吊顶的空间，当吊顶开孔不均匀或开孔率小于或等于 25%时，吊顶内空间高度不得计入储烟仓厚度。

（3）设置排烟设施的建筑内，敞开楼梯和自动扶梯穿越楼板的开口部应设置挡烟垂壁等设施。

（4）采用隔墙等形成封闭的分隔空间时，该空间宜作为一个防烟分区。

（5）储烟仓高度不应小于空间净高的 10%，且不应小于 500 mm，同时应保证疏散所需的清晰高度；最小清晰高度应由计算确定；

（6）有特殊用途的场所应单独划分防烟分区。

（7）公共建筑、工业建筑防烟分区的最大允许面积及其长边最大允许长度应符合表 7-1 的规定，当工业建筑采用自然排烟系统时，其防烟分区的长边长度尚不应大于建筑内空间净高的 8 倍。

表 7-1　公共建筑、工业建筑防烟分区的最大允许面积及其长边最大允许长度

空间净高 H/m	最大允许面积/m²	长边最大允许长度/m
$H\leqslant 3.0$	500	24
$3.0<H\leqslant 6.0$	1 000	36
$H>6.0$	2 000	60 m；具有自然对流条件时，不应大于 75 m

7.2　火灾烟气的危害和防排烟系统的作用

7.2.1　火灾烟气的危害

国内外大量建筑火灾表明，死亡人数中有 50%左右是被烟气毒死的。火灾中产生的大量烟气威胁人员逃生，影响火灾扑救路线，阻碍救援人员对伤员的救助。就火灾特性来说，隧道火灾由于其狭长空间形式，致使火灾的发展和烟气的蔓延比一般建筑更严重。

火灾烟气的危害主要体现在以下几个方面：

（1）毒害性。

烟气包含高浓度的一氧化碳（CO）及其他各类有毒气体如氢氰酸（HCN）、氯化氢（HCl），对人体产生直接危害。

① 一氧化碳中毒。当一氧化碳和血液 50%以上的血红蛋白结合时，便能造成脑和中枢神经严重缺氧，继而失去知觉，甚至死亡。即使是少量吸入，也会因缺氧而引发头痛无力及呕吐等症状，最终仍可导致不能及时逃离火场而死亡。

② 缺氧。在着火区域的空气中充满了一氧化碳、二氧化碳及其他有毒气体，加之燃烧需要大量的氧气，这就造成空气中的含氧量大大降低。发生爆炸时甚至可以降到 5%

以下，此时人体会受到强烈的影响而死亡，其危险性也不亚于一氧化碳。

③ 烟气中毒。木材制品燃烧产生的醛类，聚氯乙烯燃烧产生的氢氯化合物都具有很强的刺激性，甚至是致命的。随着新型建筑材料及塑料的广泛使用，烟气的毒性也越来越大。

④ 窒息。火灾时，人员可能因头部烧伤或吸入高温烟气而使口腔及喉部肿胀，以致引起呼吸道阻塞窒息。此时，如没有得到及时抢救，就有被烧死或被烟气毒死的可能。

随着火灾的发生和发展，隧道中热烟气层的高度不断降低，一旦降低至人的口鼻的高度，就会对人员的呼吸造成影响，威胁到逃生人员的生命安全。在烟气对人体的危害中，以一氧化碳的增加和氧气的减少影响最为严重。起火后这些因素是相互混合共同作用于人体的，这比其单独作用更具危险性。

（2）减光性。

着火区域的房间及疏散通道内，充满了含有大量一氧化碳及各种燃烧成分的热烟，甚至远离火区的部位及火区上部也可能烟雾弥漫。烟气极大降低可见度，烟气中的某些成分会对眼睛、鼻、喉产生强烈刺激，使人们视力下降且呼吸困难。烟气集中在疏散通道的上部空间，通常使人们掩面弯腰地摸索行走，极易失去正确的疏散方向，从而降低了人们在疏散过程中的行进速度。人们不易找到安全出口，甚至还可能走回头路。人们在烟中停留一二分钟就可能昏倒，四五分钟就有死亡的危险。

（3）恐怖性。

火灾现场往往使人感到惊慌失措，浓烟加剧了人们的恐惧感，使人们形成巨大的心理恐惧，以至于人们失去正常的行为能力，甚至出现异常行为，严重影响人们的迅速疏散，重则导致伤亡，轻则影响人们身心健康。

（4）火灾烟气具有高温辐射性。

起火点附近温度可达 800～900 ℃，有时甚至高达 1 000 ℃ 以上。高温可对人的皮肤形成热灼伤甚至导致死亡。研究表明，人在空气温度达到 150 ℃ 的环境中，只能生存 5 min，这对逃生人员造成巨大威胁。

7.2.2 防排烟系统的作用

城市轨道交通车站和隧道区间火灾发生时，由于隧道属于狭长或受限的地下空间，火灾烟气在狭长受限空间内的输运不同于一般建筑中。隧道出入口少，烟气流动距离长，不易排出，这更增大了内攻灭火和救人的难度。车站和隧道发生火灾时，一旦供电设施断电，照明不足，进入火场内部寻找火点的消防队员就难以进行有效侦查。若隧道内烟气大量蔓延扩散，即使有应急照明设备，照射出的灯光也难以穿透烟粒子，形成有效照明。因此，前期的侦查行动受到火灾烟气的阻碍，会严重拖延灭火行动的开展。

防排烟系统的作用是将火灾产生的大量烟气及时予以排除以及阻止烟气向防烟分区以外扩散，以确保建筑物内人员的顺利疏散、安全避难和为消防队员创造有利扑救条件。因此防烟、排烟是进行安全疏散的必要手段。

（1）设置自然防排烟设施，利用烟气的热浮力特性采用自然排烟和防烟。
（2）设置机械送风、机械排烟系统，对保护区域的实行正压送风防烟和机械排烟。
（3）对建筑进行防烟分隔或建立防烟封闭避难区。
（4）对建材和家具进行阻燃、消烟处理。
（5）喷洒化学消烟剂或水雾消除烟气中的有毒成分及烟尘粒子。

7.3 防排烟系统的分类

建筑内发生火灾时，烟气的危害如此巨大，设置防排烟系统非常重要。建筑火灾烟气的控制主要分为防烟和排烟两个方面。防排烟系统主要有四种方式：自然排烟、机械排烟、防烟加压送风和密闭防烟方式。防烟采取自然通风和机械加压送风的形式，排烟则包括自然排烟和机械排烟的形式。

7.3.1 自然排烟

自然排烟是利用火灾产生的烟气流的浮力和外部风力作用，通过建筑物的对外开口，把烟气排至室外的排烟方式，实质是热烟气和冷空气的对流运动。

在自然排烟中，必须有冷空气的进口和热烟气的排出口。烟气排出口可以是建筑物的外窗，也可以是专门设置在侧墙上部的排烟口。对高层的建筑来说，可采用专用的通风排烟竖井。

这种排烟方式经济、简单、易于操作，并具有不需使用动力及专用设备等优点。自然排烟是最简单、不消耗动力的排烟方式，系统无复杂的控制及控制过程，操作简单。因此是满足自然排烟建筑的首选排烟方式。

7.3.2 机械排烟

在不具备自然排烟条件时，机械排烟系统能将火灾中建筑房间、走道中的烟气和热量排出建筑，为人员安全疏散和灭火救援行动创造有利条件。

机械排烟分为局部排烟和集中排烟两种方式，也叫负压机械排烟方式，是利用排烟机把着火房间中产生的烟气通过排烟口排到室外的排烟方式。

局部排烟方式是在每个需要排烟的部位设置独立的排烟风机直接进行排烟；其初期投资高，而且日常维护管理麻烦，管理费用也高。

集中排烟方式是将建筑划分为若干个区，在每个区内设置排烟风机，通过排烟口和排烟竖井或风道利用设置在建筑物屋顶的排烟风机，排至室外。排烟稳定，投资较大，操作管理比较复杂，需要有防排烟设备和事故备用电源。

7.3.3 防烟加压送风

加压送风防烟是用风机把一定量的室外空气送入房间或通道内，使室内保持一定压力或门洞处有一定流速，以避免烟气侵入。

发生火灾时，人工对疏散通路的楼梯间进行机械送风，使其压力高于防烟楼梯间前室或消防电梯前室，而这些部位的压力又比走道和火灾区高些，从而可阻止烟气进入楼梯间。加压防烟是控制火灾烟气的一种重要方法。

加压防烟的两条原则：门开启时，门洞有一定的向外风速；门关闭时，室内有一定正压值。加压防烟风量的基本公式就基于这两条原则。

7.3.4 密闭防烟方式

对于面积较小，楼板耐火性能较好、密闭性好并采用防火门的房间，可以通过关闭防火门使火灾区烟气被隔绝在一定范围内，这种方式成为密闭防烟方式。

7.3.5 几种典型的防排烟系统

（1）通风与排烟系统分开设置。在通风、空调系统的送、回风管路上设置防火阀，平时呈开启状态，火灾一旦发生，管道内气体温度达到 70 °C 时即自行关闭。在排烟系统管道上或排烟风机的排风口处设置排烟阀，平时呈关闭状态，当火灾发生时，通过火灾报警信号手动或自动开启阀门，根据系统功能配合排烟，当管道内烟气温度达到 280 °C 时自动关闭。

（2）通风与排烟共用一套系统。在系统管道上或排风兼排烟风机的排风口处设置排烟阀，平时呈开启状态，排风兼排烟风机低速运行。一旦火灾发生，排风兼排烟风机高速运行。

（3）通风与排烟共用一套风管，分别设置通风机和排烟风机。在系统管道上设置排烟阀，在系统管道末端设置 T 形风管将通风机和排烟风机与系统风管连通。通风机的送风口处设置防火阀，平时呈开启状态，火灾一旦发生，电动关闭，风机关闭；排烟风机排风口处的排烟阀，平时呈关闭状态，当火灾一旦发生，电动开启，风机启动，如图 7-3 所示。

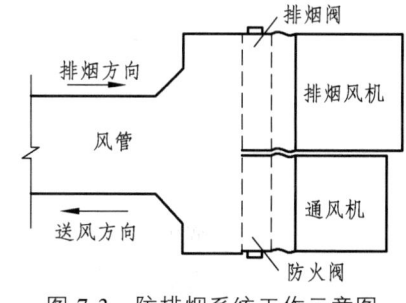

图 7-3 防排烟系统工作示意图

7.4 防排烟系统的组成

7.4.1 自然排烟系统的组成

（1）自然排烟口的面积，一般可取地板面积的 1/50。排烟口应设置在距顶棚 800 mm 以内，如图 7-4 所示。

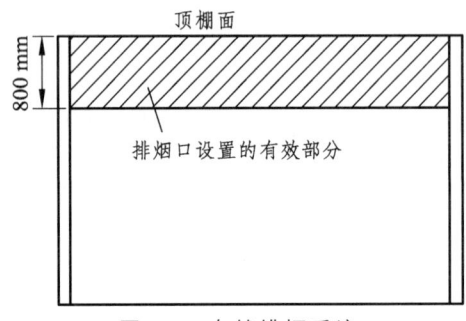

图 7-4 自然排烟系统

（2）排烟口的平面位置应符合以下两个规定：

每个防区面积按 500 m^2 划分；防区内任何地点到排烟口水平距离均小于 30 m。

7.4.2 机械排烟系统的组成

该系统使用排烟风机进行强制排烟，由挡烟（活动式或固定式挡烟垂壁或挡烟隔墙、挡烟梁）、排烟口（或带有排烟阀的排烟口）、防火排烟阀门、排烟道、排烟风机和排烟出口组成，如图 7-5 所示。

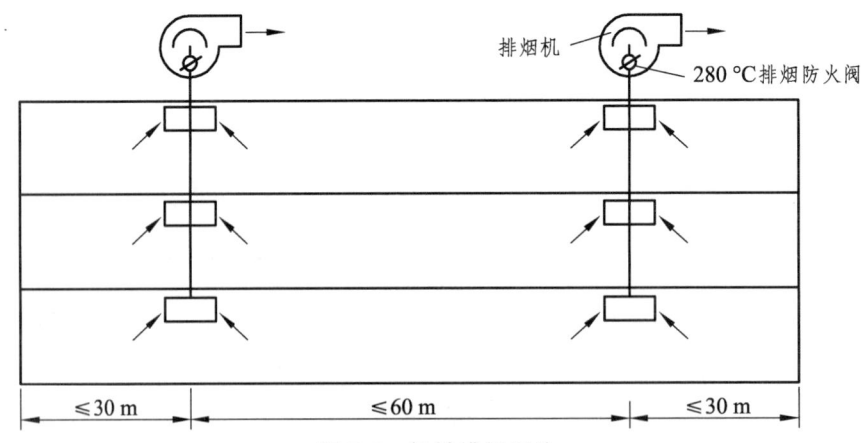

图 7-5 机械排烟系统

（1）挡烟垂壁。

挡烟垂壁是用不燃烧材料（如钢板、防火玻璃、无机纤维织物、不燃无机复合板等）制成的，从顶棚下垂不小于 500 mm 的固定或活动的挡烟设施（图 7-6）。活动挡烟垂壁系指火灾时因感温、感烟或其他控制设备的作用，自动下垂的挡烟垂壁。当建筑物净空较高时可采用固定式的，将挡烟垂壁长期固定在顶棚上；当建筑物净空较低时，宜采用活动式。活动式的挡烟垂壁应由感烟控制器控制，或与排烟口联动，或受消防控制中心控制，但同时应能就地手动控制。活动挡烟垂壁落下时，其下端距地面的高度应大于 1.8 m。

图 7-6　挡烟垂壁

挡烟垂壁主要用于高层或超高层大型商场、写字楼以及仓库等场合，能有效阻挡烟雾在建筑顶棚下横向流动，以利提高在防烟分区内的排烟效果，对保障人民生命财产安全起到积极作用。

（2）防火阀。

防火阀是一种记忆熔合金的温度控制，利用重力作用和弹簧机构的作用关闭的阀门形式（图 7-7）。新型产品中亦有利用记忆合金产生形变使阀门关闭的。防火阀安装在通风、空调系统的送回风管路上，平时呈开启状态，火灾时当管道内气体温度达到 70 ℃时关闭，在一定时间内能满足耐火稳定性和耐火完整性要求，起隔火作用的阀门。防火阀系列有普通防火阀和防烟防火阀。

图 7-7　防火阀

① 排烟防火阀。

排烟防火阀是安装在排烟系统管道上，平时呈开启状态，火灾时当管道内气体温度达到 280 ℃ 时自动关闭，在一定时间内能满足耐火稳定性和耐火完整性要求，起隔烟阻火作用的阀门。排烟阀系列有排烟口、排烟防火阀、排烟阀。

排烟防火阀：平时常开，管内烟气温度达到 280 ℃ 时自行关闭的阀门。

排烟口：平时常闭或常开，可以手动和自动开启，管内烟气温度达到 280 ℃ 时自行关闭的风口。

排烟阀：安装在高层建筑、地下建筑排烟系统的管道上，它的基本功能有：感温（烟）电信号联动，排烟风机同时启运；手动使阀门开启，排烟风机同时启动；输出阀门开启信号。

② 防火调节阀。

防火调节阀安装在有防火要求的通风空调系统管道上（防止火势沿风道蔓延），它的功能有：温度熔断器在 70 ℃ 时熔断，使阀门关闭；输出阀门关闭信号，通风空调系统风机停机；无级调节风量。

③ 防烟防火调节阀

防烟防火调节阀安装在有防烟防火要求的通风空调系统管道上（防止烟火蔓延），它的功能有：感烟（温）电信号联动使阀门关闭，通风空调系统风机停机；手动使阀门关闭，风机停机；温度熔断器在 70 ℃ 时熔断使阀门关闭；输出阀门关闭信号；按 90°五等分有级调节风量。

防烟防火阀动画

④ 自动排烟防火阀

此类阀适用于设有感烟探测器自动报警控制和机械排烟的场所，安装在排烟管道上，兼有自动排烟阀和防火阀的功能。平时处于关闭状态，需要排烟时，其动作和功能与排烟阀相同，可自动开启排烟。当管道内气流温度达到 280 ℃ 时，阀门靠装有 280 ℃ 易熔金属的温度熔断器而自动关闭，切断气流，防止火灾蔓延。

防火阀与防烟防火阀的区别

所有防火阀都具有 70 ℃ 自动关闭功能，但防烟防火阀还具备电动关闭功能、状态信号反馈功能，防火阀不一定有。排烟阀是安装在排烟系统管道上，平时可以呈开启状态，也可以呈关闭状态，火灾时进行排烟的阀门。排烟防火阀当管道内气体温度达到 280 ℃ 时自行关闭，在一定时间内具有足够的耐火稳定性和耐火完整性。

（3）风机。

隧道通风排烟系统和车站通风排烟系统主要设备就是隧道风机、送排风风机、排烟风机、风阀等。如图 7-8 所示。

图 7-8 风机

地铁一般采用专用地铁轴流风机，具有大风量、高风压、高效率、可逆转、切换时间短、抗腐蚀性强、运行可靠、耐高温、防振、安装方便、运行平稳等特点。

（4）机械排烟系统的设置。

① 为了阻止火灾时火势和有毒高温烟气通过风管蔓延扩大，在通风、空调系统的风管上需设置防火阀。

② 厨房、浴室和厕所等的排风管道与竖井连接时也应采取相应措施防止火势沿着排风管在各楼层间蔓延。厨房、浴室和厕所等的排风管道与竖井相连时，若无防止回流的措施时应在支管上设置防火阀；当有防止回流的措施时，可不设防火阀。

③ 防火阀应能在温度达到 70 ℃ 时自动关闭，防火阀一般可采用易熔片式自动关闭，并与风机联锁。

④ 当排烟风机负责一个防烟分区时，应按该防烟分区面积每平方米不小于 60 m³/h 计算。

⑤ 当担负两个以上防烟分区时，应按最大防烟分区面积每平方米不小于 120 m³/h 计算。

⑥ 根据计算所得的排烟风量，选择排烟风机，并附加漏风系数，一般取 10% ~ 30%。

⑦ 房间和走道的排烟系统与防烟楼梯间、消防电梯前室以及台用前室的排烟系统应分开设置，并且每个排烟系统，排烟口数量不宜超过 30 个。

7.4.3 机械加压防烟系统的组成

机械正压送风系统由：加压送风机、风道、送风口以及风机控制柜等组成。该系统的风源必须吸自室外，且不应受到烟气的污染。一般情况下，该系统与排烟系统共同存在，如图 7-9 所示。加压送风风量，通过送风机和管道送入防烟区，宜每隔三层设一个加压送风口。加压送风机应设有备用电源。送风管道上不应装防火阀。机械加压防烟系统主要设置在以下场所：

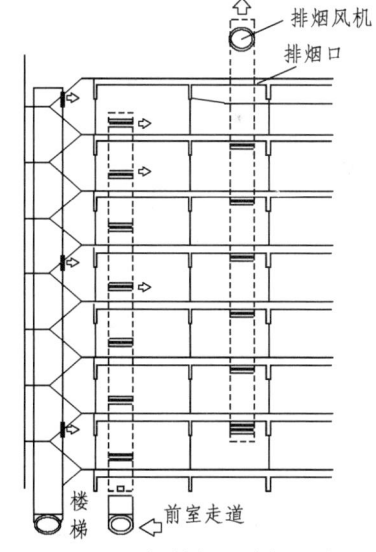

图 7-9 机械加压防烟系统

① 建筑高度大于 50 m 的公共建筑、工业建筑和建筑高度大于 100 m 的住宅建筑，其防烟楼梯间、独立前室、共用前室、合用前室及消防电梯前室应采用机械加压送风系统。

② 建筑地下部分的防烟楼梯间前室及消防电梯前室，当无自然通风条件或自然通风不符合要求时，应采用机械加压送风系统。

③ 防烟楼梯间及其前室的机械加压送风系统的设置应符合下列规定：建筑高度小于或等于 50 m 的公共建筑、工业建筑和建筑高度小于或等于 100 m 的住宅建筑，当采用独立前室且其仅有一个门与走道或房间相通时，可仅

在楼梯间设置机械加压送风系统；当独立前室有多个门时，楼梯间、独立前室应分别独立设置机械加压送风系统。

当采用合用前室时，楼梯间、合用前室应分别独立设置机械加压送风系统。

当采用剪刀式楼梯时，其两个楼梯间及其前室的机械加压送风系统应分别独立设置。

7.5 防排烟系统的控制原理

当建筑物内发生火灾时，采用机械排烟系统，将房间、走道等空间的烟气排至建筑物外。通常是由操作人员手动控制或由感烟探测器将火灾信号传递给防排烟控制器，根据预设的控制逻辑，控制不同位置的防烟排烟阀门动作。一般根据不同的建筑，防排烟系统的控制逻辑也不同。

7.5.1 通风与排烟系统分开设置

这种设置方式正常工作时，只运行通风系统。通风系统中防火阀开启，通风机正常运行，当防火阀关闭时，通风机停止运行，排烟系统中排烟阀关闭，排烟风机不运行。该系统控制流程图如图 7-10 所示。

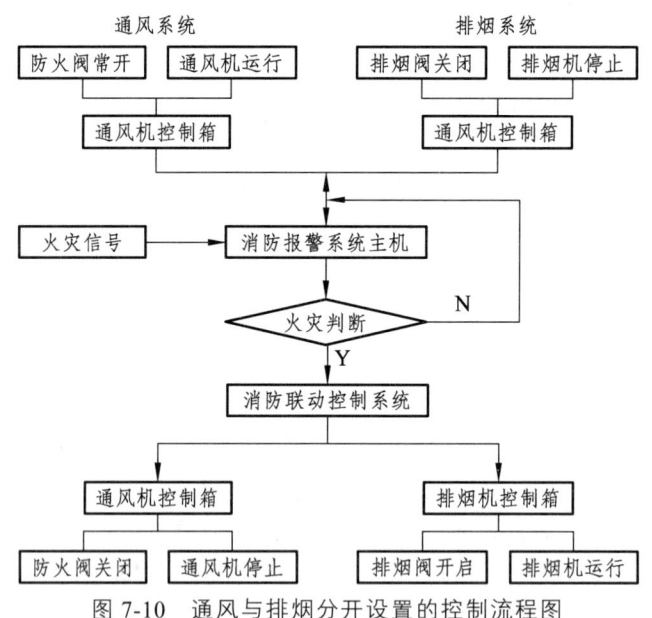

图 7-10 通风与排烟分开设置的控制流程图

一旦火灾发生：
（1）消防报警系统火灾探测器将火灾信号传送至消防主机。

（2）消防主机确认火灾后，发出信号至消防联动柜。

（3）通过消防联动柜手动/自动分别发出控制信号，停止通风机，关闭防火阀，通风系统停止使用；开启防火阀，启动排烟机，排烟系统投入使用。为了确保安全，排烟机一般不通过消防联动控制系统自动关闭，而只设置手动关闭方式。

（4）防火阀关闭信号，排烟阀开启信号，通风机和排烟风机运行信号反馈到消防中心。

7.5.2 通风与排烟共用一套系统

排风兼排烟系统，排风与排烟的方向一致。该系统中排烟阀为常开状态，平时风机低速运行，完成通风功能。控制流程图如图 7-11 所示。

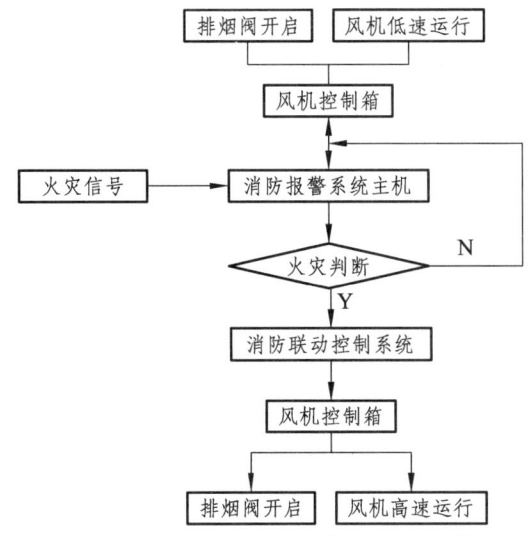

图 7-11 通风与排烟共用一套系统控制流程图

一旦火灾发生：
（1）消防报警系统火灾探测器将火灾信号传送至消防主机。
（2）消防主机确认火灾后，发出信号至消防联动柜。
（3）通过消防联动柜手动/自动分别发出控制信号，排风兼排烟风机低速运行转为高速运行，完成排烟功能。
（4）排烟阀关闭信号，排风兼排烟风机运行信号反馈到消防中心。

7.5.3 通风与排烟共用一套风管，分别设置通风机和排烟风机

该系统通风机出风口设置防火阀，排烟机出风口设置排烟阀，风管中设置排烟阀（常

开）。该系统排风与排烟的方向相反。

正常工作状态时该系统中防火阀为开启状态，通风机运行，完成通风功能。排烟阀为关闭状态，排烟机停止。控制流程图如图 7-12 所示。

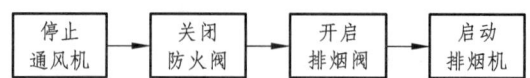

图 7-12　风与排烟共用一套风管，分别设置通风机和排烟风机控制流程图

一旦火灾发生：

（1）消防报警系统火灾探测器将火灾信号传送至消防主机。

（2）消防主机确认火灾后，发出信号至消防联动柜。

（3）通过消防联动柜手动/自动分别发出控制信号至风机、排烟机控制箱，通过控制箱完成图 7-13 所示控制，完成排烟功能。

（4）防火阀关闭信号，排烟阀开启信号，通风机和排烟风机运行信号反馈到消防中心。

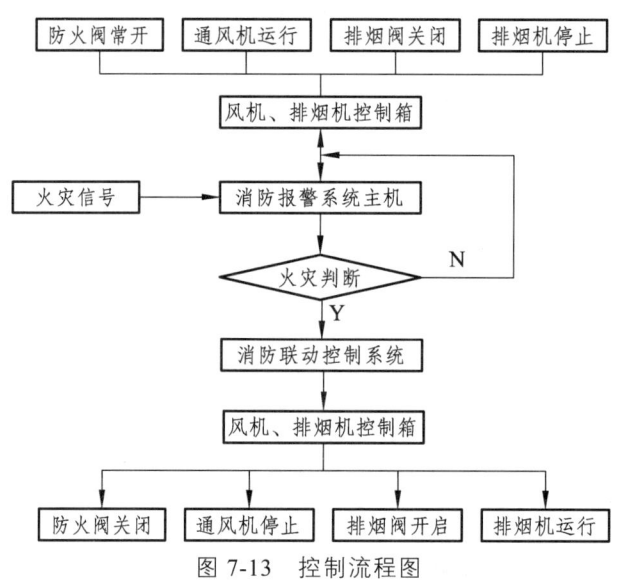

图 7-13　控制流程图

7.6　城市轨道交通车站、隧道通风排烟系统

地铁是城市轨道交通的重要形式，地铁车站和区间隧道是一个狭长的、相对封闭的地下空间，火灾发生时，立即启动通风排烟系统尤其重要。地铁通风排烟系统分为隧道通风排烟系统和车站通风排烟系统。地铁通风排烟系统是利用通风机械进行通风换气，排除车站或区间隧道火灾区域的烟气。

7.6.1 隧道通风排烟系统

地下站隧道通风系统分为区间隧道通风和站台隧道通风。区间隧道通风系统又分为活塞通风和机械通风。

区间隧道活塞通风是利用地铁列车在隧道内高速运行时所产生的活塞效应而进行的与外界的通风换气。

区间隧道机械通风是利用机械风机进行通风,在区间隧道发生火灾时,进行排烟降温。每条隧道设置可以正反转运转的风机一台,风机风量为 60 m^3/s。火灾工况下,隧道两端的车站风机一台负责排烟一台负责送风。在疏散隧道内被困乘客时,组织乘客迎着正压送风方向撤离,为消防人员灭火和救援创造条件。区间隧道机械通风系统排烟设备要求在火灾 150 ℃ 能够连续有效工作 1 小时。

站台隧道通风系统设置在轨顶和站台下,对应列车的各个发热点设置排风口,每条隧道的排风量为 45 m^3/s。列车在隧道内发生火灾并运行停靠在前方车站时,站内隧道通风系统要立即运行火灾排烟模式。排烟风机要求在 250 ℃ 时,能持续工作 1 小时,以满足火灾工况的要求。

7.6.2 车站通风排烟系统

地下车站的通风排烟系统包括车站公共区防火区的防排烟、管理用房及设备用房防火区的防排烟。地下站公共区与管理用房及设备用房分别为独立的防火区。站厅、站台公共区划分成若干个防火区,在站厅层 A、B 两端各设一台排烟风机进行机械排烟。

当站厅、站台发生火灾时进行机械排烟,使车站内形成负压区,保证新鲜空气由外界通过人行入口或楼梯口进入车站站厅、站台,为乘客撤离和消防人员灭火创造条件。站厅设置机械排烟系统,能在 280 ℃ 高温下持续运行 0.5 小时。车站排烟及设备要求在 250 ℃ 能连续有效工作 1 小时。火灾发生位置及其风机动作情况如表 7-2 所示。

表 7-2 火灾发生位置及其风机动作情况

火灾发生位置	风机动作情况		目 的
车站站厅	送、回风系统	关闭	对着火区域进行排烟,使车站站厅层形成负压,车站各出入口自然补入新风,乘客迎着新风疏散
	站台层回/排风上的电动阀	关闭	
	站厅层着火区回/排风兼排烟风管上的电动风阀	全开	
	车站着火端的排烟风机	开启	
	本层另一台排烟风机	开启	

续表

火灾发生位置	风机动作情况		目 的
车站站台	站厅层回/排风管上的电动风阀	关闭	利用站台层回/排风管向地面排烟
	站台层回/排风兼排烟风管上的电动风阀	全开	
	车站着火端的排烟风机	开启	
	站台层另一台排烟风机	开启	对防火区排烟
	屏蔽门两端各一扇滑动门	打开	开启隧道辅助排烟
	站厅层组合式空调机组	开启	对站厅层进行送风,保证站台向上疏散的楼梯口、扶梯口形成向下不低于 1.5 m/s 风速的气流,使乘客可以迎着气流撤向站厅和地面
公共区域	车站无关的小系统和水系统	关闭	
	车控室加压送风		
管理用房及设备用房	大系统	停止运行	
	小系统	按设定的火灾模式进行	
	机械排烟或隔断	开启	隔断火源或烟气
	与火灾相邻的内通道排烟系统	启动	排烟
	着火区所在端的内走道和车控室	加压送风	
	气体保护房间	执行气体保护模式	

7.6.3 高架车站、运营控制中心、车辆段

高架车站由于设置在地面,车站站台一般设置半高安全门,站台公共区不设空调系统,采用自然通风、自然排风模式。站台可设局部通风设备,以改善乘客的舒适度。车站管理用房及设备用房采用空调机组满足设备的正常运行和为工作人员提供舒适的工作环境。正常工作状态,通风机进行机械排风;发生火灾时,排烟风机进行排烟;送风风机向车站控制室进行加压送风。

运营控制中心是为调度人员使用信号、电力监控、火(防)灾自动报警、环境与设备监控、自动售检票、通信等系统中央级设备对地铁全线运行车辆、车站和区间的设备运行情况进行监视、控制、协调、指挥、调度和管理的场所。运营控制中心通风

空调系统、防排烟系统，以满足各个房间人员、设备对温度、湿度的要求，满足防排烟要求为主。

车辆段与综合基地（简称"车辆基地"）作为城市轨道交通配套系统，是具有配属车辆、承担车辆运行管理、整备保养、检修任务的基本生产单位。国内有些地铁城市，还将行车调度指挥中心、地铁公安分局或运营公司部分职能处室整合在车辆基地内。运用库、检修工务段厂房以通风、防排烟为主；管理用房及设备用房以舒适性、工艺要求通风空调为主。

第 8 章

城市轨道交通车站灭火系统

为了保证城市轨道交通防火安全,城市轨道交通地面、地下、高架车站都设有固定灭火设施和移动灭火设施。根据不同级别的火灾类型,固定灭火设施又分为以水为介质的消防栓灭火系统、自动喷淋灭火系统和高压细水雾系统以及管道气体自动灭火系统。为确保城市轨道交通消防供水的安全,车站水消防管网的进水从市政给水管网两路引入车站,当其中一条进水管发生故障时,另一路进水管仍能保证消防供水的全部用水量。根据火灾的类型不同要选用不同的灭火方式,如表 8-1 所示。

火灾分类及灭火方式动画

常用灭火器的分类和用途动画

表 8-1 火灾的分类和灭火方式

火灾的分类	对应的灭火方式
A 类火灾:固体物质火灾,如木材、棉、毛、麻、纸张的火灾	水型灭火器、泡沫灭火器、磷酸铵盐干粉灭火器,卤代烷灭火器
B 类火灾:液体火灾和可熔性的固体物质火灾,如汽油、煤油、原油、甲醇、乙醇、沥青等的火灾	泡沫灭火器(化学泡沫灭火器只限于扑灭非极性溶剂)、干粉灭火器、卤代烷灭火器、二氧化碳灭火器
C 火灾:气体火灾,如煤气、天然气、甲烷、丙烷、乙炔、氢气的火灾	干粉、水、七氟丙烷灭火剂
D 类火灾:金属火灾,如钾、钠、镁、钛、锆、锂、铝镁合金等燃烧的火灾	粉状石墨灭火器、专用干粉灭火器,也可用干砂或铸铁屑末代替
E 类火灾:电器火灾	选用不导电的灭火器如二氧化碳、干粉灭火器等
F 类火灾:指烹饪器具内的烹饪物火灾	二氧化碳灭火器对 F 类火灾只能暂时扑灭,容易复燃;试验表明,ABC 干粉灭火器对 F 类火灾灭火效果不佳。一般可用 BC 类干粉灭火器进行处置

8.1 消火栓系统

消火栓系统在城市轨道交通地面、地下和高架都是主要的消防灭火设备,除气体灭火外,消火栓以水作为灭火介质,是一种既及时又有效的灭火工具。

消火栓灭火系统动画

8.1.1 消火栓系统分类与组成

消火栓给水系统分为室外消火栓给水系统和室内消火栓给水系统。室外消火栓给水系统由水源、加压泵站、室外管网和室外消防栓组成。

室内消火栓是室内管网向火场供水的,带有阀门的接口、为工厂、仓库、高层建筑、公共建筑及船舶等室内固定消防设施,通常安装在消火栓箱内,与消防水带和水枪等器材配套使用。

1. 室内消火栓箱

遇有火警时,根据箱门的开启方式,按下门上的弹簧锁,销子自动退出,拉开箱门后,取下水枪拉转水带盘,拉出水带,同时把水带接口与消火栓接口连接上,拨动箱体内壁的电源开关,把室内消火栓手轮顺开启方向旋开,即能进行喷水灭火。消火栓箱如图8-1所示。

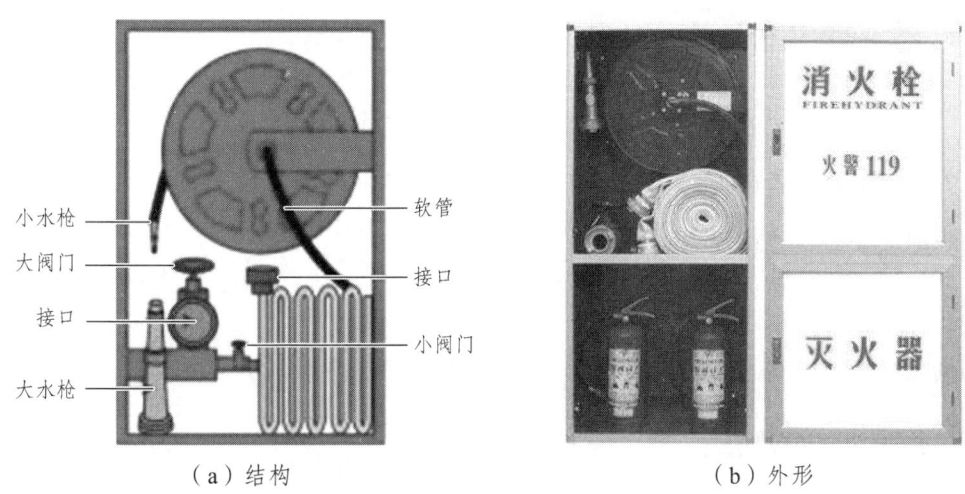

(a)结构　　　　　　　　　(b)外形

图 8-1　消火栓箱

2. 消防水枪

消防水枪是灭火的射水工具,用其与水带连接会喷射密集充实的水流,具有射程远、水量大等优点（图8-2）。它由管牙接口、枪体和喷嘴等主要零部件组成。直流开关水枪是直流水枪增加球阀开关等部件组成的，可以通过开关控制水流。

图8-2　消防水枪

3. 水带接扣

水带接扣用于水带、消防车、消火栓、水枪之间的连接，以便输送水和泡沫混合液进行灭火。它由本体、密封圈座、橡胶密封圈和挡圈等零部件组成，密封圈座上有沟槽，用于扎水带。水带接扣具有密封性好，连接既快又省力，不易脱落等特点。如图8-3所示。

图8-3　水带接扣实物图

管牙接口装在水枪进水口端，内螺纹固定接口装在消火栓、消防水泵等出水口处。它们都由本体和密封圈组成，一端为管螺纹，一端为内扣式结构，都用于连接水带。

4. 消防水带

消防水带是消防现场输水用的软管。消防水带按材料可分为有衬里消防水带和无衬里消防水带两种。无衬里水带承受压力低、阻力大、容易漏水、易霉腐，寿命短，适合于建筑物内火场铺设。衬里水带承受压力高、耐磨损、耐霉腐、不易渗漏、阻力小，经久耐用，也可任意弯曲折叠，随意搬动，使用方便，适用于外部火场铺设。

5. 灭火器

灭火器主要包括干粉灭火器、二氧化碳灭火器、家用灭火器、车用灭火器、森林灭火器、不锈钢灭火器、水系灭火器、悬挂灭

移动灭火设备使用动画

火器、枪式灭火器、灭火器箱、灭火器挂架等。

6. 消火栓

消火栓包括室内消火栓系统和室外消火栓系统。室内消火栓系统包括室内消火栓、水带、水枪。室外消火栓包括地上和地下两大类（见图8-4）。室外消火栓在大型石化消防设施中用的比较广泛，由于地区的安装条件、使用场地不同，受到不同限制。石化消防水系统已多数采用稳高压水系统，消火栓也由普通型渐渐转化为可调压型。

（a）地上式室外消火栓　　　　　　　　（b）地下式室外消火栓

图 8-4　消火栓

8.1.2　室外消火栓和室外消防给水管网

消防给水管道是输送消防用水的重要设施，消防给水管道的安全直接关系到消防用水的可靠性。因此，在任何情况下，要保证火场用水，就要保证消防给水管道的安全。消防管网如图8-5所示。

室外消防给水系统动画

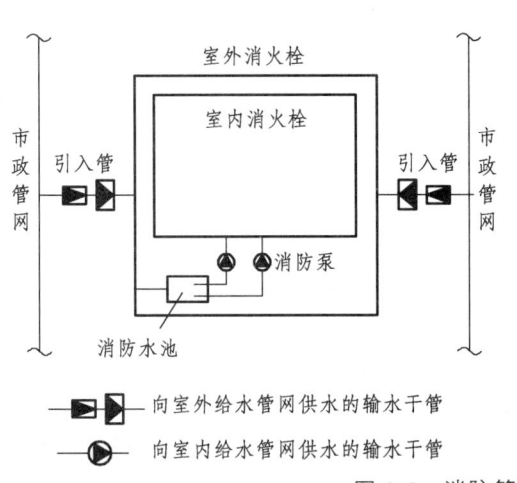
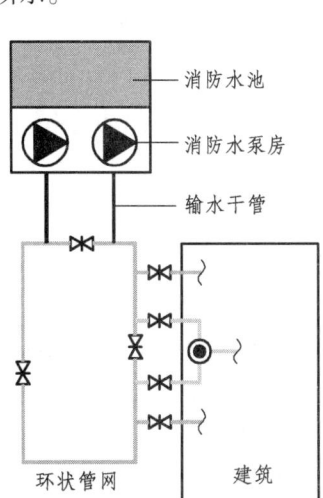

图 8-5　消防管网

室内消火栓系统给水管道有枝状管网和环状管网两种形式。室内消火栓超过 10 个且室外消防用水量大于 15 L/s 时,其消防给水管道应连成环状。建筑物体积大于 5 000 m³ 的建筑室内消火栓系统给水管道都要求是环状管网。环状管网的各个竖管彼此相通,水流四通八达。环状管网供水能力比枝状管网大,在火场需要增大供水量时,通过水泵接合器和环状管网可以满足火场的需要;同时供水安全可靠,在管网某管段维修或发生故障时,仍能保证火场供水。

针对建筑平面消火栓布置的复杂程度,消火栓系统环状管网有水平环状管网、垂直环状管网、立体环状管网等形式。

在环状管道上需要引伸枝状管道时,枝状管道上的消火栓数量不应超过一个,但在以下情况是例外:

(1) 同一防火分区内,室内消火栓系统应保证环状管网,环状管网的竖管只能连接一个消火栓,不同的防火分区的消火栓可以从环状管网的同一根竖管上接出。

(2) 不计入消火栓总数的消火栓,如消防电梯前室消火栓,试验和检查用的消火栓可以与其他消火栓接入环状管网的同一根竖管。

8.1.3 室内消火栓和消防水泵

1. 室内消火栓的设置

(1) 走廊、电梯前室、大厅、屋面消防试验栓。
(2) 高层建筑任一着火点,应保证两股水柱同时到达。
(3) 临时高压系统,消火栓箱内应设消防报警按钮直接启动消防主泵。
(4) 消火栓栓口应距地 1.1 m 处,栓口与墙面成 90°角或向下。

2. 消防水泵接合器的布置

(1) 超过 5 层的其他民用建筑,应设消防水泵接合器。
(2) 距接合器 15~40 m 内应设室外消火栓或消防水池。
(3) 水泵接合器应与室内环状连接,其连接点应尽量远离消防水泵输水管与室内管网的连接点,以使消防水泵接合器向室内管网输水的能力达到最大。

3. 消防水泵

(1) 为保证消防水泵不间断供水,应设置备用泵,水泵数量应≥2 台(备用泵最大)。
(2) 吸水段至少有两条吸水管。吸水方式采用"自灌式"。吸水管由底阀、闸阀、柔性软接头组成。吸水管直径一般应大于水泵进口直径。
(3) 出水段组成:柔性软接头、止回阀、闸阀、压力表、试验用放水阀。不允许使用塑料管。

8.1.4 消火栓灭火系统工作原理

1. 电气控制原理

按消防要求，每个车站消火栓系统使用两台消防泵，安装在车站的消防泵内，在日常运行时，其中一台设置十自动位置，另一台设置在备用位置。通过泵房内的消防控制双切电源箱来实现消防水泵起、停控制。如图 8-6 所示。

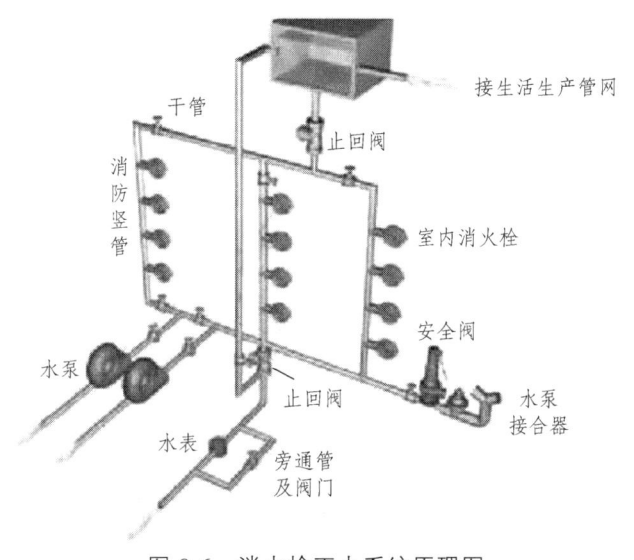

图 8-6 消火栓灭火系统原理图

2. 消防泵与消防报警主机的联动控制

消火栓系统与消防报警系统一般通过智能型控制模块和反馈模块连接，同时也可与输入输出模块连接。根据消防规范的要求，消防泵与消防报警主机关系为：

（1）消防泵的启动与消防报警主机自动或手动位置无关。

（2）每个系统消防泵必须具备2台，一台设置成自动模式，一台设置成备用模式。

（3）系统必须配有手动启泵按钮，其启泵信号（或故障信号，消防泵电源故障），反馈到消防值班室报警控制主机或联动控制器显示。

（4）消防值班室配有手动启泵设备，其启泵信号（或故障信号，消防泵电源故障）反馈到消防控制室，在报警控制器或联动控制器显示。

3. 消防泵的启动方式

消防泵一般有以下几种启动方式：

（1）击碎启泵按钮玻璃，消防泵启动，启泵信号反馈到消防报警主机，相应的红色指示灯常亮。

（2）在消防报警主机面板都有 DIP（或开泵按钮）消防泵强制开关，可向上拨动开关（或按下按钮），发出消防泵启动命令。当泵启动后，主机显示窗将显示其内容，面板上的 DIP 红色指示灯亮，监视黄色指示灯亮。

（3）在消防报警主机操作键盘上，输入消防泵启泵代码，输入"开"命令，使消防泵启动。

（4）在消防泵房的双电源控制箱上，就地开启消防水泵，将联动开关置于手动挡，按下"开启"按钮，消防泵启动。消防报警主机面板将接收信号，显示窗将显示其内容，红色指示灯亮。如需关闭，可按下"关"开关，关闭消防泵，消防报警主机恢复正常。

（5）在车站控制室的消防控制箱上操作，按下消防泵启动按钮，消防泵启动，信号反馈至消防报警主机。

4. 消防泵启动后的复位

（1）如是消防泵启动按钮开启消防泵，则应先到消防泵房室的电气操作箱上将手/自动转换开关转置到手动位置，然后按下停止按钮，再到现场更换被击碎的玻璃，使系统复位。系统复位后，再将手/自动转换开关转置到自动位置。

（2）如是在消防主机上通过 DIP 按钮消防泵强制开关打开的，则先将 DIP 开关向下拨，将命令撤销，再按下车控室消防电气控制箱紧急停泵按钮复位。

（3）如是在消防报警主机操作键盘上输入消防启泵代码，使消防水泵启动，则先按下车控室消防电气箱紧急停泵按钮停泵，然后再次输入喷淋泵代码，撤销命令，最后使车控室消防电气控制箱紧急停泵按钮复位。

（4）如消防泵房中的双控电源控制箱是就地启动消防泵的，则需按下停泵按钮，使系统复位。系统复位后，再将手/自动转换开关转置自动位置。

（5）如是在车站控制室的消防控制箱上启动消防水泵的，则先按下停泵按钮（或合闸按钮）不放，由其他人员到消防泵房室的电气操作箱上将手/自动转换开关转置手动位置，然后按下停止按钮，使系统复位，然后再离开启泵按钮，系统复位后，再将手/自动转换开关转置自动位置。

无论何种方式开启消防泵，其复位必须到消防泵房就地手动关闭。

8.1.5 城市轨道交通消火栓系统运行管理与操作

1. 运行管理

城市轨道交通消火栓系统设备均应保持良好的状态，以备随时投入使用。平时车站运行人员应定期巡视检查设备，发生故障，及时准确汇报故障情况。任何人不得随意改变消火栓供水管网的状态，全部消火栓供水管网的阀门均应处于开启，且开启到最大位置。操作人员要熟悉消火栓供水管网的阀门位置、管道走向、设备现状，定期进行消火栓系统设备的联动检查，做好设备检查记录。

（1）水消防系统的常用、备用消火栓系统增压泵和稳压泵保持随时启动的工作状态，消防泵消火栓就地控制箱上均应处于自动状态运行。水消防系统的阀门、管网等完好，消防供水阀门常开。地下车站消防栓用水量按 10 L/s 计。消防供水压力大于 0.08 MPa，配有稳压泵的系统，其稳定水压大于 0.25 MPa。

（2）非正常运行方式。

① 消火栓系统的增压泵和稳压泵处于自控或遥控操作失灵状态（此时应采用手动控制操作）。

② 消火栓系统的增压水泵处于失电状态时，消防供水采用相邻车站消防泵增压供水。

③ 消火栓系统供水管道发生严重漏水时，应立即关闭漏水处管道两端阀门，必要时关闭总阀门。当消防泵误启动时，应立即停泵，并对系统管网进行泄压操作。

④ 水消防试验按照水消防试验的操作规程执行。

⑤ 消防检查时，如确需进行水泵试验，则必须先打开消防泵房内消防旁路放水阀门后执行；如泵房内无旁路放水阀门，则必须等地铁列车停运后进行水泵试验，并先接好水带再打开消火栓阀门。

2. 消火栓系统设备日检

（1）日检设备包括：水消防增压泵、稳压泵、阀门、管道、压力表等。

（2）各类设备每日按规定巡视，防汛防台风期间，适当增加巡视次数。

（3）日检项目包括以下内容：

① 观察正在运行的泵工作是否正常，主要是查看有否漏水、漏油，电机有无异常噪音，工作电流是否在额定范围内，压力表及管道是否正常等。

② 观察设备状态的控制模式、压力表指示是否正常，管道与阀门是否关紧。

（4）保持设备用房的环境整洁以及设备的清洁。

（5）巡视中发现问题，必须立即向调度汇报，尽快恢复设备的正常状态。

（6）巡视的内容与发现的问题必须做好记录。

3. 消火栓系统设备的试验操作

为了保证消火栓设备在火灾发生时能够正常工作，日常的维护保养非常关键。消火栓系统每月进行一次试验，确保设备正常运行。

试验前应检查：消防水泵外观是否完好，水泵油位是否正常；消防管网供水水压是否正常；消防泵的进出口阀门是否处于常开状态；室外消防接合器是否完好；消火栓电气控制箱供电是否正常，稳压泵和增压泵是否在自动状态。

试验操作步骤是：按下手动报警或电话报警，打开消火栓箱取出水带，连接消火栓及水枪，打开阀门，随即启动水泵按钮，持枪喷水。水泵遥控启动后，消防控制中心消防报警系统应有显示，水泵运行可控制在 15 min 以内，但不应小于 5 min，运行中关闭水泵，进行主备电源切换，并在 30 s 内能重新投入正常运行，同时模拟主泵发生故障，备用水泵应能自动切换投入运行。运行情况正常则可手动停泵，关闭阀门，取下水枪、水带。水带要冲净晾干。

4. 消火栓系统设备的操作规程

（1）火灾时按下手动报警或电话报警。

（2）打开消火栓箱取出水带，连接消火栓及水枪，打开消火栓阀门，随即启动水泵按钮，持枪喷水。

（3）当消防泵遥控启动失灵时，立即手控启动。当手动也无法启动时，一方面应通知相邻车站启动消防泵，对本站管网增压。

（4）在火种确认扑灭，并接到命令后方可手动停泵，关闭消火栓。

（5）使用后的水枪、水带要冲净晾干，并归位。

（6）检查消防设备是否有缺损，若有则应报修或补缺，以便再次使用。

（7）当消火栓系统水压大于 0.6 MPa，应对系统进行放水卸压，待系统压力正常后，将系统恢复正常运行模式。

5. 消火栓系统发生故障时的设备操作及处理

针对城市轨道交通地下车站消火栓系统管道故障发生跑水时的设备操作及处理方法如下：

（1）管道损坏发生跑水，将影响城市轨道交通的正常运行，所以必须首先切断电源。

（2）判断故障跑水发生的位置，针对不同故障位置，采取不同的处理方法。

① 跑水发生在区间隧道内管道中时：

立即关闭该隧道两端头的消火栓供水阀门，切断水源。查明情况后上报段调度员，执行调度员命令。

检查人员进入隧道查明跑水原因，关闭跑水点两端供水阀门，打开其余的被关闭阀门。

检查管道损坏情况，采用快速堵漏装置或其他方法修复管道，恢复消防供水。

② 跑水发生在车站时：

关闭跑水点两端的阀门，切断水源。

必要时切断本车站的消火栓系统管网水源。操作时应关闭消防泵房内 2 台消防栓增压水泵的出水口阀门，关闭车站通用四个区间隧道内消防栓管道的阀门。

查明跑水原因，关闭跑水点两端阀门，打开其余被关闭阀门。修复管道恢复供水。

城市轨道交通的地面车站和高架车站由于各站之间消火栓系统是不连通的，所以只需切断市政自来水管对车站消防供水即可。

8.2 自动喷水灭火系统

8.2.1 系统分类及适用范围

自动喷水灭火系统属于固定式灭火系统，是目前世界上采用较为广泛的一种固定式消防设施，具有价格低廉、灭火效率高等特点。自动喷水灭火系统能在火灾发生后，自动地进行喷水灭火，并能在喷水灭火的同时发出警报。在一些发达国家的消防规范中，几乎所有的建筑都要求使用自动喷水灭火系统。在我国，随着建筑业的快速发展及消防法规的逐步完善，自动喷水灭火系统也得到了广泛的应用。

自动喷水灭火系统，根据被保护建筑物的性质和火灾发生、发展特性的不同，可以有许多不同的系统形式。通常根据系统中所使用的喷头形式的不同，分为闭式自动喷水灭火系统和开式自动喷水灭火系统两大类。如图 8-7 所示。

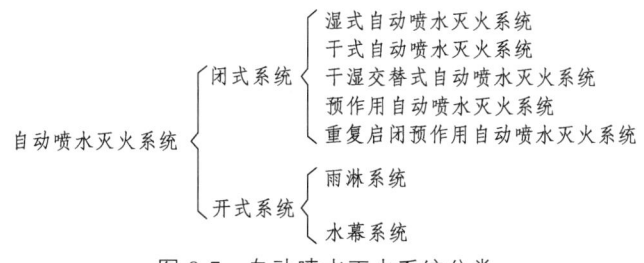

图 8-7 自动喷水灭火系统分类

闭式自动喷水灭火系统包括湿式自动喷水灭火系统、干式自动喷水灭火系统、干湿交替式自动喷水灭火系统、预作用自动喷水灭火系统、重复启闭预作用自动喷水灭火系统。

开式自动喷水灭火系统包括雨淋灭火系统、水幕灭火系统。

闭式自动喷水灭火系采用闭式喷头，是一种常闭喷头，喷头的感温、闭锁装置只有在预定的温度环境下，才会脱落、开启喷头。因此，在发生火灾时，这种喷水灭火系统只有处于火焰之中或临近火源的喷头才会开启灭火。

开式自动喷水灭火系统采用的是开式喷头，开式喷头不带感温、闭锁装置，处于常开状态。发生火灾时，火灾所处的系统保护区域内的所有开式喷头一起出水灭火。

8.2.2 湿式自动喷水灭火系统

湿式自动喷水灭火系统，是世界上使用时间最长，应用最广泛，控火、灭火中使用频率最高的一种闭式自动喷水灭火系统，目前世界上已安装的自动喷水灭火系统中有70%以上采用了湿式自动喷水灭火系统。

湿式自动喷水灭火系统微课　　　湿式喷淋灭火系统微课　　　湿式消防系统动画

1. 系统的组成和工作原理

湿式自动喷水灭火系统一般包括闭式喷头、管道系统、湿式报警阀组和供水设备，如图 8-8 所示。

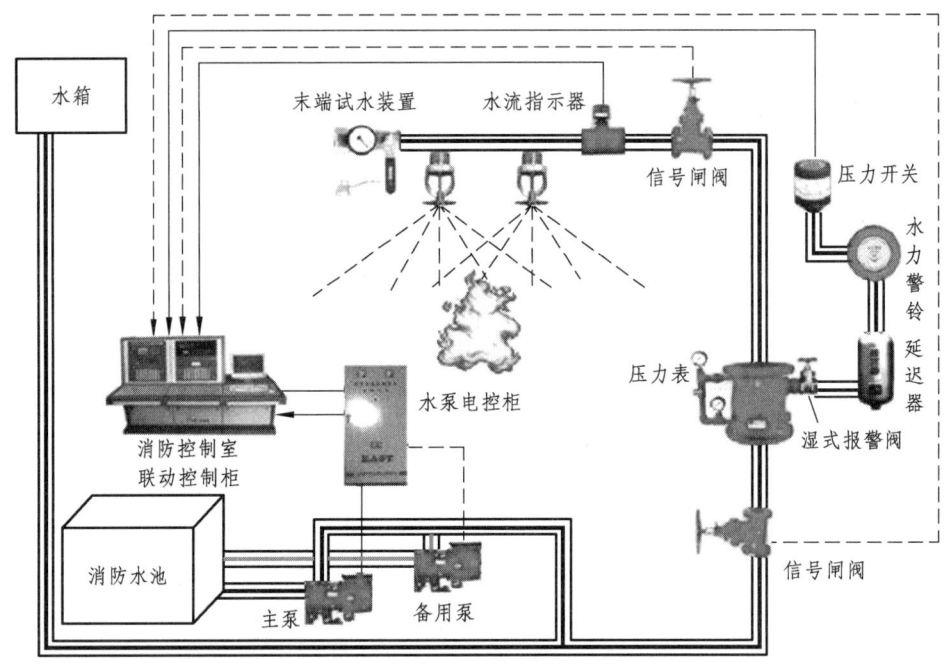

图 8-8　湿式自动喷水灭火系统示意图

在正常状态时，由高位水箱或稳压设备（气压罐）等保持系统内带水状态的工作压力，由于湿式报警阀的上下管网内均充以压力水，在重力作用下，湿式报警阀的阀瓣处于关闭状态。当火灾发生时，火源周围环境温度上升，导致火源上方的喷头（喷头耐火温度可选定，一般为 68 ℃）玻璃体炸裂、出水，使系统一侧管网压力下降，报警阀前后侧存在压差，致使单向阀板开启，接通管网和水源，供水灭火。一侧水向供水干管上的水流指示器供水，水流指示器开始动作并发出声光报警信号传递到报警控制器，显示火灾区域；同时另一侧水流入报警管路并通过延时器（可延时 5～90 s），这时连接的水力警铃开始发出持续铃声，压力开关动作，也向报警控制器传送信号，报警控制器控制喷淋泵动作，向干管供水，压力水流向配水管网，并通过已开启的喷头喷水灭火，并保持喷水状态。

2. 系统组件及设置要求

湿式自动喷水灭火系统是一种应用广泛的固定式灭火系统。该系统管网内依靠高位消防水箱而充满压力水，长期处于备用工作状态。当保护区域内某处发生火灾时，环境温度升高，喷头的温度敏感元件（玻璃球）破裂，喷头自动将水直接喷向火灾发生区域，消防水箱水流流经过报警阀，报警阀输出报警水流→延迟器（延时30 s）→水力警铃；延迟器（延时30 s）→压力开关→电气控制箱→启动水泵；手动按钮→电气控制箱→启动水泵；火灾传感器→火灾收信机→电气控制箱→启动水泵；水流指示器→火灾收信机（消防中心）→电气控制箱→启动水泵。

湿式喷水灭火系统主要由以下几部分构成。

（1）水箱：在正常状态下维持管网的压力，当火灾发生的初期给管网提供灭火用水，如图 8-9 所示。

（2）水力警铃：用于湿式、干式、干湿两用式、雨淋和预作用自动喷水灭火系统中，是自动喷水灭火系统中的重要部件，如图 8-10 所示。当火灾发生时，由报警阀流出带有一定压力的水驱动水力警铃报警。警铃流量等于或大于一个喷头的流量时立即动作。

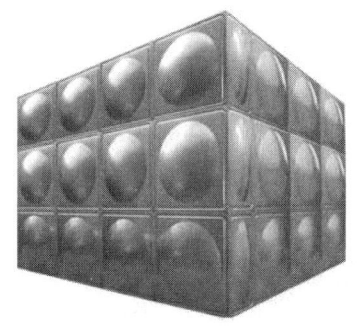

图 8-9　水箱

图 8-10　水力警铃

（3）湿式报警阀组：自动喷水灭火系统湿式报警阀是湿式自动喷水灭火系统的一个重要组成部件。主要由报警阀、水力警铃、延迟器、压力开关、压力表、排水阀、试验球阀等组成，如图 8-11 所示。

(a)

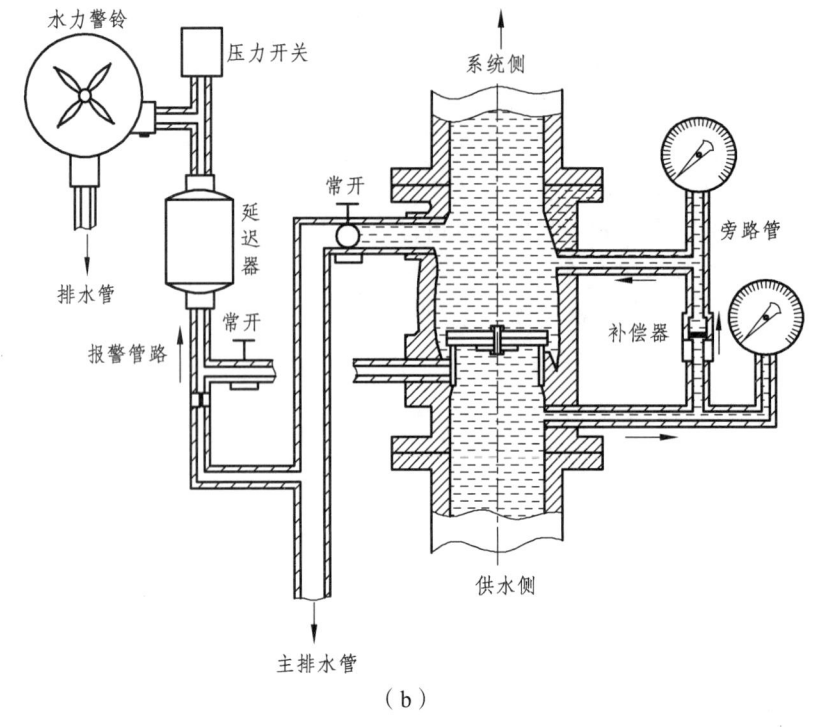

(b)

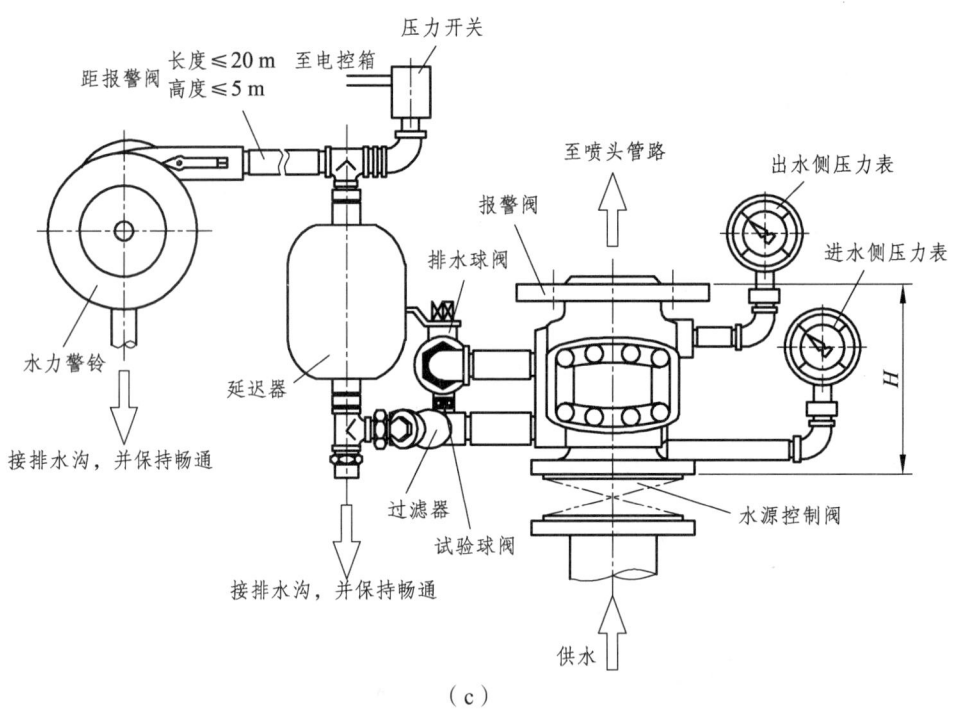

(c)

图 8-11 湿式报警阀组

湿式报警阀组安装在总供水干管上，连接供水设备和配水管网，一般采用止回阀的形式。当管网中有喷头喷水时，就破坏了阀门上下的平衡压力，使阀板开启接通水源和管网。同时部分水流通过阀座上的环形槽，经信号管道送至水力警铃，发出声音报警信号。

（4）消防水泵结合器：用于给消防车提供供水口，如图8-12所示。

（5）火灾收信机（消防控制中心）：在控制室内安装，用于接收系统传来的电信号及发出控制指令。

（6）压力罐（未设置）：用于自动启动消防水泵。当管网中的水压过低时，与压力罐连接的压力开关发出信号给控制箱，控制箱接到信号后发出指令启动消防泵给管网增压。当管网水压达到设定值后消防水泵停止供水。

（7）消防水泵：用于消防管网中补水，如图8-13所示。

图8-12 消防水泵结合器

图8-13 消防水泵

（8）闭式喷头：自动喷水灭火的关键部件，具有探测火灾、启动系统和喷水灭火的功能。按照开启方式可分为易溶金属式、双金属片式和玻璃球式三种，其中以玻璃球式应用最多。正常情况下，喷头处于封闭状态；当有火灾发生且温度达到动作值时喷头开启喷水灭火，如图8-14所示。

（a）玻璃球洒水喷头（上喷）

（b）玻璃球洒水喷头（下喷）

（c）玻璃球洒水喷头（上喷）

（d）玻璃球洒水喷头（开式）

图8-14 洒水喷头

（9）水流指示器：自动喷水灭火系统的一个组成部件，通常安装在管网配水干管或配水管的始端，用于显示火警发生区域，启动各种电报警装置或消防水泵等电气设备。适用于湿式、干式及预作用等自动喷水灭火系统中，提供反馈信号。如图8-15所示。

水流指示器由本体、微型开关、浆片及法兰底座等组成。它竖直安装在系统配水管网的水平管路上或各分区的分支管上。发生火灾时，喷头开启喷水，当有水流过装有水流指示器的管道时，流动的水推动浆片，其电触点动作，将水流信号转换为电信号，接通延时电路（延时20～30 s）后，输出电动报警信号到消防控制中心。水流指示器用于检测自动喷水灭火系统运行状况及识别火灾发生区域和部位。

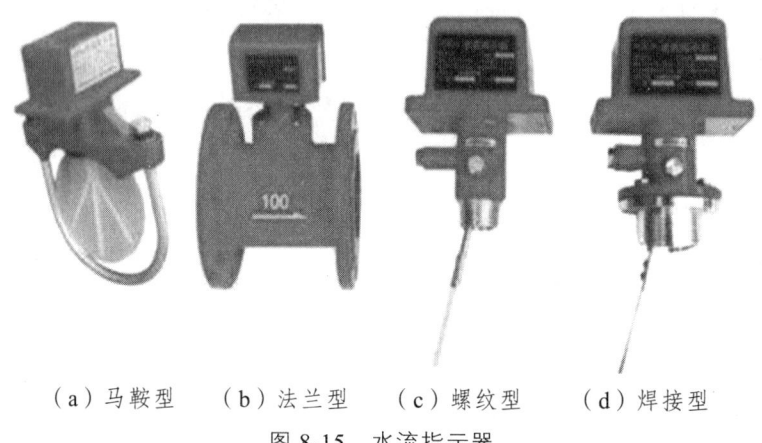

（a）马鞍型　　（b）法兰型　　（c）螺纹型　　（d）焊接型

图8-15　水流指示器

（10）压力开关：自动喷水灭火系统的自动报警和控制附件。它能将水压力信号转换成电信号。当压力超过或低于预定工作压力时，电路就闭合或断开，输出信号至火灾报警控制器或直接控制启动其他电气设备。

（11）延时器：一个罐式容器（见图8-16），安装在报警阀与水力警铃之间，用以对由于水源压力突然发生变化而引起的报警阀短暂开启，或对因报警阀局部渗漏而进入警铃管道的水流起一个暂时容纳的作用，从而避免虚假报警。只有当真正发生火灾时，喷头和报警阀相继打开，水流源源不断地大量流入延时器，经5～90 s充满整个容器，然后冲击水力警铃报警。

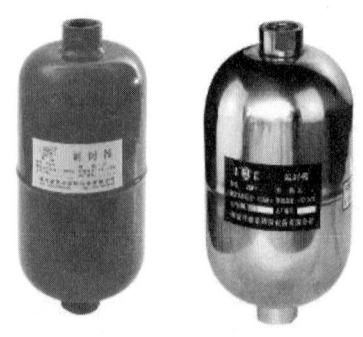

图8-16　延时器

（12）试警铃阀：用于人工测试。打开试警铃阀泄水，使报警阀自动打开，水流充满延迟器后可使压力开关及水力警铃动作报警。

（13）放水阀：用于检修时放空管网中余水。

（14）末端试水装置：设在管网末端，用于自动喷水灭火系统等流体工作系统中（图8-17）。该试水装置末端安装相当于一个标准喷头流量的接头，打开该试水装置，可进行系统模拟试验调试。利用此装置可对系统进行定期检查，以确定系统是否能正常工作。

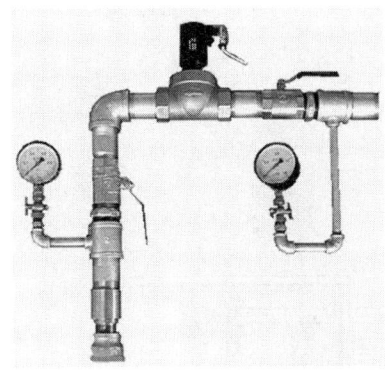

图 8-17　末端试水装置

（15）试验喷头：安装于屋顶，每年校验喷头性能。

（16）压力表：观察系统水压是否正常。

（17）水箱下止回阀：防止消防水进入水箱。

（18）火灾信号传感器：感应火灾信号。

3. 系统的适用范围

湿式自动喷水灭火系统在环境温度不低于 4 ℃ 且不高于 70 ℃ 的建筑物和场所（不能用水扑救的建筑物和场所除外）都可采用。如车间、仓库、宾馆、商场、娱乐场所、医院、影剧院、办公楼及车库等类场所。如果在低于 4 ℃ 的场所使用湿式系统，可能出现系统管道和组件内充水冰冻的危险；在高于 70 ℃ 的场所采用湿式系统，可能出现系统管道和组件内充水蒸发使得气压升高而破坏管道的危险。

8.2.3　干式自动喷水灭火系统

干式自动喷水灭火系统是指准工作状态时，报警阀后部的配水管道内平时没有水，充满着用于启动系统的有压气体的闭式系统。

1. 系统的组成和工作原理

干式系统主要由闭式喷头、管网、干式报警阀、充气设备、报警装置和供水设备组成。

平时报警阀后管网充有压力气体，水源至报警阀前端的管段内充有压力水，如图 8-18 所示。

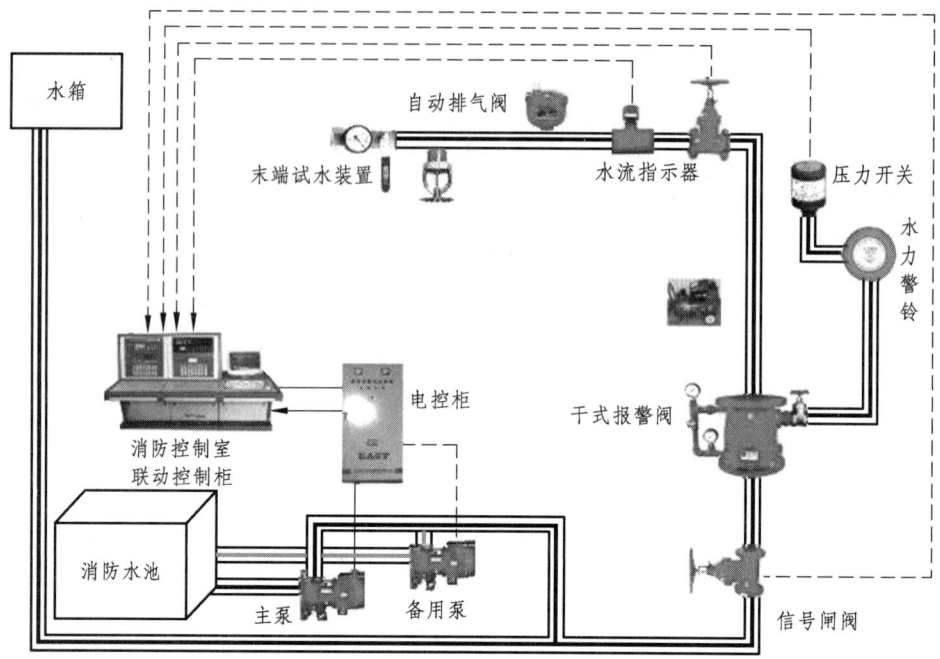

图 8-18　干式自动喷水灭火系统示意图

干式自动喷水灭火系统在火灾发生时，火源处温度上升，使火源上方喷头开启，首先排出管网中的压缩空气，于是报警阀后管网压力下降，干式报警阀阀前压力大于阀后压力，在水压力作用下干式报警阀开启，一侧水向供水干管上的水流指示器供水，水流指示器开始动作并发出声光报警信号传递到报警控制器，显示火灾区域；同时另一侧水流入报警管路通过延时器（可延时 5～90 s），这时连接的水力警铃开始发出持续铃声，压力开关动作，也向报警控制器传送信号，报警控制器控制喷淋泵动作，向干管供水，压力水流向配水管网，并通过已开启的喷头喷水灭火，并保持喷水状态。如图 8-19 所示。

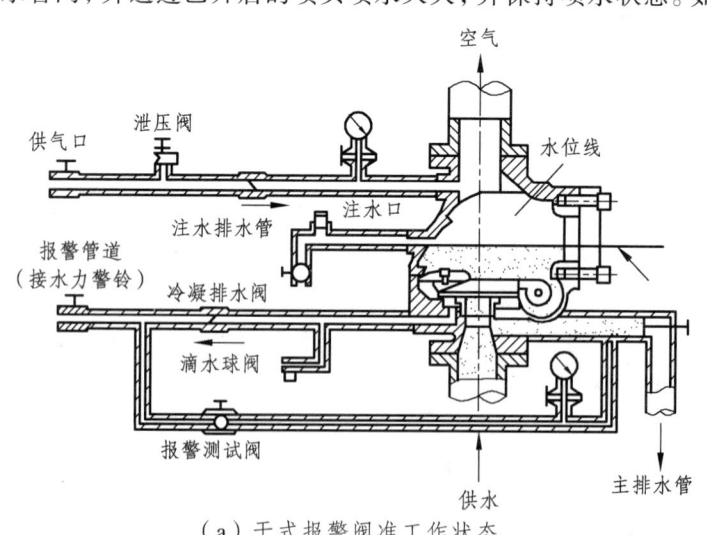

（a）干式报警阀准工作状态

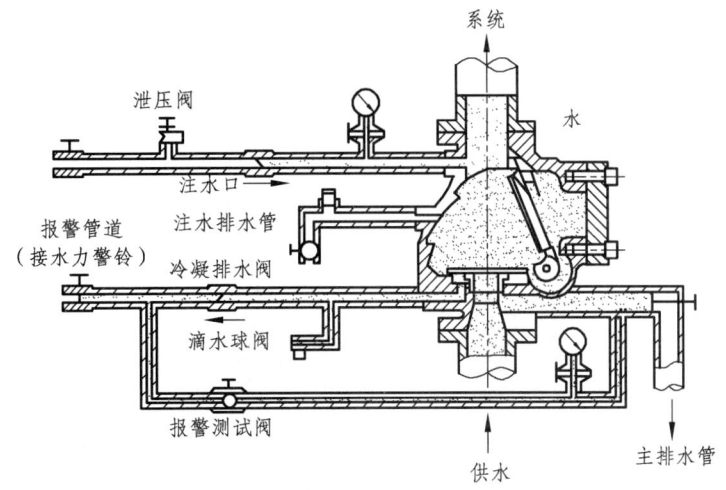

（b）干式报警阀工作状态

图 8-19 干式自动喷水灭火系统的工作状态示意图

干式自动喷水灭火系统工作流程图如图 8-20 所示。

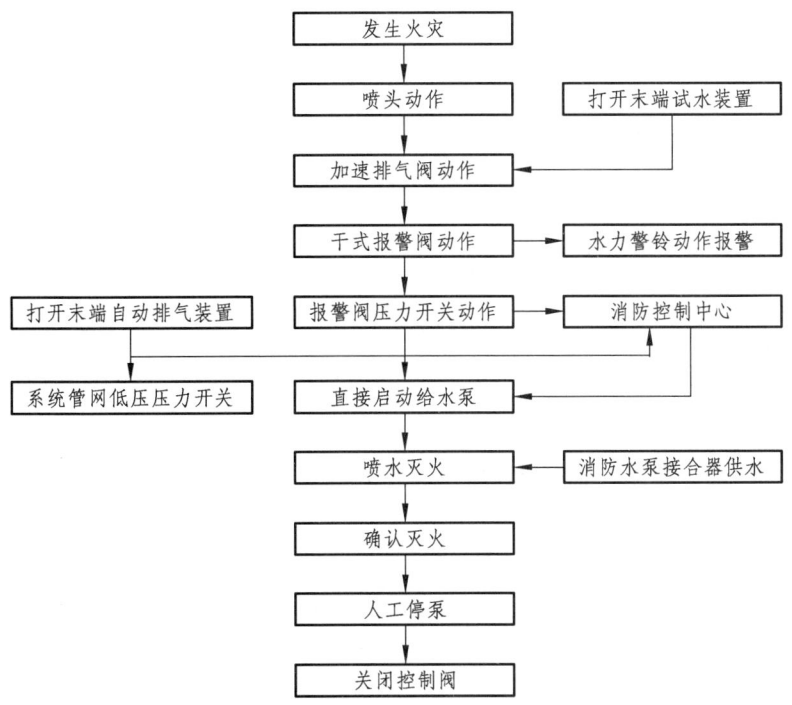

图 8-20 干式自动喷水灭火系统工作流程图

2. 干式报警阀

干式报警阀（图 8-21）用于干式自动喷水灭火系统中，属于系统消防供水的报警及控制阀门，该系统一般应用于环境温度低于 4 ℃ 或者高于 70 ℃ 的建筑物中，在伺服状态时，由系统管网中的压缩空气通过干式报警阀将消防压力水封于供水侧，当闭式喷头发生动作引起管网气压下降并达到一定值时，干式报警阀打开，压力水通过阀进入系统管网灭火。干式报警阀是一种能够进行报警的单向阀。虽然干式系统灭火效率不如湿式系统，造价也高于湿式系统，但由于它的特殊用途，至今仍受到人们的重视。

图 8-21　干式报警阀

干式系统平时报警阀上下阀板压力保持平衡，当系统管网有轻微漏气时，由空压机进行补气，安装在供气管道上的压力开关监视系统管网的气压变化状况。

3. 系统的适用范围

干式自动喷水灭火系统适用于环境温度低于 4 ℃ 和高于 70 ℃ 的建筑物和场所，如不采暖的地下停车场、冷库等等。喷头应向上安装，或采用干式下垂型喷头。

8.2.4　干湿交替式自动喷水灭火系统

干湿交替式自动喷水灭火系统是交替使用干式系统和湿式系统的一种闭式自动喷水灭火系统。报警阀为干湿两用报警阀或干式报警阀与湿式报警阀组合阀。其工作原理与干式、湿式系统相同。

8.2.5　预作用自动喷水灭火系统

预作用自动喷水灭火系统是指准工作状态时配水管道内不充水，由火灾自动报警系统自动开启雨淋报警阀后，转换为湿式自动喷水灭火系统的闭式系统。

预作用自动喷水　预作用报警系统
灭火系统微课　　动画

1. 系统的组成和工作原理

预作用自动喷水灭火系统主要由闭式喷头、管网系统、预作用阀组充气设备（图 8-22）、供水设备、火灾探测报警系统等组成。如图 8-23 所示。

图 8-22 预作用阀

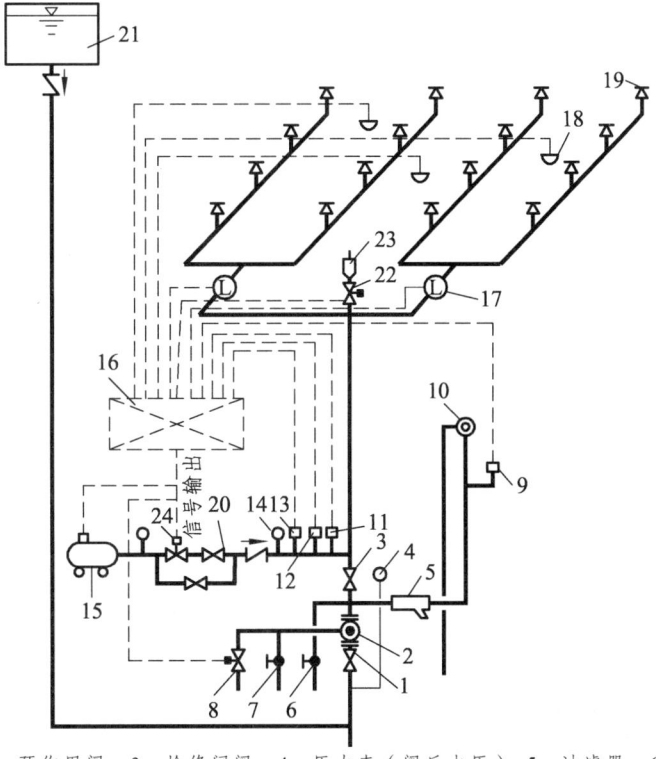

1—总控制阀；2—预作用阀；3—检修闸阀；4—压力表（阀后水压）；5—过滤器；6—泄放试验阀；
7—手动阀（应急操作）；8—电磁阀（自动）；9—压力开关（启泵）；10—水力警铃；11—压力开关（停机）；
12—压力开关（开机）；13—压力开关（低气压报警）；14—压力表（管网气压）；15—空气压缩机；
16—火灾报警控制箱；17—水流指示器；18—火灾探测器；19—闭式喷头；20—气体流量调节阀；
21—高位水箱；22—排气电磁阀；23—自动放气阀；24—电磁阀或电动阀。

图 8-23 预作用自动喷水灭火系统

预作用系统，平时预作用阀后管网充以低压压缩空气或氮气（也可以是空管），呈干式，发生火灾时，保护区火灾探测器发出报警信号，由火灾控制器控制电磁阀自动排气，自动开启预作用阀，使管道充水，由原来的干式系统转变成湿式系统，从而完成预作用过程。因此，该系统要求火灾探测器的动作先于喷头的动作，而且应确保当闭式喷头受热开放时管道内已充满了压力水。从火灾探测器动作并开启预作用阀开始充水，到水流流到最远喷头的时间，应不超过 3 min，水流在配水支管中的流速不应大于 2 m/s，以此来确定预作用系统管网最长的保护距离。如图 8-24 所示。

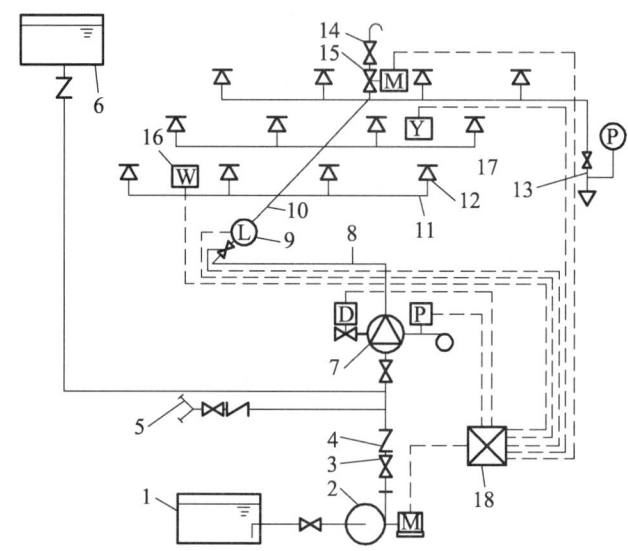

1—水池；2—水泵；3—闸阀；4—止回阀；5—水泵接合器；6—消防水箱；7—预作用报警阀组；8—配水干管；9—水流指示器；10—配水管；11—配水支管；12—闭式喷头；13—末端试水装置；14—快速排气阀；15—电动阀；16—感温探测器；17—感烟探测器；18—报警控制器。

图 8-24 预作用系统示意图

发生火灾时，由火灾探测器探测到火灾，通过火灾报警控制箱开启预作用阀，或手动开启预作用阀，向喷水管网充水，当火源处温度继续上升时，喷头开启，迅速出水灭火。如果发生火灾时，火灾探测器发生故障，没能发出报警信号启动预作用阀，而火源处温度继续上升，使得喷头开启，于是管网中的压缩空气压力迅速下降，由压力开关探测到管网压力骤降的情况，压力开关发出报警信号，通过火灾报警控制箱也可以启动预作用阀，开启喷水灭火。因此，对于充气式预作用系统，即使火灾探测器发生故障，预作用系统也能正常工作。

2. 系统的适用范围

预作用系统同时具备了干式喷水灭火系统和湿式喷水灭火系统的特点，而且还克服了干式喷水灭火系统控火灭火率低，湿式系统易产生水渍的缺陷。因此，预作用系统可以用于干式系统、湿式系统和干湿式系统所能使用的任何场所，而且还能用于一些这三个系统都不适宜的场所，尤其是严禁系统误喷的忌水场所。

8.2.5 重复启闭预作用自动喷水灭火系统

从湿式自动喷水灭火系统到预作用自动喷水灭火系统，闭式自动喷水灭火系统得到了很大的发展，功能日趋完善，20 世纪 70 年代，一种新的自动喷水灭火系统出现了，这种系统不但能自动喷水灭火，而且当火被扑灭后又能自动关闭；当火灾再发生时，系统仍能重新启动喷水灭火，这就是重复启闭预作用自动喷水灭火系统。重复启闭自动喷水灭火系统如图 8-25 所示。

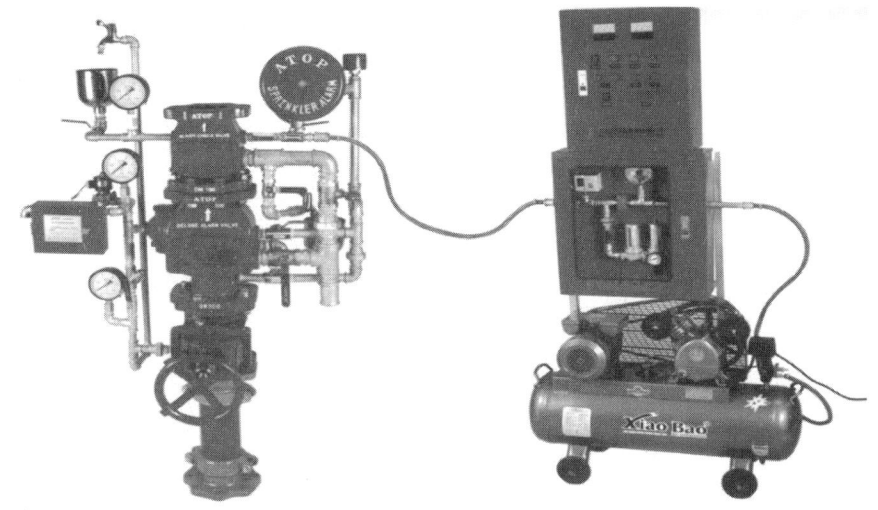

图 8-25 重复启闭自动喷水灭火系统

重复启闭自动喷水灭火系统的组成和工作原理与预作用系统相似。重复启闭预作用自动喷水灭火系统特点有：

（1）功能优于以往所有的喷水灭火系统，其使用范围不受控制。

（2）系统在灭火后能自动关闭，节省消防用水，最重要的是能将由于灭火而造成的水渍损失减轻到最低限度。

（3）灭火后喷头的替换，可以在不关闭系统，系统仍处于工作状态的情况下进行，平时喷头或管网的损坏也不会造成水渍破坏。

（4）系统断电时，能自动切换转用备用电池操作，如果电池在恢复供电前用完，电磁阀开启，系统转为湿式系统形式工作。

（5）重复启闭预作用自动喷水灭火系统造价较高，一般只用在特殊场合。

8.2.6 雨淋系统

雨淋系统是指由火灾自动报警系统或传动管控制，自动开启雨淋报警阀和启动供水泵，向开式洒水喷头供水的开式系统。系统所使用的喷头为开式喷头，发生火灾时，系统保护区域上的所有喷头一起喷水灭火，可以在瞬间喷出大量的水，覆盖或阻隔整个火区，从而提供一种整体保护，用以控制火势的蔓延。

1. 系统的组成

雨淋系统通常由三部分组成：火灾探测传动控制系统；雨淋阀组；带开式喷头的自动喷水灭火系统。其中火灾探测传动控制系统可采用火灾探测器、传动管网或易熔合金锁封来启动成组作用阀。火灾探测器、传动管网、易熔锁封控制属自动控制手段。当采用自动手段时，还应设手动装置备用。自动控制成组作用阀门系统，可采用雨淋阀或雨淋阀加湿式报警阀。如图 8-26 所示。

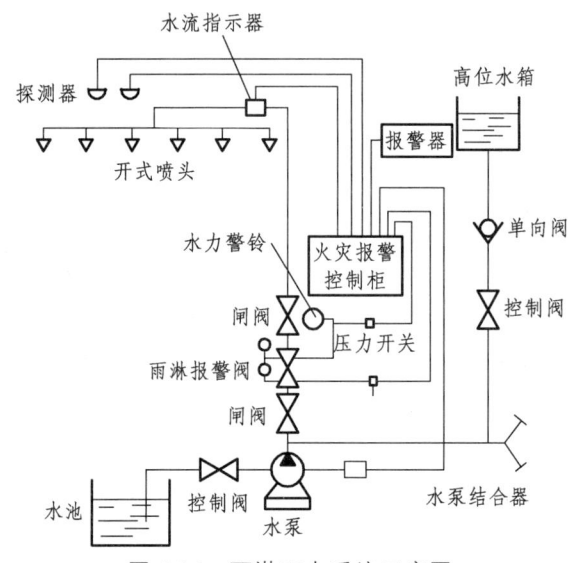

图 8-26 雨淋灭火系统示意图

雨淋系统可分为空管式雨淋系统和充水式雨淋系统两大类型。充水式雨淋系统的灭火速度比空管式雨淋系统快，实际应用时，可根据保护对象的要求来选择合适的形式。

在实际应用中，雨淋系统可能有许多不同的组成形式，但其工作原理大致相同。

系统处于准工作状态时，由消防水箱或稳压泵、气压给水设备等稳压设施维持雨淋阀入口前管道内充水的压力。发生火灾时，由火灾自动报警系统或传动管控制，自动开启雨淋报警阀和供水泵，向系统管网供水，由雨淋阀控制的开式喷头同时喷水。由于雨淋系统采用的是开式喷头，所以喷水是整个保护区域内同时进行的。

2. 雨淋系统的适用范围

雨淋系统适用于燃烧猛烈、蔓延迅速的严重危险建筑构成场所，如剧院舞台上部、大型演播室、电影摄影棚等。如果在这些建筑物中采用闭式自动喷水灭火系统，发生火灾时，只有火焰直接影响到喷头才被开启喷水，且闭式喷头开启的速度慢于火势蔓延的速度。因此，闭式自动喷水灭火系统不能迅速出水控制火灾。

3. 雨淋系统的主要特点

（1）雨淋系统反应快，它是采用火灾探测传动控制系统来开启的。由于从火灾发生到火灾探测传动控制系统报警的时间短于闭式喷头开启的时间，所以雨淋系统的反应时间比闭式自动喷水灭火系统快得多。如果采用充水式雨淋系统，则其反应速度更快，更利于尽快出水灭火。

（2）系统灭火控制面积大、用水量大。雨淋系统采用的是开式喷头，发生火灾时，系统保护区域内的所有喷头一起出水灭火，能有效地控制火灾，防止火灾蔓延，初期灭火用水量就很大，有助于迅速扑灭火灾。

雨淋系统主要适用于需大面积喷水、快速扑灭火灾的特别危险场所，或者火灾蔓延快、闭式喷头不能有效覆盖着火区域、室内净空高度超过一定高度且必须迅速扑灭初期火灾的或属于严重危险级Ⅱ级的场所。

8.2.7 水幕系统

水幕系统是开式自动喷水灭火系统的一种。水幕系统喷头成1~3排排列，将水喷洒成水幕状，具有阻火、隔火作用，能阻止火焰穿过开口部位，防止火势蔓延，冷却防火隔绝物，增强其耐火性能，并能扑灭局部火灾。

1. 系统的组成和工作原理

水幕系统的组成与雨淋系统一样，主要由三部分组成：火灾探测传动控制系统、控制阀门系统、带水幕喷头的自动喷水灭火系统。

水幕系统的作用方式和工作原理与雨淋系统相同，当发生火灾时，由火灾探测器或人发现火灾，电动或手动开启控制阀，然后系统通过水幕喷头喷水，进行阻火、隔火或冷却防火隔断物。控制阀可以是雨淋阀、电磁阀和手动闸阀。

2. 系统的主要特点

水幕系统是自动喷水灭火系统中唯一的一种不以灭火为主要目的的系统。水幕系统可安装在舞台口、门窗、孔洞用来阻火、隔断火源，使火灾不致通过这些通道蔓延。水幕系统还可以配合防火卷帘、防火幕等一起使用，用来冷却这些防火隔断物，以增强它们的耐火性能。水幕系统还可作为防火分区的手段，在建筑面积超过防火分区的规定要求，而工艺要求又不允许设防火隔断物时，可采用水幕系统来代替防火隔断设施。

3. 水幕系统的适用范围

水幕消防系统主要用于需要进行水幕保护或防火隔断的部位，如设置在企业中的各防火区或设备之间，阻止火势蔓延扩大，阻隔火灾事故产生的辐射热，对泄漏的易燃、易爆、有害气体和液体起疏导和稀释作用。水幕系统不具备直接灭火的能力，是用于挡烟阻火和冷却隔离的防火系统。防火分隔水幕系统利用密集喷洒形成的水墙或多层水帘，封堵防火分区处的孔洞，阻挡火灾和烟气的蔓延。防护冷却水幕系统则利用喷水在物体表面形成的水膜，控制防火分区处分隔物的温度，使分隔物的完整性和隔热性免遭火灾破坏。

① 超过 1 500 个座位的剧院和超过 2 000 个座位的会堂、礼堂的舞台口，以及与舞台相连的侧台、后台的门窗洞口。

② 防火卷帘和防火幕的上部。

③ 应设防火墙、防火门等隔断物，而又无法设置的开口部位。相邻建筑之间的防火间距不能满足要求时，面向相邻建筑物的门、窗、孔洞处以及可燃的屋檐下。

8.3 水喷雾灭火系统

水喷雾灭火系统是利用水雾喷头在较高的水压力作用下，将水流分离成 0.2～2 mm 甚至更小的细小水雾滴，喷向保护对象（见图 8-27），由于雾滴受热后很容易变成蒸汽，因此，水喷雾灭火系统的灭火机理主要是通过表面冷却、窒息、稀释、冲击乳化和覆盖等作用。

水喷雾灭火系统属于开式自动喷水灭火系统的一种。

图 8-27 水雾喷头　　　　　　　　　　水喷雾灭火系统动画

8.3.1 组成和工作原理

水喷雾灭火系统通过改变水的物理状态，通过水雾喷头使水从连续的洒水状态转变成不连续的细小水雾滴喷射出来。它具有较高的电绝缘性能和良好的灭火性能。电动启动水喷雾灭火系统如图 8-28 所示。

水喷雾灭火系统根据需要可设计成固定式或移动式两种。移动式是从消火栓或消防水泵上接出水带，安装喷雾水枪。移动式可作为固定式水喷雾系统的辅助系统。

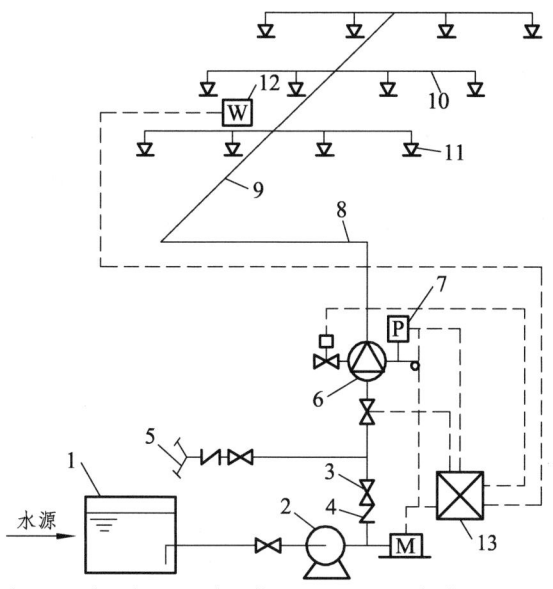

1—水池；2—水泵；3—闸阀；4—止回阀；5—水泵接合器；6—雨淋报警阀；7—压力开关；8—配水干管；9—配水管；10—配水支管；11—报警控制器；12—感温探测器；13—报警控制器；P—压力表；M—驱动电动机。

图 8-28 电动启动水喷雾灭火系统

固定式水喷雾灭火系统的组成一般由水喷雾喷头、管网、高压水供水设备、控制阀、火灾探测自动控制系统等组成。

工作原理：水喷雾灭火系统，平时管网里充以低压水，火灾发生时，由火灾探测器探测到火灾，通过控制箱，电动开启着火区域的控制阀，或由火灾探测传动系统自动开启着火区域的控制阀和消防水泵，管网水压增大，当水压大于一定值时，水喷雾头上的压力起动帽脱落，喷头一起喷水灭火（见图 8-29）。

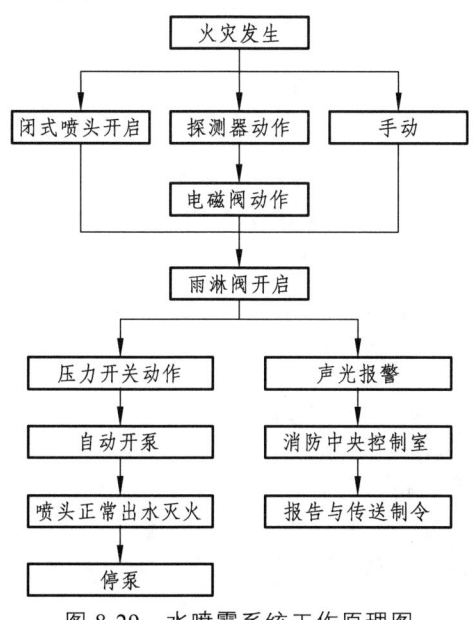

图 8-29 水喷雾系统工作原理图

8.3.2 适用范围和主要特点

水喷雾系统主要用于扑救固体火灾、丙类易燃液体火灾和饮酒火灾，如燃油锅炉、发电机油箱、丙类液体输油管道火灾等，也可用于有火灾危险的工业装置，有粉尘火灾危险的车间，以及电气、橡胶等特殊可燃物的火灾危险场所，油浸式电力变压器、电缆隧道、电缆沟、电缆井、电缆夹层等处发生的电气火灾。使用水喷雾系统时，应综合考虑保护对象性质和可燃物的火灾特性，以及周围环境等因素。

现行国家标准《建筑设计防火规范》(GB 50016—2014)、《钢铁冶金企业设计防火规范》(GB 50414—2018)以及《石油天然气工程设计防火规范》(GB 50183—2016)规定，下列场所和部位宜设置水喷雾灭火系统。

（1）高层民用建筑内的可燃油油浸电力变压器、充可燃油的高压电容器和多油开关室等房间。

（2）单台容量在 40 MVA 及以上的厂矿企业油浸电力变压器、单台容量在 90 MVA 及以上的油浸电厂电力变压器，或单台容量在 125 MVA 及以上的独立变电所油浸电力变压器。

（3）飞机发动机试验台的试车部位。

（4）钢铁冶金企业内的单台设备油量 100 kg 以上的配电室、大于等于 8 MVA 且小于 40 MVA 的油浸变压器室、油浸电抗器室、有可燃介质的电容器室，单台容量在 40 MVA 及以上的油浸电力变压器，单台容量在 125 MVA 及以上的总降压变电所油浸电力变压器。

总装机容量>400 kVA 的柴油发电机房，电气地下室、厂房内的电缆隧（廊）道、厂房外的连接总降压变电所〔或其他变（配）电所〕的电缆隧（廊）道、建筑面积 > 500 m² 的电缆夹层，厂房外长度>100 m 的非连接总降压变电所〔或其他变（配）电所〕的电缆挤架层数≥4 层的电缆隧（廊）道。

建筑面积≤500 m² 的电缆夹层，与电缆夹层、电气地下室、电缆隧（廊）道连通或穿越 3 个及以上防火分区的电缆竖井，储油总容积≥2 m³ 的地下液压站和润滑油站（库）。

储油总容积≥10 m³ 的地下油管廊和储油间，距地坪标高 24 m 以上且储油总容积≥2 m³ 的平台封闭液压站房，距地坪标高 24 m 以下且储油总容积≥10 m³ 的地上封闭液压站和润滑油站（库），热连轧高速轧机机架（未设油雾抑制系统）。

（5）天然气凝液、液化石油气罐区总容量大于 50 m³ 或单罐容量大于 20 m³ 时。

下列情况不应使用水喷雾灭火系统：

（1）与水混合后起剧烈反应的物质，与水反应后发生危险的物质。

（2）没有适当的溢流设备，没有排水设施的无盖容器。

（3）装有加热运转温度 126 °C 以上的可燃性液压无盖容器。

（4）高温物质和蒸馏时容易蒸发的物质，其沸腾后溢流出来的物质造成危险情况时。

（5）对于运行时表面温度在 260 ℃ 以上的设备,当直接喷射会引起严重损坏设备的情况时。

水喷雾系统的主要特点是:水压高,喷射出来的水滴小,分布均匀,水雾绝缘性好,在灭火时能产生大量的水蒸气,具有冷却灭火、窒息灭火作用。

8.4 泡沫喷雾灭火系统

泡沫喷雾灭火系统吸收了水雾灭火和泡沫灭火的优点,是一种高效、经济、安全、环保的灭火系统。它在结构组成上,是采用了储压与驱动原理,而在设计应用上,则与水喷雾灭火系统相似。

泡沫喷雾灭火系统特点是:采用先进高效灭火剂,可用于灭 A、B、C 类火灾;特别适用于扑救热油流淌和电力变压器等火灾;灭火剂使用量小并具有生物降解性,不污染环境,具有良好的绝缘性能,对设备无影响;采用气体储压式动力源,无需消防水池和配置给水设备;灭火效率高、安全可靠、安装操作维护简单。

泡沫喷雾灭火系统可以广泛应用于下列场所:油浸电力变压器;燃油锅炉房;燃油发电机房;小型石油库;小型储油罐;小型汽车库;小型修车库;船舶的机舱及发动机舱。

泡沫液的灭火作用主要体现在以下几个方面:

在燃烧物表面形成泡沫覆盖层,使燃烧物的表面与空气隔绝,同时泡沫受热蒸发产生的水蒸气可以降低燃烧物附近氧气的浓度,起到窒息灭火作用。

泡沫层能阻止燃烧区的热量作用于燃烧物质的表面,因此可防止可燃物本身和附近可燃物质的蒸发。

泡沫析出的水对燃烧物表面进行冷却。

液体火灾必须选用抗溶性泡沫液。扑救水溶性液体火灾只能采用液上喷射泡沫,不能采用液下喷射泡沫。对于非溶性液体火灾,当采用液上喷射泡沫灭火时,选用普通蛋白泡沫液,氟蛋白泡沫液或水成膜泡沫液均可。对于非水溶性液体火灾,当采用液下喷射泡沫灭火时,必须选用氟蛋白泡沫液或水成膜泡沫液。泡沫液的储存温度应为 0 ~ 40 ℃。图 8-30 是泡沫灭火系统灭火过程图。

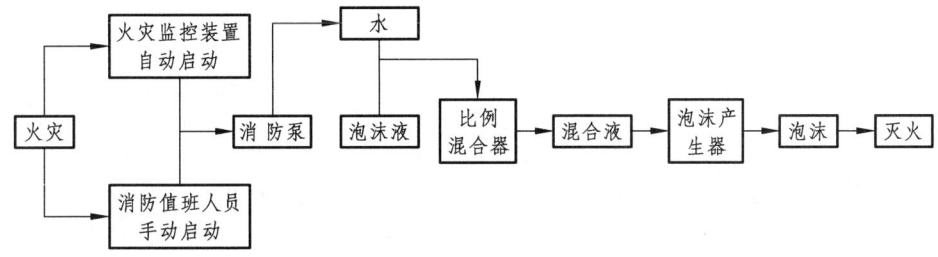

图 8-30 泡沫喷雾灭火系统灭火过程图

8.4.1 泡沫喷雾灭火系统的主要组件

泡沫喷雾灭火系统由水源、泡沫消防泵、泡沫液储罐、泡沫比例混合器、泡沫产生器、阀门、管道及其他附件组成。

泡沫灭火系统动画

1. 泡沫灭火剂

泡沫分为低倍数泡沫和高、中倍数泡沫三类。低倍数泡沫灭火系统按泡沫的施放方式分为液上喷射、液下喷射、泡沫喷淋和固定式泡沫炮四类。按设备安装方式又分为固定式、半固定式和移动式三类。

低倍数泡沫是指泡沫混合液吸入空气后,体积膨胀小于 20 倍泡沫,可用于扑救易燃、可燃液体的火灾或大面积流淌火灾。泡沫灭火剂基本成分:发泡剂、稳泡剂、耐液添加剂、助溶剂、抗冻剂、防腐剂等。

发泡倍数为 21～200 倍的泡沫称为中倍数泡沫,发泡倍数为 201～1000 倍的泡沫称为高倍数泡沫。中、高倍数泡沫灭火系统与低倍数泡沫系统相比,具有发泡倍数高、灭火速度快、水渍损失小的特点,可用淹没和覆盖的方式扑 A 类、B 类火灾,可有效地控制液化气、液化天然气的流淌火灾。尤其是高倍数泡沫灭火系统,能快速充满大空间的火灾区域,阻断火灾的燃烧蔓延,对 A 类火灾具有良好的"渗透性",可以消除淹没高度内的固体阴燃火灾,置换排除被保护区域内的有毒烟气。高倍数泡沫灭火剂的用量和水的用量仅为低倍数泡沫灭火用量的 1/20,水渍损失小,灭火效率高,灭火后泡沫易于清除。

泡沫按成分分为:
(1)蛋白泡沫(P):储存期 2～3 年,不能以预混液储存。
(2)氟蛋白泡沫(FP):储存期 2～3 年,不能以预混液储存。
(3)抗溶 AR(蛋白、氟蛋白)蛋白泡沫:储存期 2～3 年,不能以预混液储存。
(4)水成膜氟蛋白泡沫(FFFP):在氟蛋白泡沫中加入更多的含氟表面活性剂。
(5)水成膜泡沫(AFFF):原液可储存 15 年,预混液 5 年。
(6)专用的 A 类泡沫:原液可储存 20 年。
泡沫还可按混合比分为:混合比 6% 的泡沫液、混合比 3% 的泡沫液。

2. 泡沫消防泵

泡沫消防泵是能把泡沫以一定的压力输出的消防泵。泡沫消防泵宜选用特性曲线平缓的离心泵,以保证流量的可变性和扬程的不变性。泡沫消防泵宜为自灌式引水。但采用自灌式引水时,蓄水池的水面不得高于水泵轴线 5 m,否则环泵式负压比例混合器不能正常工作。

3. 泡沫比例混合器

泡沫比例混合器是一种使水与泡沫原液按规定比例混合成的混合液，以供泡沫产生设备发泡的装置。

我国目前生产的泡沫比例混合器有环泵式泡沫比例混合器、压力式比例混合器、平衡压力泡沫比例混合器、管线式泡沫比例混合器。

（1）环泵式泡沫比例混合器。

环泵式泡沫比例混合器主要有 PH 系列环泵式负压比例混合器，其规格按提供的最大混合液流量来划分，系列产品的有 PH32、PH48 和 PH64 三种型号，另外，还有 PH32c，PH64c 两种船用型号。

PH 系列环泵式负压比例混合器固定安装在消防泵的出水管和进水管之间，管线形成环流状，故称环泵式负压比例混合器。它与固定式消防水泵配套使用，向泡沫灭火设备输送泡沫混合液。该系列比例混合器运用于低倍数泡沫灭火系统。泡沫液与水的混合比一般为 6∶94，如用 3%型泡沫液则为 3∶97。

（2）压力式泡沫比例混合器。

压力式泡沫比例混合器主要有 PHY 系列储罐式压力比例混合器和 PHY 系列压力比例混合器。

PHY 系列储罐式压力比例混合器，是安装在泡沫液储罐上的，其特点是可以直接使用消防泵的压力水源，在混合器的标定工作压力范围内能自动地使泡沫液与水按规定比例进行混合，向多种型号的泡沫产生设备输送泡沫混合液。该系列混合器备有 3%和 6%混合比孔板，可以根据需要选用。

储罐式压力比例混合器的规格是按照每秒钟提供的最大混合液量来划分的。系列产品有四种规格，即 PHY32c、PHY48/55、PHY64/75、PHY72/30c。该系列比例混合器适用于低倍数泡沫灭火系统。

储罐式压力式泡沫比例混合器由泡沫储罐、比例混合器、球阀、进水和出泡沫液管道等组成，有立式和卧式两种。泡沫液储罐分无隔膜和有隔膜两种结构形式。前者结构简单，加工方便，成本较低，但罐内储液一经使用即与水混合，无论用完与否，剩液都必须更换；后者剩液无须更换，但造价较贵。

（3）PHY 系列压力比例混合器。

PHY 系列压力比例混合器的规格是按照每秒钟提供的最大混合量划分的，系列产品有 PHY8、PHY40、PHY80 三种型号。

PHY 系列压力比例混合器与泡沫液泵配套使用，在标定的工况下能使水和泡沫液按比例进行混合，形成混合液，输送给泡沫产生装置，产生泡沫进行灭火。PHY 系列压力比例混合器主要用于高倍数泡沫灭火系统。

（4）平衡压力比例混合器具。

PHP 系列平衡压力比例混合器，是我国 20 世纪 80 年代末期研制成功的新型比例混合器，有 PHP20、PHP40、PHP8 三种规格。这种比例混合器只有泡沫液和水的压力差不超过允许值，就可以在一个很大的流量范围内自动地按比例将水和泡沫液进行混合，并将混合液输送到泡沫产生装置。平衡压力比例混合器适用于固定式高倍数泡沫灭火系统，也适用于低倍数泡沫灭火系统。平衡压力比例混合流程如图 8-31 所示。

（5）管线式比例混合器。

管线式比例混合器的典型产品为 PHF 系列管线式负压比例混合器和 PH 系统管线式泡沫比例混合器。管线式比例混合流程如图 8-32 所示。

 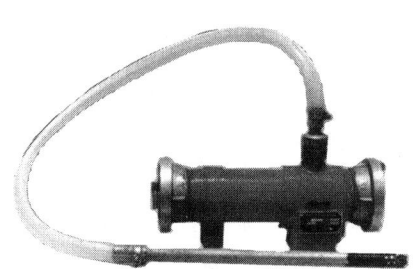

图 8-31　平衡压力比例混合装置　　　　图 8-32　管线式比例混合器

4. 泡沫产生器

泡沫产生器的作用是将泡沫混合液与空气混合形成空气泡沫，输送至燃烧物的表面上，分为液上喷射空气泡沫产生器、液下喷射空气泡沫产生器、高倍数泡沫产生器、低倍数泡沫产生器四种。

8.4.2　泡沫喷雾灭火系统类型

泡沫喷雾灭火系统类型有液上喷射和液下喷射两种，如图 8-33 所示。

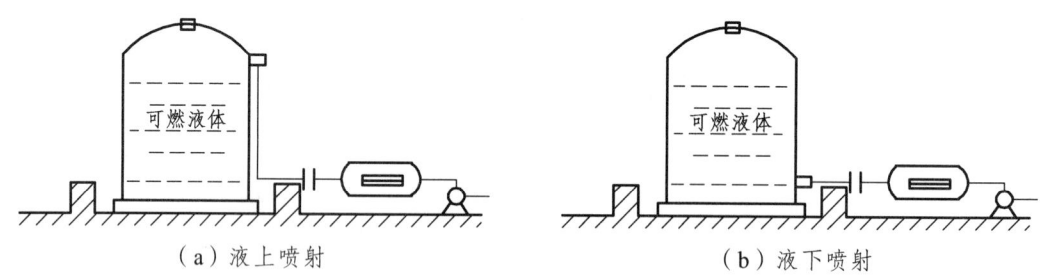

图 8-33　泡沫灭火系统

（1）固定液上喷射泡沫灭火系统：将泡沫喷射施放至燃烧液体表面，形成泡沫层的灭火系统。主要适用于独立油库的地上固定顶立式储罐、地上浮顶油罐、化工企业的燃烧罐、油罐区防火堤内等火灾危险性较大的场所。该系统由固定的泡沫混合液泵、单向阀、闸阀、泡沫比例混合器、泡沫液储罐、泡沫混合液管线、泡沫产生器以及水源和动力源组成。

（2）固定液下喷射泡沫灭火系统：是将泡沫从液面下喷射入罐内，泡沫通过液体上升至液体表面，扩散形成泡沫层覆盖燃烧液体表面，窒息灭火的系统。由固定的泡沫混合液泵、负压空气泡沫比例混合器、高背压泡沫产生器、管线、闸阀以及水源和动力源组成。

（3）半固定式液上喷射泡沫灭火系统：由水源或消火栓、泡沫消防车、消防水带、泡沫混合液管线和空气泡沫产生器等组成的泡沫灭火系统。主要适用于有较强机动消防力量的企业的附属油库、化工装置区等危险场所，不宜用于地形不平坦的地方。

（4）半固定液下喷射泡沫灭火系统：除泡沫产生器必须使用高背压泡沫产生器，并在高背压泡沫产生器和贮罐之间设置止回阀和闸阀外，其系统组成、工作原理和半固定液上喷射泡沫灭火系统基本相同。主要适用于地形平坦的、有较强机动消防力量企业的地上固定顶立式油罐，不适用于炼油和化工厂加工装置以及化工产品储罐。

（5）移动式液上喷射泡沫灭火系统：由水源、泡沫消防车、水带、泡沫管钩、泡沫枪或泡沫管架等设备组成和泡沫灭火系统。

8.4.3 泡沫喷雾灭火系统结构组成及工作原理

1. 结构组成

泡沫喷雾灭火系统原理图如图 8-34 所示，采用高效合成泡沫灭火剂通过气压式喷雾达到灭火目的。该灭火系统由储液罐、合成泡沫灭火剂、启动装置、氮气驱动装置、电磁控制阀、水雾喷头和管网等组成，如图 8-35 所示。

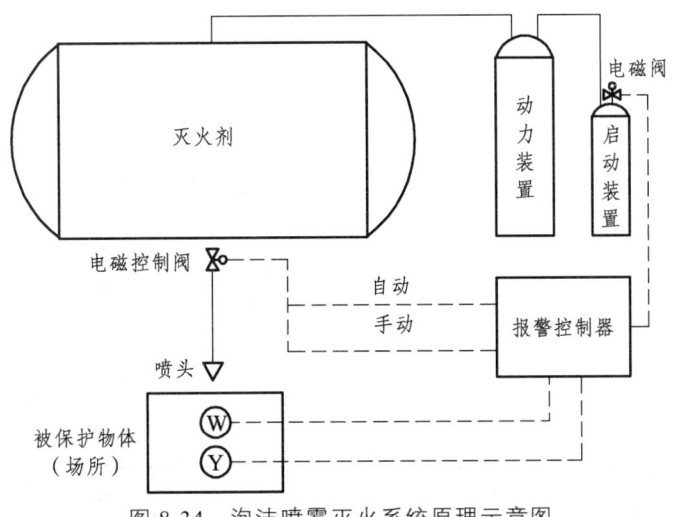

图 8-34 泡沫喷雾灭火系统原理示意图

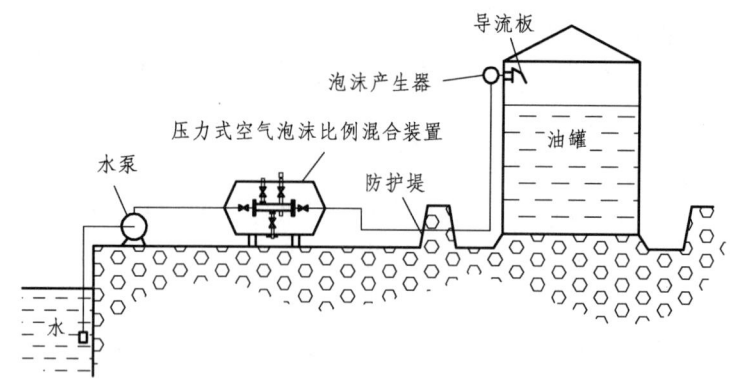

图 8-35　泡沫喷雾系统组成

2. 工作原理

泡沫喷雾灭火系统是采用高效合成型泡沫灭火剂储存于储液罐中，当出现火灾时，通过火灾自动报警联动控制或手动控制，在高压氮气驱动下，推动储液罐内的合成型泡沫灭火剂通过管道和水雾喷头后，将泡沫灭火剂喷射到保护对象上，迅速冷却保护对象表面，并产生一层阻燃薄膜，隔离保护对象和空气，使之迅速灭火的灭火系统。该系统工作流程如图 8-36 所示。该灭火系统吸收了水喷雾灭火系统和泡沫灭火系统的特点，实际上它与细水雾灭火系统相类似，只不过采用的灭火剂不同而已。由于泡沫喷雾灭火系统是采用储存在钢瓶内的氮气直接启动储液罐内的灭火剂，经管道和喷头喷出实施灭火，故其同时具有水雾灭火系统和泡沫灭火系统的冷却、窒息、乳化、隔离等灭火机理。整个灭火系统设备简单、布置紧凑。

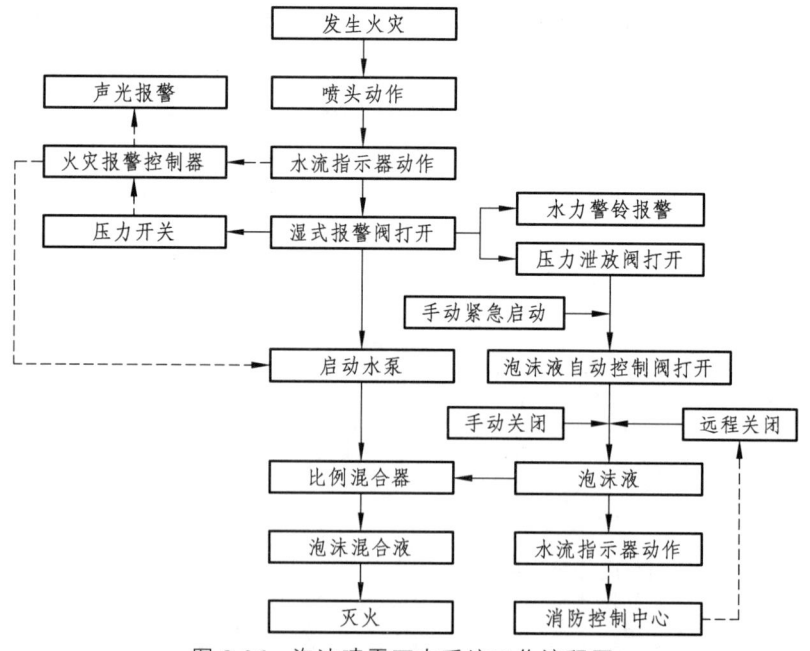

图 8-36　泡沫喷雾灭火系统工作流程图

3. 控制方式

泡沫喷雾灭火系统一般应设置自动、手动和应急操作三种控制方式。可以利用火灾报警控制器联动控制或手动控制打开高压氮气驱动装置的瓶头阀。高压氮气通过减压达到预定的工作压力，氮气即输送到储液罐。当罐内压力增高到工作压力时，储液罐出口电磁阀立即打开，灭火剂即经过管道和水雾喷头喷向保护对象。另外，还应在设备间设置机械应急启动操作方式。

8.4.4 泡沫喷雾灭火系统的检查和维护

1. 系统的日常管理维护一般规定

（1）泡沫灭火系统投入运行前，建设单位应配齐经过专门培训并通过考试合格的人员负责系统的维护、管理和操作。

（2）编制操作规程并绘制系统流程图。

（3）制定值班人员手则。

（4）建立系统定期检查维修记录表。

（5）建立该系统的技术档案。

2. 系统定期检查和试验

对检查和试验中发现的问题应及时解决，对损坏或不合格者立即更换，使系统恢复到正常状态。

（1）每周应对消防泵（包括备用泵）启动运行一次。

（2）每季度应对系统进行检查，检查内容如下。

① 对低、中倍数泡沫产生器、泡沫喷头、泡沫炮、泡沫比例混合器进行外观检查。

② 对固定式泡沫炮的回转、仰俯机构或电动操作机构进行检查。

③ 消火栓和阀门的开启与关闭应自如，不应锈蚀。

④ 压力表、管道过滤器、金属软管、管道及附件不应有损伤。

⑤ 电源及电气设备工作状态应良好。

⑥ 供水水源及水位指示装置应正常。

（3）每年应对系统进行检查，检查内容及要求除按季节检查规定外，尚应增加下列内容：

① 系统管道应用水冲洗一次，清除锈渣。

② 应对储罐上液上泡沫产生器（低、中倍）泡沫混合液立管进行清除锈渣。

（4）系统运行2~3年后，应按下列规定对系统进行彻底检查和试验：

① 对所储存的泡沫液，进行化验分析，检查其发泡倍数、析液时间是否符合产品要求，若不符合，应全部立即更换符合标准的新泡沫液。

② 对设备和管道应全部进行防腐处理。

③ 对泵和阀门进行拆卸检修。

3. 系统的模拟启动

进行系统的模拟启动试验可以保证系统的正常运转以及使用操作维护人员熟悉设备和灭火操作规程。试验按下列程序进行：

（1）准备所需要的检验设备。

（2）主电源和备用电源切换试验 1～3 次。

（3）用清水代替泡沫液首先进行单机启动试验。

① 消防泵和固定式消防泵组应全部进行试验，工作与备用消防泵或固定式消防泵组在设计负荷下连续运转不应小于 20 min，其间转换运行 1～3 次，并应符合设计技术要求。

② 泡沫比例混合器应全部调试。

③ 进行泡沫发生装置的调试：选择最不利点作喷水试验，其进口压力应符合设计要求，发泡应正常。

（4）系统模拟启动试验应在单机调试合格后进行。

① 调试时应使系统中所有的阀门处于正常工作状态。

② 每个防护区应进行喷水试验。

③ 当为手动灭火系统时，应以手动控制方式，进行一次喷水试验；当为自动灭火系统时，应以手动和自动控制方式各进行一次，其各项性能指标均应达到设计要求。

（5）低、中倍数泡沫灭火系统喷水试验完毕后，将系统中的水放空后应选择最不利点的防护区或储罐，进行一次喷泡沫试验。当设置为自动灭火系统时，应以自动控制方式进行，喷射泡沫的时间不宜小于 1 min，且实测泡沫混合液的混合比例及泡沫的发泡倍数和析液时间应符合设计要求。

（6）高倍数泡沫灭火系统除按上述步骤进行模拟试验外，尚应对每个防护区分别进行一次喷泡沫试验，当为自动灭火系统时，应以自动控制的方式进行，喷射泡沫的时间不宜小于 30 s，泡沫最小供给速率应符合设计要求。

（7）泡沫灭火系统试验后，应用清水冲洗放空，然后将系统恢复到正常工作状态并填写记录。

4. 火灾时系统的控制与操作

（1）手动灭火系统应配有专门的值班操作人员及制定操作规程，火灾时由专门人员按操作规程进行操作。

（2）泡沫全淹没系统与火灾自动报警系统组成自动控制灭火系统，并与防护区内的门窗关闭装置、排气口的开启装置以及生产、照明电源切断装置等联动控制。火灾时由火灾自动报警系统放出声光报警，并自动启动灭火装置实施灭火，但同时也应设立手动和应急操作启动程序，紧急情况下由值班人员按规程操作实现控火和灭火。

8.5 气体灭火系统

气体灭火系统微课及动画

8.5.1 气体灭火系统的分类

1. 按使用的灭火剂分类

气体灭火器按使用的灭火剂分为二氧化碳、卤代烷 1211、1301、七氟丙烷、三氟甲烷、混合气体 IG541、SDE、气溶胶等。常用几种气体灭火系统如下：

（1）七氟丙烷（HFC-227ea）灭火系统。

七氟丙烷（HFC-227ea）自动灭火系统是一种高效能的灭火设备，其灭火剂 HFC-ea 是一种无色、无味、低毒性、绝缘性好、无二次污染的气体，对大气臭氧层的耗损潜能值（ODP）为零，是目前替代卤代烷 1211、1301 最理想的替代品。

（2）混合气体自动灭火系统。

混合气体灭火剂是由氮气、氩气和二氧化碳气体按一定的比例混合而成的气体，这些气体都是在大气层中自然存在的，对大气臭氧层没有损耗，也不会对地球的"温室效应"产生影响，而且混合气体无毒、无色、无味、无腐蚀性、不导电，既不支持燃烧，又不与大部分物质产生反应，是一种十分理想的环保型灭火剂。

（3）二氧化碳自动灭火系统。

二氧化碳灭火剂具有毒性低、不污损设备、绝缘性能好、灭火能力强等特点，是目前国内外市场上颇受欢迎的气体灭火产品，也是替代卤代烷的较理想型产品。

气体灭火系统主要用在不适于设置水灭火系统等其他灭火系统的环境中，比如计算机机房、重要的图书馆档案馆、移动通信基站（房）、UPS室、电池室、一般的柴油发电机房等。

一般在启动灭火系统时，控制系统会启动灭火程序经过 30 s 启动灭火装置进行灭火。在延时开始时会启动气体保护区内外的声光报警器，提示人员需要在 30 s 之内撤离。当声光报警器发出声光报警时，必须立即撤离气体保护区。如果气体保护区内确定并没有火灾发生时（控制系统误动作），可以立即按动保护区外面（移动基站（房）的按钮都在保护区内）的紧急停止按钮撤销灭火程序。

2. 按应用方式分类

按应用方式可分为全淹没灭火系统和局部应用灭火系统。全淹没灭火系统是指在规定的时间内，向防护区喷放设计规定用量的灭火剂，并使其均匀地充满整个防护区的灭火系统。局部应用灭火系统是指向保护对象以一定喷射率直接喷射灭火剂，并持续一定时间的灭火系统。

此外，气体灭火器还可按结构特点可分为组合分配灭火系统和单元独立灭火系统，按装配形式可分为管网灭火系统和预制（无管网）灭火系统，按储存压力可分为高压灭火系统和低压灭火系统。

8.5.2 气体灭火系统的适用范围

1. 适用气体灭火系统扑救的火灾

（1）电气火灾。
（2）固体表面火灾。
（3）液体和可熔化固体（石蜡、沥青）等火灾。
（4）灭火前能切断气源的气体火灾。
（5）K型和其他热型气溶胶预制灭火系统可适用于电缆隧道（夹层、井）及自备发电机房。

2. 不适用气体灭火系统扑救的火灾

（1）硝化纤维、硝酸钠等氧化剂或含氧化剂的化学品火灾。
（2）钾、钠、镁、钛、锆、铀等活泼金属火灾。
（3）氢化钾、氢化钠等金属氢化物火灾。
（4）过氧化氢、联氨等能自物分解的化学物质火灾。
（5）可燃固体物质的深位火灾。
（6）热气溶胶预制灭火系统不应设置在人密集场所、有爆炸危险性的场所及有超净要求的场所。
（7）K型和其他热型气溶胶预制灭火系统不得用于其他电气火灾。

3. 气体灭火系统应用场所

（1）图书、档案馆、珍品库。
（2）电子计算机房、电讯中心、通信室、无人值守机房。
（3）喷漆线、喷漆室。
（4）燃气轮机。
（5）变配电室、变压器室。
（6）电站。
（7）飞机、汽车库、船舱。
（8）轧机、印刷机。
（9）浸渍油槽。
（10）电缆隧道（夹层、井）及自备发电机房。

8.5.3 气体灭火系统的灭火原理

气体灭火系统灭火的基本机理是冷却、窒息、隔离和化学抑制。前三种灭火作用主要是物理过程，后一种是一个化学过程。气体灭火系统结构如图 8-37 所示。

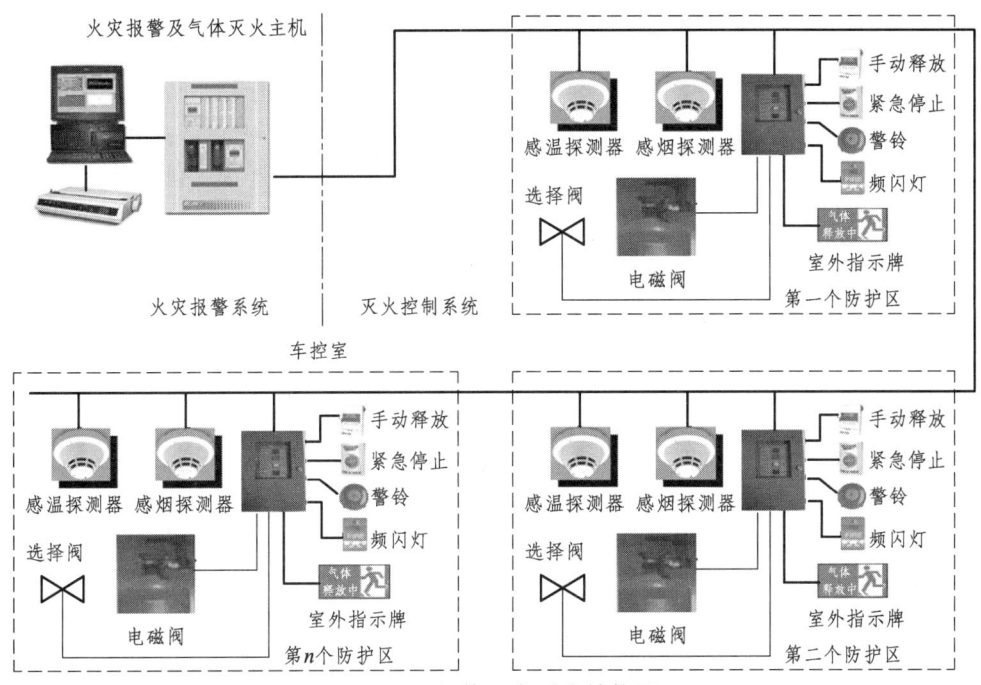

图 8-37 气体灭火系统结构图

（1）CO_2 灭火系统主要是通过物理作用来灭火的，既通过稀释氧气浓度窒息燃烧和冷却作用来灭火的。

（2）卤代烷 1211、1301 灭火系统是通过化学抑制作用来灭火的。

（3）卤代烃 HFC-227ea 灭火系统主要通过物理作用和部分化学作用来灭火的。

（4）IG-541 等惰性气体灭火系统主要是通过稀释氧气浓度、隔绝空气等窒息作用来灭火的。灭火的基本机理是冷却、窒息、隔离和化学抑制。前三种灭火过程主要是物理过程，后一种是一个化学过程。

8.5.4 气体灭火系统防护区的要求

1. 防护区安全要求

为了防止灭火剂对停留在防护区的人员产生危害，全淹没气体灭火系统的防护区应采取一定的安全措施。气体灭火管网示意图如图 8-38 所示。

（1）防护区内应设火灾声报警器，必要时，防护区的入口处应设光报警器，其报警时间不宜少于灭火过程所需的时间，并应能以手动方式解除警报。

（2）防护区入口处应设灭火系统防护标志，防护标志应标明灭火剂释放对人的危害，遇到火灾应采取的自我保护措施以及其他注意事项。

（3）防护区入口处应设灭火剂喷放指示灯，提示人们不要误入防护区。

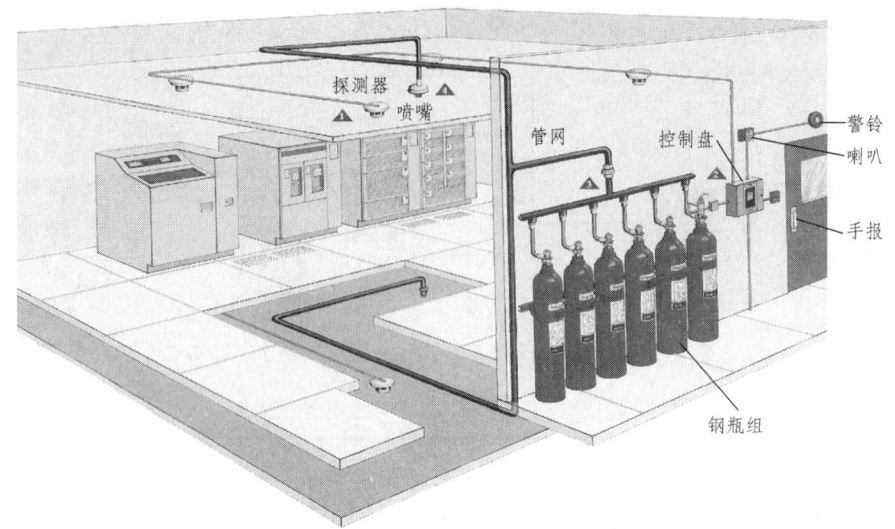

图 8-38 气体灭火管网示意图

（4）防护区应有能在 30 s 内使该区域人员疏散完毕的走道与出口，在疏散走道与出口处，应设火灾事故照明和疏散指示标志。

（5）防护区的门应向疏散方向开启，并能自行关闭，且保证在任何情况下均能从防护区打开。

（6）灭火后的防护区应通风换气，地下防护区和无窗或固定窗扇的地上防护区，应设机械排风装置，排风口宜设在防护区的下部并应直通室外。

（7）设有气体灭火系统的建筑物应配备专用的空气呼吸器。

（8）有人工作的防护区，其灭火设计浓度或实际使用浓度不应大于最小安全浓度。

2. 防护区设置体积要求

（1）防护区宜采用单个封闭空间，同一区内的吊顶层地板下和室内空间应合为一个防护区。

（2）FM200、IG541、热气溶胶采用预制灭火时，一个防护区面积不宜大于 500 m^2，容积不宜大于 1 600 m^3。

（3）FM200、IG541、采用管网灭火时，一个防护区面积不宜大于 500 m^2，容积不宜大于 1 600 m^3。

（4）二氧化碳没有具体要求。

8.5.5 气体灭火系统的组成

1. 组合分配系统组成

气体灭火系统由灭火剂储存装置、启动装置、灭火剂输送管道及喷嘴、紧急启停按钮、声光报警及喷放指示灯、火灾探测器、火灾报警联动控制器等组成（图8-39）。

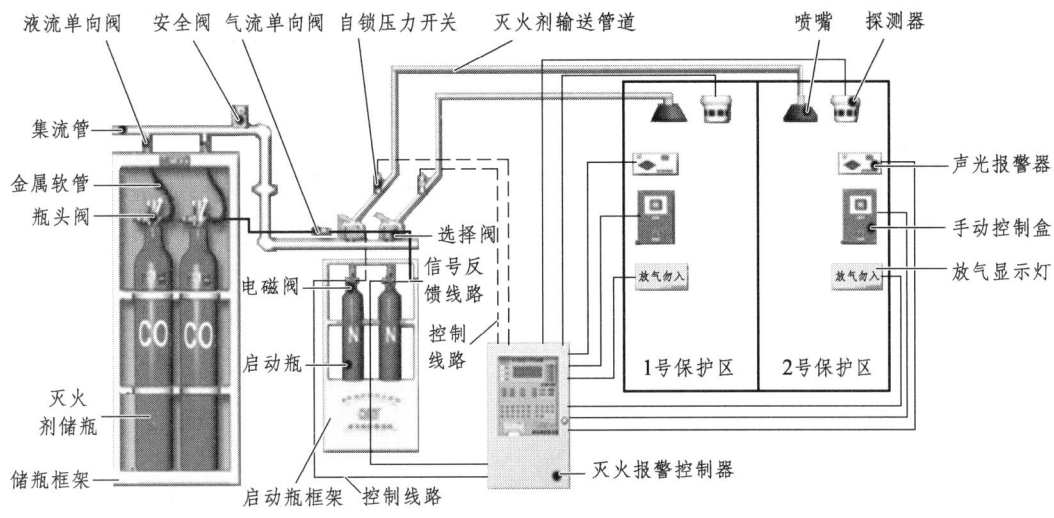

图8-39 气体灭火系统的组成

低压CO_2自动灭火系统由灭火剂储存装置（包括制冷机组、液位仪、压力指示装置、安全泄压阀、充装阀、平衡阀等部件）、装置控制柜、主阀、选择阀、维修阀、机械应急启动装置、安全泄压阀、喷嘴、管道及管道附件等组成（见图8-40和图8-41）。

图8-40 灭火剂储存装置

图8-41 灭火剂储存容器

2. 气体灭火设备主要组件

（1）灭火剂储存容器。

灭火剂储存容器（见图8-41）长期处于充压工作状态，它是气体灭火系统的主要组件之一，对系统能否正常工作影响很大。灭火剂储存容器既要储存灭火剂，同时又是系统工作的动力源，为系统正常工作提供足够的压力。

（2）容器阀。

容器阀是指安装在灭火剂储存容器出口的控制阀门，其作用是平时用来封存灭火剂，火灾时自动或手动开启释放灭火剂[见图8-42（a）]。

（3）电磁瓶头阀。

该阀安装在启动钢瓶上，用以密封启动钢瓶内的启动气体[见图 8-42（b）]。火灾时，控制器发出灭火指令，打开电磁阀，启动气体释放打开灭火剂储存容器上的容器阀及相应的选择阀。

（4）选择阀。

选择阀是组合分配系统中用来控制灭火剂释放到起火防护区的阀门[见图 8-42（c）]。选择阀平时都是关闭的，选择阀的启动方式有气动式和电动式。无论电动式或是气动式选择阀，均应设手动执行机构，以便在自动失灵时，仍能将阀门打开。该选择阀是一种气动快开阀，其工作原理为当控制气体推动驱动气缸活塞，带动曲柄动作，使转轴旋转，主阀处于可开启状态，在灭火剂压力作用下主阀打开，释放灭火剂，应急时，可直接扳动手柄打开选择阀，释放灭火剂。

（5）单向阀。

单向阀分为液流单向阀和气流单向阀[见图 8-16（d）]。液流单向阀可防止灭火剂回流到空瓶或从卸下的储瓶接口处泄漏灭火剂。气流单向阀用以控制启动气体流向来开启相应阀门。

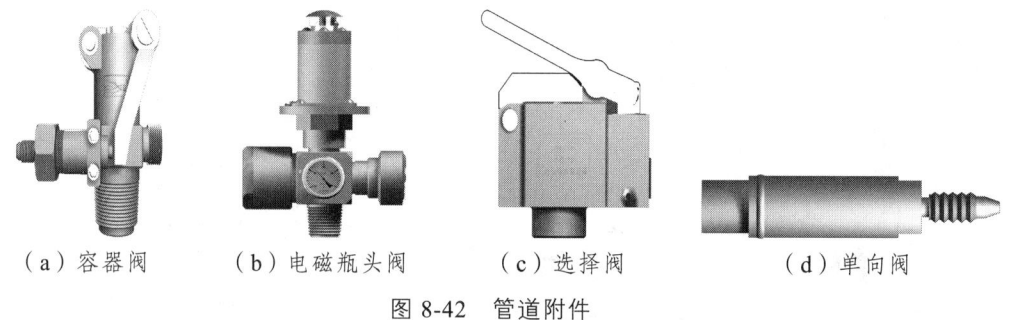

(a) 容器阀　　(b) 电磁瓶头阀　　(c) 选择阀　　(d) 单向阀

图 8-42　管道附件

8.5.6　气体灭火系统控制

1. 气体灭火控制要求

（1）管网灭火系统应设有自动、手动和机械应急操作三种启动方式，无管网应设有手动和自动两种启动方式。

（2）自动控制应在接到两个独立的火灾信号后才能启动；手动控制应装在防护区外便于操作的地方；机械应急操作装置应设在钢瓶间内或防护区外便于操作的地方，且能在一地完成全部操作。

（3）气体灭火系统的控制应包括与该系统有关的开口、通风机械和防火阀等的联动控制。

（4）备用灭火剂储存容器与主储存容器，应连接于同一集流管上，并应设置能切换使用的装置。

（5）灭火系统应在接到两个火警信号后延 30 s 后启动。

2. 自动控制

将灭火控制器上的控制方式选择键拨至"自动"位置，灭火系统则处于自动控制状态。当保护区发生火情时，火灾探测器发出火灾信号，经报警控制器确认后，灭火控制器即发出声、光报警信号，同时发出联动指令，相关设备联动，经过一段延时时间，发出灭火指令，打开电磁瓶头阀释放启动气体，启动气体通过启动管路打开相应的选择阀和瓶头阀，释放灭火剂，实施灭火。

3. 手动控制

将灭火控制器上的控制方式选择键拨至"手动"位置，灭火系统则处于电气手动控制状态。当保护区发生火情时，可按下手动控制盒或灭火控制器上"启动"按钮，灭火控制器即发出声光报警信号，同时发出联动指令，相关设备联动，经过一段延时时间，发出灭火指令，打开电磁瓶头阀释放启动气体，启动气体通过启动管路打开相应的选择阀和瓶头阀，释放灭火剂，实施灭火。

4. 机械应急操作

当保护区发生火情且灭火控制器不能有效地发出灭火指令时，应立即通知有关人员迅速撤离现场，打开或关闭联动设备，然后拔除相应保护区电磁瓶头阀上的止动簧片，压下电磁瓶头阀手柄，即打开电磁瓶头阀，释放启动气体。启动气体打开相应的选择阀、瓶头阀，释放灭火剂，实施灭火。如此时遇上电磁瓶头阀维修或启动气体储瓶充换氮气不能工作时，可手动压下相应保护区的选择阀手柄，敲开压臂，打开选择阀。然后，再扳动相应瓶头阀上的手柄，打开瓶头阀，释放灭火剂，实施灭火。

8.6 干粉灭火系统

8.6.1 干粉灭火剂的类型

干粉灭火剂按应用范围可分为普通型和多用型两大类。

1. 普通型干粉灭火剂

普通型干粉灭火剂是目前生产量最大、应用最普遍的干粉灭火剂。这类灭火剂可扑救 B 类（可燃液体）火灾、C 类（可燃气体）火灾和电气火灾，因而又称为 BC 干粉。属于这一类的干粉灭火剂有：

以碳酸氢钠为基料的钠盐干粉（小苏打干粉）灭火剂。

以碳酸氢钾为基料的紫钾盐干粉灭火剂。

以氯化钾为基料的超级钾盐干粉灭火剂。
以硫酸钾为基料的钾盐干粉灭火剂。
以碳酸氢钠和钾盐为基料的混合型干粉灭火剂。
以尿素和碳酸氢钠（或碳酸氢钾）的反应产物为基料的干粉（毛耐克斯 Monnex 干粉）。

2. 多用型干粉灭火剂

这类干粉灭火剂除可扑救 B、C 类火灾外，还可扑救一般固体火灾（A 类火灾），因而又叫作 ABC 干粉。

ABC 干粉虽然可以扑救一般固体物质火灾，但是对一般固体物质深层火或阴燃火，由于干粉抗复燃性差，喷射时间短，不能达到满意的灭火效果。

属于这一类的干粉灭火剂有：

（1）以磷酸盐（磷酸二氢铵等）为基料的干粉灭火剂。
（2）以磷酸铵与硫酸铵混合物为基料的干粉灭火剂。
（3）以聚磷酸铵为基料的干粉灭火剂。

8.6.2 干粉的灭火原理

干粉在动力气体（氮气、二氧化碳或燃气、压缩空气）的推动下射向火焰进行灭火。在灭火过程中，粉雾与火焰接触、混合，发生一系列物理和化学作用，其灭火原理主要有以下三方面：

1. 对有焰燃烧的抑制作用

有焰燃烧是一种链式反应过程。OH^- 和 H^- 是维持燃烧链式反应的关键自由基。干粉灭火剂中的无机盐在燃烧区与火焰混合时，可以同时捕获 OH^- 和 H^-。当 OH^- 和 H^- 被干粉灭火剂消耗的速度大于其生成速度，那么 OH^- 和 H^- 很快被耗尽，链式反应被终止，火焰即告熄灭。

2. 对表面燃烧的灭火作用

以磷酸铵盐为基料的干粉灭火剂不仅可以扑灭有焰燃烧，而且还能扑灭一般固体物质的表面燃烧。以磷酸二氢铵为例，其晶体粉粒落到灼热的燃烧物表面时，反应所生成的偏磷酸（HPO_3）和聚磷酸盐在固体表面高温作用下被熔化并形成一个玻璃状覆盖层，它能渗透到燃烧物表面的细孔中。这层玻璃状覆盖层将固体表面与周围空气中的氧隔开，使燃烧窒息。

3. 其他作用

干粉灭火剂在高温作用下会发生一系列分解反应，在燃烧区吸收大量的热量，并放出大量水蒸气和二氧化碳气体，起到冷却和稀释可燃气体的作用。

8.6.3 干粉的特性

用于生产干粉的各种原料和添加剂对生物无明显毒害。例如适用于扑救 A、B、C 类火灾和带电设备火灾的磷酸铵盐干粉灭火剂，对人畜无害。但需注意在有人活动场所喷放时会降低能见度并影响呼吸。

干粉的粒度、松密度、斥水性、电绝缘性、喷射性能及灭火效能均应符合相应的标准。干粉与不相容的灭火剂不能混合使用，不相容的灭火剂如表 8-2 所示。

表 8-2 不相容的灭火剂

类 型	不相容的灭火剂	
干粉与干粉	磷酸铵盐	碳酸氢钾、碳酸氢钠
干粉与泡沫	碳酸氢钾、碳酸氢钠	蛋白泡沫、化学泡沫

8.6.4 干粉灭火系统的分类、工作原理及组成

1. 干粉灭火系统的分类

（1）干粉系统按驱动气体的储存方式可分为：
① 加压型干粉灭火系统：借助单独储存在储气瓶内高压气体压力喷放灭火剂。
② 储压型干粉灭火系统：灭火剂与驱动气体共同储存在同一容器内。
③ 燃气型干粉灭火系统：借助于燃气发生器内固体燃料生成的气体压力驱动灭火剂。

（2）按其安装方式可分为：
① 固定式干粉系统：系统组件全部固定安装。
② 半固定式干粉系统：干粉供应源或喷放器件可移动而其余组件固定安装。

（3）按喷放方式分为：
① 全淹没干粉系统。
② 局部喷射干粉系统。又可分为槽边喷射和高架喷射两类。

此外，干粉系统还可按充装灭火剂的种类分为碳酸氢钠干粉系统、磷酸铵盐干粉系统、氨基干粉系统、氯化钾干粉系统和氯化钠干粉系统等。

2. 干粉灭火系统的工作原理

当保护对象着火温度上升到一定数值后，火灾探测器发出信号，打开启动瓶，同时，报警喇叭发出音响警报。这时，启动瓶中的气体通过止回阀把先导瓶打开。此时，先导瓶中的高压气体进入集气管，使得管中压力迅速上升。当集气管中压力上升到一定数值

后，其余 5 只动力气瓶同时打开，高压气体经集气管、高压阀进入减压阀，经减压后通过球阀甲进入干粉罐。同时，集气管中少量气体经减压器乙和过滤器后分成两路，一路进入单向气动放大器，另一路进入气动定压发信器。当干粉罐的压力上升到规定压力后，定压发信器给出信号使单向气动放大器动作。这时，气体通过放大器推动气缸甲、乙，把球阀乙、丙同时打开。于是，干粉罐中的粉气混合流经球阀乙、输粉管和喷嘴喷洒到保护对象表面。同时，动力气瓶内的高压气体又经过球阀丙从干粉罐的顶部直接进入，以加速干粉的喷射速度。干粉灭火系统的工作原理如图 8-43 所示。

此外，还可以用手动方式，直接把动力气瓶打开，排出高压气体，实施向干粉罐充气、充压，喷洒干粉等动作。

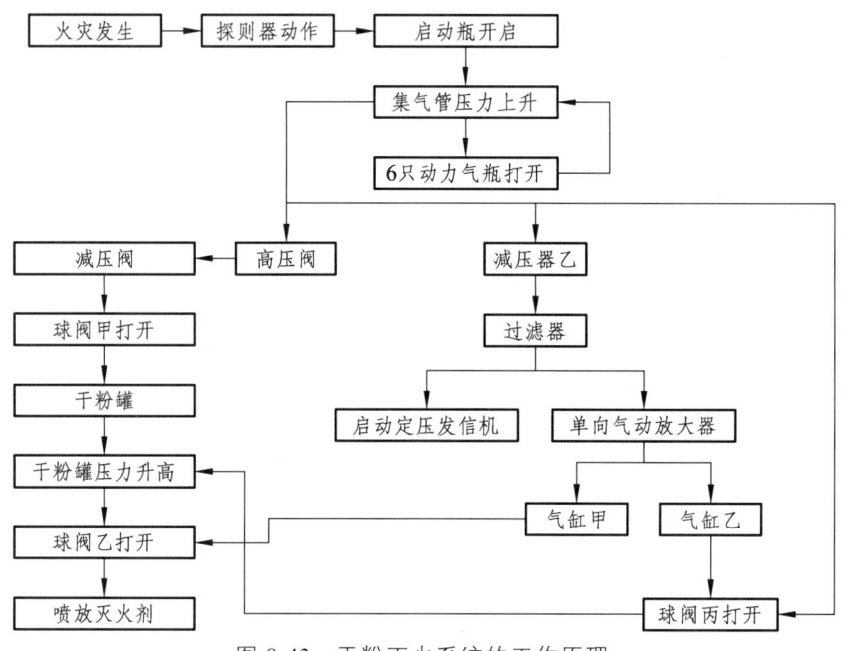

图 8-43 干粉灭火系统的工作原理

3. 干粉灭火系统的组成

干粉系统一般由灭火设备和自动控制设备两部分组成。灭火设备由干粉罐、动力气瓶、减压阀、过滤器、阀门、输粉管道、喷嘴（喷枪）等构成；自动控制设备包括火灾探测器、报警控制器、启动瓶等。

（1）干粉罐。

干粉罐平时密封储存干粉，灭火时，加压气体（即高压不燃气体，如氮气、二氧化碳等）进入罐内，使罐内干粉剧烈搅动。当罐内气压上升到工作压力时便自动打开出粉管上的阀门，干粉即被加压气体冲出形成粉、气混合流，再经输粉管由喷嘴喷出灭火剂。

干粉罐多为两端是椭圆封头的钢制圆柱形容器或球形钢制容器。罐上设有装粉口、出粉口、进气口、安全阀、压力表、清扫口等。外表面应涂以大红面漆。工作压力一般为 1.5~2.0 MPa。其容积有 300 L、1 000 L、2 000 L 等。

（2）出粉管。

出粉管的出口一般设在干粉罐的上部或顶部，但出粉管的进粉嘴设在干粉罐内中心下部，进粉嘴与干粉罐底部的距离是影响余粉量和粉气流流动的重要参数，一般应通过试验确定。

常见的进粉嘴有直管形、锐角形、喇叭形三种。

上述三种进粉嘴中，喇叭形进粉嘴性能最好。但小型干粉罐的进粉嘴增加一点局部阻力损失对动力气体用量不会产生明显影响，所以现在生产的小型干粉灭火设备仍多采用直管形和锐角形进粉嘴，大型干粉灭火设备，则采用喇叭形进粉嘴。

（3）进气阀。

进气阀设在干粉罐底部出粉嘴周围，小型罐只设一个，大型罐需设 3~4 个进气阀。进气阀与出粉嘴的相对位置需通过试验确定。

如果进气阀与出粉嘴距离过小，粉气比混合小，即气体中干粉灭火剂的输出量少，干粉灭火设备不能发挥正常灭火效能。

进气阀与出粉嘴距离过大，粉气混合比大，则可能产生粉堵，使干粉灭火设备不能正常工作。

（4）超压安全保护装置。

干粉罐的工作压力一般为 1.5~2.0 MPa，动力瓶中的高压气体一般高达 13~15 MPa，在进入干粉罐前须经减压器减压。但考虑到可能因设备故障使干粉罐超压，所以必须设超压安全保护装置，即设安全阀或安全膜片等。

一般选用弹簧式安全阀，为防干粉堵塞安全阀进口造成安全阀失灵，应将安全阀安装在干粉贮罐顶部无干粉部位。

其动作压力上限应不大于干粉罐最大工作压力的 1.35 倍，下限应不小于干粉罐最大工作压力的 1.1 倍。

（5）动力气瓶。

干粉灭火设备的控制、干粉输送、使用后的管网清扫都需使用压力气体。大型干粉灭火设备采用氮气作动力，小型干粉灭火设备一般采用二氧化碳作动力。但由于二氧化碳气瓶要求一定的温度环境，所以多数干粉灭火设备采用氮气作动力。当以氮气作动力时，喷射 1 kg 干粉一般需用标准状态下的氮气 30 L，加上工作后清扫管道 10 L，共需约 40 L；当以二氧化碳为动力时，喷射 1 kg 干粉一般需用标准状态下的二氧化碳气 30 L，清扫管道 20 L，共需约 50 L。设计时，尚应根据管道的长度和内容积调整气体用量。

大型干粉灭火设备常用 40 L 氮气瓶作动力瓶，气体储存压力为 13~15 MPa。瓶头阀的开启压力为 1.2~2.0 MPa。这种气动阀门的密封性能较好，在日常使用中应注意防止灰尘、污物沾染。

（6）减压阀。

减压阀的作用是将动力气瓶输送的 13~15 MPa 高压气体减至 1.0~2.0 MPa 后，供给干粉储罐作动力。当干粉储罐内的压力达到工作压力时．减压阀在背压作用下关闭主阀门停止供气,当干粉储罐内的压力降至工作压力以下时,减压阀主阀门又自动开启恢复供气。

常用的减压阀有活塞式减压阀和气体平衡式减压阀,在规定的进口压力下,其出口压力可在所需范围内调节。

减压阀的进口、出口都必须安装阀门,进口端阀门的有效直径不应小于 15 mm,出口端阀门的有效直径不应小于 20 mm。减压阀启动前,应关闭进、出口端阀门,使调节螺钉处于自由状态,然后缓慢开启进口端阀门,观察高压表读数。调节减压阀的调节螺钉,观察出口端低压表读数,调至所需压力后,即可打开低压端阀门供气。当其入口压力为储气瓶公称工作压力时,其流量应能满足干粉罐的充压时间:当干粉罐额定充装量小于等于 1 000 kg 时不大于 30 s;干粉罐额定充装量大于 1 000 kg 时不大于 45 s。

（7）起动瓶。

起动瓶由瓶体和控制阀组成,工作压力为 15 MPa,减压器低压端的压力可在 0～4.0 MPa 内调节。起动瓶平时给充气的火灾探测管道补气,火灾发生时,探测器的低熔点合金熔化脱落,探测管道中的气体泄出,压力下降,处于关闭状态的活塞阀被开启,气体通过连接报警器的管道使报警器发出报警讯号;气体同时通过管道流向动力气瓶开启气瓶阀门。

（8）干粉喷嘴。

干粉喷嘴用耐腐蚀材料制造,主要有直流型、扩散型和扇型三种形式。直流型喷嘴喷出的粉气流呈柱状,射程较远,随着喷射距离的增大逐渐扩散开来,扇型喷嘴喷出的粉气流呈扇形,射程较直流型喷嘴短。扩散型喷嘴喷出的粉气流呈伞状,射程最短。应根据不同保护对象作适当选择。

（9）管材和阀门。

干粉灭火系统的管道分为气体管道和干粉管道。气体管道联接启动装置、动力气瓶、干粉罐等组件。动力气瓶与减压器间的管道压力一般为 15 MPa 左右,减压器至干粉储罐间的管道工作压力一般为 2 MPa 左右,这两种气体管道均应采用铜管,且在减压器和减压阀前要加装过滤器。

干粉罐至喷嘴间的管道为干粉管道,包括总管、干管和支管。应采用镀锌钢管。干粉管道上的阀门都用球阀。选时应保证阀门的通径与干粉管道内径一致,以免造成阻粉堵塞。

8.6.4 干粉灭火系统的设置范围

（1）输油管、反应塔、换热站、煤气站、石油气灌装站。

（2）汽车库、燃油锅炉房、淬火油槽、洗油槽、反应锅、机器房、加油站、液化气站、危险品库及苯库等。

（3）变压器、断路器。

（4）印刷厂、造纸厂干燥炉、纺织厂等。

干粉灭火系统可根据不同的保护对象选择充装干粉灭火剂，可用于扑救 A、B、C、D 类火灾和带电设备火灾。由于干粉能抑制中断有焰燃烧的链式反应过程，所以灭火迅速，但干粉的冷却作用较小。所以干粉灭火系统常和自动喷水灭火系统或其他灭火系统联用，以扑灭阴燃的余烬和深位火灾，防止复燃。

干粉不适用于扑救精密的电气设备火灾，因干粉有一定的腐蚀性和不易清除的残留物，可能损坏此类设备。

干粉具有不导电、不腐蚀、扑救火灾迅速等特点，因而干粉灭火系统主要用于扑救可燃气体和可燃、易燃液体火灾，也适用于扑救电气设备火灾。此外，干粉灭火系统不用水，不怕冻，也不用动力电源。所以，对于缺少水源、电源的地区或严寒地区，是一种较为理想的灭火设施。

8.7 自动消防水炮灭火系统

自动消防水炮灭火系统是一套集火灾报警系统、视频监控、自动灭火等为一体的系统。该系统是综合运用红外和紫外传感技术、通信、机械传动、系统控制等高新技术，内置 CPU 及智能算法，具有分析真伪火情的功能，能够快速准确的判断出早期火灾，并主动灭火的系统。该设备能够全天候监控保护范围的火情，能自动启动系统灭火，并进行全方位扫描，在 30 s 内判定着火点，并精确定位射水灭火，同时发出信号，联动水泵、电磁阀等消防设施动作，扑灭后能自动停止喷水，并可重复启停，是一种新型高效的大空间灭火产品。消防水炮如图 8-44 所示。

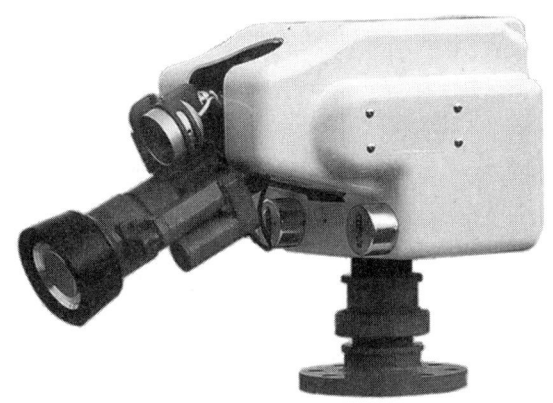
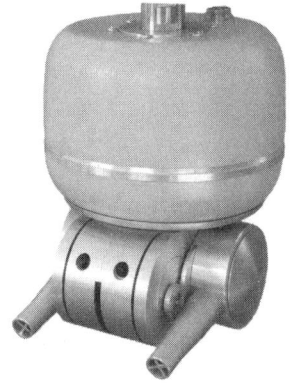

自动消防水炮灭火系统动画

图 8-44　消防水炮

8.7.1 自动消防炮灭火系统的特点

(1)自动跟踪定位射流灭火装置通过三级探测器完成对火源的定位,定位可靠、准确。

(2)自动跟踪定位射流灭火装置射水水量集中,灭火准确,扑灭早期火灾效果好,适用于轻、中危险等级火灾场所。

(3)自动跟踪定位射流灭火装置具有通信功能,可实现远程监控。

(4)具有单机运行、自成系统、接入其他报警系统多种工作方式,适应范围广。

(5)可以通过视频管理系统或现场手动控制箱进行自/手动控制。

自动消防炮灭火系统应作为建筑物(灭火系统的一个子系统)火灾自动报警系统的一个子系统,兼有大空间火灾(探测)控制和灭火功能,是将火灾报警信号及其他相关信号送至建筑物消防中心,并联动控制相关区域消防设备的一个系统。自动消防炮灭火系统通过数据接口与建筑物火灾自动报警系统相连,将二者结合起来综合考虑。如图 8-45 所示。

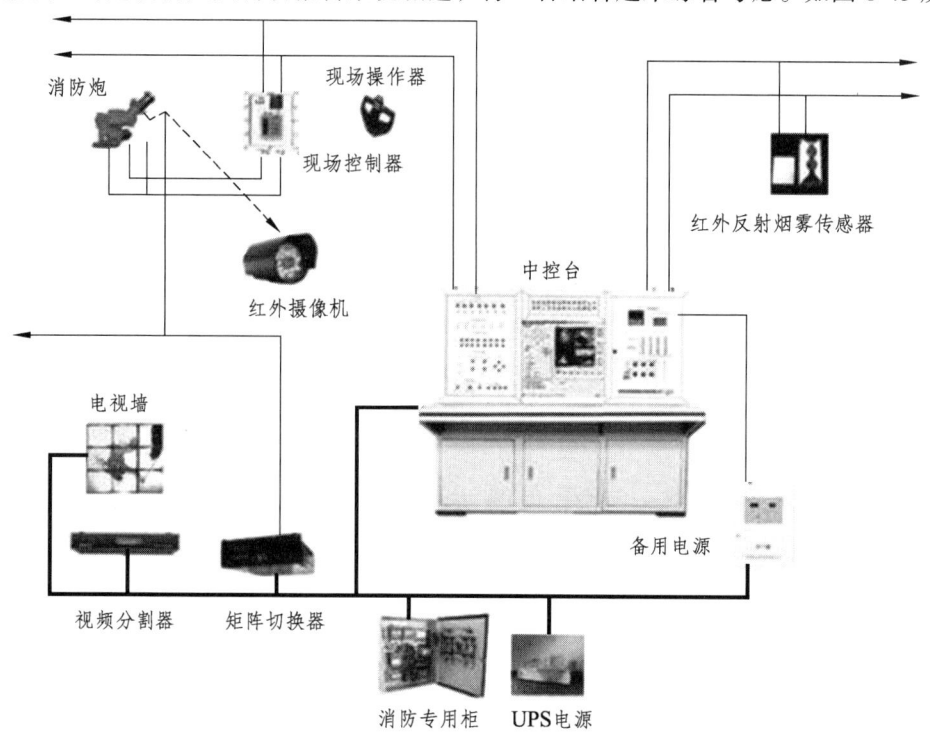

图 8-45 自动消防炮灭火系统

常规火灾探测器由于火灾燃烧产物在空间传播受空间高度和面积的影响,常常当火灾发展到相当的程度,探测器才能感应,难以实现早期火灾探测报警的需求;在环境存在干扰的情况下(灰尘、电磁干扰、水蒸气、空调、光干扰、震动等),现行的常规火灾探测器难以正常发挥效用,常发生误报现象。自动消防炮灭火系统采用适合于高大空间的双波段火灾探测器和线型光束图像感烟火灾探测器,与自动消防炮配套,并进行联动,实现消防炮快速自动定位灭火的功能。

双波段火灾探测器属于智能型火灾探测设备，具有火焰探测功能，适用于大空间和其他特殊空间场所，如图 8-46 所示。它由红外 CCD 和彩色双波段火灾探测器 CCD 组成，可将采集到的红外视频图像信号/彩色视频图像信号传送给信息处理主机，使火灾探测和图像监控得到有机的结合。报警灵敏度可现场编程灵活设定，以满足不同场所需要。双波段火灾探测器采用非接触式探测，可以在防护罩内安装，具有防尘、防潮、防腐蚀功能，对环境因素适应能力强（灰尘、潮湿、温度、一般腐蚀性气体或防爆场所等），可用于环境恶劣的工业场所。

图 8-46 双波段火灾探测器

线型光束感烟火灾探测器利用红外线组成探测源，利用烟雾的扩散性可以探测红外线周围固定范围之内的火灾，线型光束感烟探测器通常是由分开安装的、经调准的红外发光器和收光器配对组成的；其工作原理是利用烟雾减少红外发光器发射到红外收光器的光束光量来判定火灾，这种火灾探测方法通常被称作烟减光法，红外光束感烟探测器又分为对射型和反射型两种。

线型光束感烟探测器主要有下述三种：

第一种形式是线型光束感烟探测器的两端都设有电源，即设有 2 个电源，而且每个电源都要有主电和备电，还设有一个低电平控制器。该系统需要定期维护和检查。因而，其成本或造价较高。

第二种形式是线型光束感烟探测器的红外发光器由红外收光器供电。这意味着发光器发出的红外脉冲与收光器收到的红外脉冲同步，从而可以最大限度地免除外部光源的干扰。其优点是红外发光器直接由该探测区域上的通用电源供电，不需要外部电源。另外，在报警状态解除后，可不必通过远程复位信号线来复位红外发光器发出的红外光束；相反，在火灾报警盘复位时探测区域上的电压下降可使光束自动复位。

第三种形式线型光束感烟探测器是由收发光器和反光板组成的线型光束感烟探测器，收发光器和反光板两者之间的安装距离在 5~100 m，收发光器发光源部分发出的红外光束撞到反光板上后，便返回到收发光器的收光部分，两者之间无信号传输线路。其优点是该形式的线型光束感烟探测器同样直接由该探测区域上的通用电源供电，不需要外部电源。另外，这种形式的线型光束感烟探测器同样具有上述第二种形式线型光束感烟探测器的自动复位光束的特点。这种形式的火灾探测方法仍属烟减光法。

8.7.2 消防炮灭火系统的工作原理

当消防水炮系统进入场所监控状态时，火灾探测器不断进行巡检，一旦发生火情，火灾探测器立即给计算机发出报警信息。计算机在接收到报警信号后，全方位地进行巡回扫描寻的，精确定位，并驱动灭火装置把喷口迅速准确地瞄准火源，继而自动启泵、开阀，把灭火剂及时、准确地喷向着火点，瞬时间即可把初燃的火源扑灭，若有新的火源，灭火装置将重复上述灭火过程，待全部火源扑灭后又重新回到监测状态。确保把火灾的苗头扼灭在初萌状态，使之不能成灾。图 8-47 是 SZP 型视频自动大空间消防水炮灭火系统工作流程图。

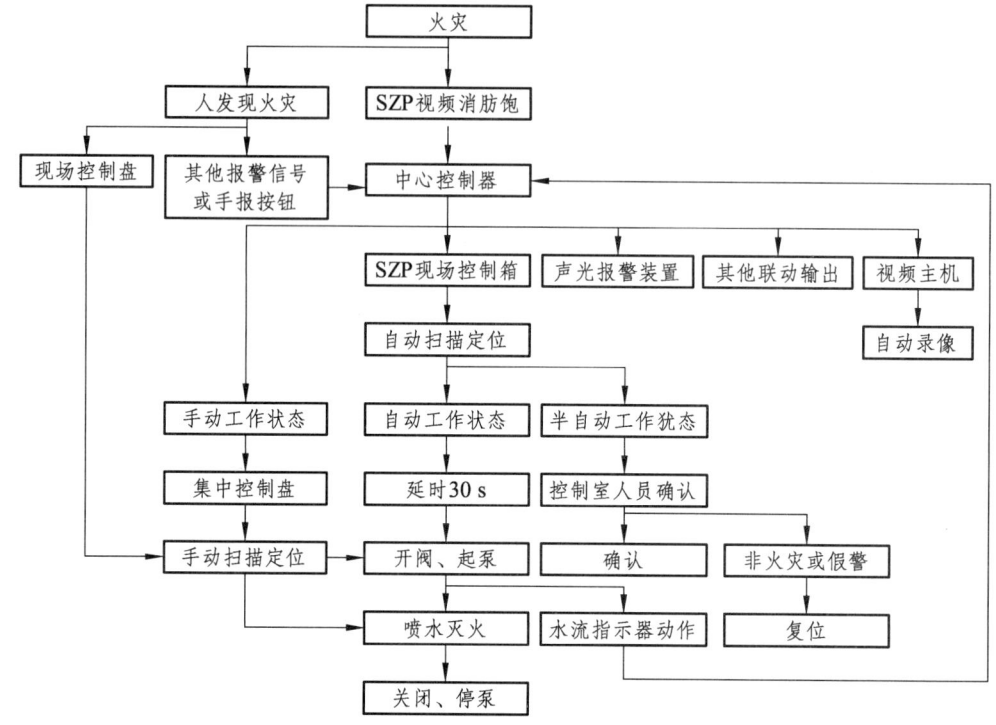

图 8-47　是 SZP 型视频自动大空间消防水炮灭火系统工作流程图

8.7.3　消防炮灭火系统的适用环境

（1）无遮挡的大空间或有特殊要求的房间，宜选择红外光束感烟探测器。

（2）符合下列之一的场所，不宜选择红外光束感烟探测器：有大量粉尘、水雾滞留；可能产生蒸气和油雾；在正常情况下有烟滞留；探测器固定的建筑结构由于振动等会产生较大位移的场所。

（3）下列场所或部位，宜选择线型感温火灾探测器：公路隧道、铁路隧道等不易安装点型探测器的夹层、闷顶；其他环境恶劣不适合点型探测器安装的危险场所。

（4）下列场所或部位，宜选择缆式线型感温火灾探测器：电缆隧道、电缆竖井、电缆夹层、电缆桥架；配电装置、开关设备、变压器等；各种皮带输送装置。

（5）下列场所或部位，宜选择空气管式或线型光纤感温火灾探测器：存在强电磁干扰的场所；除液化石油气外的石油储罐等；需要设置线型感温火灾探测器的易燃易爆场所；需要监测环境温度的电缆隧道、地下空间等场所宜设置具有实时温度监测功能的线型光纤感温火灾探测器。

（6）要求对直径小于 10 cm 的小火焰或局部过热处进行快速响应的电缆类火灾不宜选择线型光纤感温火灾探测器。

（7）线型定温探测器的选择，应保证其不动作温度高于设置场所的最高环境温度。

8.8 消防系统常用设备

消防系统主要常用设备如表 8-3 所示，工艺冷却水系统主要设备如表 8-4 所示。

表 8-3 消防系统主要常用设备

类别	形 式	类别	形 式
室内消火栓	消防水池	雨淋系统	消防水池、屋顶高位水池
	消防泵组（控制阀、绕性接头、过滤器等）		消防泵组（控制阀、绕性接头、过滤器等）
	控制检修阀（闸阀、信号阀等）		控制检修阀（闸阀、信号阀等）
	减压阀组、雨淋阀组、试验阀		减压阀组、过滤器、雨淋阀组、试验阀
	开式喷头或水幕喷头		开式喷头
	水泵接合器		水泵接合器
喷淋系统	消防水池	水幕系统	消防水池、屋顶高位水池
	消防泵组（控制阀、绕性接头、过滤器等）		消防泵组（控制阀、绕性接头、过滤器等）
	控制检修阀（闸阀、信号阀等）		控制检修阀（闸阀、信号阀等）
	减压阀组、湿式报警阀组、水流指示器		减压阀组、过滤器、雨淋阀组、试验阀
	喷淋头		开式喷头或水幕喷头
	末端试水装置、试水阀		水泵接合器
	水泵接合器	泡沫·喷淋联用系统	泡沫液罐
	稳压系统（稳压泵、气压罐）		泡沫液控制阀
水喷雾系统	消防水池、屋顶高位水池		比例混合器、泡沫液管道
	消防泵组（控制阀、绕性接头、过滤器等）	消防水炮	消防泵、稳压罐、水箱、水炮等
	控制检修阀（闸阀、信号阀等）	室外消防	消防水池
	减压阀组、过滤器、雨淋阀组、试验阀		消防泵组（控制阀、绕性接头、过滤器等）
	水雾喷头		控制检修阀（阀门井、阀门套筒）
	水泵接合器		室外消火栓（地上式、地下式、井）

表 8-4 工艺冷却水系统主要设备

类别	组成	说明
工艺冷却水系统	循环水箱	高温水箱、低温水箱
	循环水泵	为换热器及工艺设备用水提供动力
	换热器	负责将高温水转换为低温的冷却水
	稳压罐	保证系统管网压力
	过滤器	过滤大颗粒物质防止其进入生产线

8.9 城市轨道交通常用消防设备简介

8.9.1 路轨两用消防车

由于城市轨道交通体系、结构复杂、环境封闭、人员密集，导致其应急救援比较困难。用于扑救地铁或其他轨道火灾的消防装备——路轨两用消防车（也称轨道消防车）越来越受关注。

路轨两用消防车（图 8-48），也叫地铁消防车，专业用于地铁消防作业，也可用于普通路面及隧道的消防作业。路轨两用消防车的特点就是更便捷，可以适应多种不同的行驶环境，对于在关键时刻更好地完成整个救援任务有极大的保障。

图 8-48 路轨两用消防车

路轨两用消防车在没有火警时停在地铁消防局里，遇到火警由专业的路轨消防员驾驶灭火，是地铁消防及隧道消防主要依赖的消防装备。路轨两用消防车按照用途可分为水罐路轨消防车、泡沫路轨消防车、水罐-泡沫联用路轨消防车等。路轨消防车进入地铁隧道后，驾驶员操纵按钮，4 个轮子就会降下，然后车体升高，车辆就可以在轨道上以最快每小时 50 千米的速度行驶。路轨消防车因作业条件要求,需要选择射程高的消防泵,一般我国所装备的路轨消防车采用 FPN10-3000 消防泵,充分达到射程最远的优点。

8.9.2　消防救援机器人

消防机器人融合了机械工业、计算机技术、电子技术、控制理论和人工智能等技术,其发展经历了三个阶段:第一代程序控制的消防机器人,第二代具有感觉功能的消防机器人以及初级第三代智能消防机器人。

消防机器人属于特种机器人范畴,具备爬坡、登梯及障碍物跨越,耐温和抗热辐射,防雨淋、防爆、防腐蚀、防干扰,遥控行走和自卫等功能,可以代替消防员在恶劣环境中进行火场侦察、化学危险品探测、灭火、冷却、搬移物品、堵漏等作业,保障消防员安全,提升抢险救灾能力。

目前,消防机器人的智能化是世界各国主要研究方向。消防机器人的功能主要围绕火源认定、火源位置判定、到达火源位置、躲避障碍物、适当停位、供能以及驱动等技术要点实现,我国主流应用的为程序控制的消防机器人(见图 8-49)。德国的路虎 60 雪炮机器人主要用于隧道火灾、石油化工、地下建筑及其他火灾事故现场;原产于瑞典的布鲁克 50 破拆机器人,能在机器翻倒、支撑物不安全或非常热等不安全环境下进行破拆、挖掘、开槽、搬运物料,其有效作业区域在高 2.9 米、远 2.7 米的范围内,并可连续工作 500 个小时。

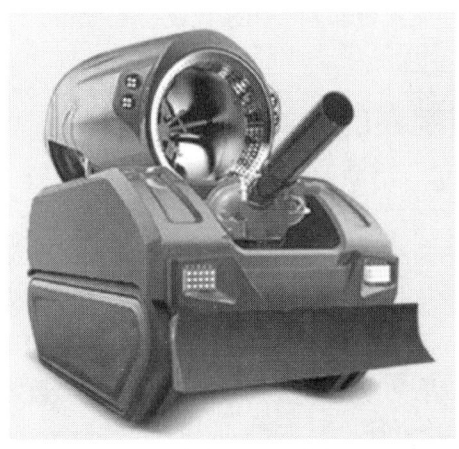

图 8-49　消防排烟灭火机器人

第 9 章

消防报警系统与其他系统的联动

9.1 消防联动控制器

城市轨道交通火灾隐患较大,一旦火灾发生,火势蔓延迅速,人员疏散逃生困难,救援难度大,消防人员很难确定起火点,火情控制难度高,极易造成巨大的人身和财产损失。城市轨道交通消防报警系统与其他系统的联动控制不仅能早期发现火情、报警,而且能够及时采取有效措施,控制和扑灭火灾,防止和控制烟气扩散。而消防联动控制器是消防联动控制设备的核心组件。它通过接收火灾报警控制器发出的火灾报警信息,按预设逻辑对自动消防设备实现联动控制和状态监视。

消防联动控制器可直接发出控制信号,通过驱动装置控制现场的受控设备。对于控制逻辑复杂,在消防联动控制器上不便实现直接控制的情况,通过消防电气控制装置(如防火卷帘控制器、气体灭火控制器等)间接控制受控设备。

9.1.1 消防联动控制器的分类

消防联动控制器可按结构形式、使用环境和防爆性能进行分类。

(1)按结构形式可分为柜式消防联动控制器、台式消防联动控制器和壁挂式消防联动控制器。

(2)按使用环境可分为陆用型消防联动控制器和船用型消防联动控制器。

(3)按防爆性能可分为防爆型消防联动控制器和非防爆型消防联动控制器。

消防联动控制器的工程设计、施工及验收应符合现行国家标准《火灾自动报警系统设计规范》(GB 50116—2013)和《火灾自动报警系统施工及验收标准》(GB 50166—2019)的有关规定。在选型和使用方面应根据使用场所特点和系统规模及用户需求分别选用柜式、台式、壁挂式消防联动控制器。壁挂式消防联动控制器通常用于中小规模的消防联动控制系统中。对于大规模或超大规模的消防联动控制系统,宜选用柜式或台式消防联动控制器。

此外,还应根据使用环境条件和某些特殊要求选用相应形式的消防联动控制器。对容易产生爆炸危险的环境应选用防爆型消防联动控制器;船用场所应选用船用型消防联动控制器。

9.1.2 消防联动控制器的主要功能

城市轨道交通各个车站的消防报警系统,处于 24 小时不间断的工作状态,其工作方式分为正常运行方式和非正常运行方式两种,且都具有手动和自动控制模式。由自动火灾报警系统和 EMCS/BAS 等系统联合完成针对不同火情的联动工作,控制盘通过触摸按钮开关或双联开关实现对系统的手动/自动控制转换,正常运行时才有自动控制。在自动控制模式下,当火灾报警时,车站消防设施按照火灾工况自动进入联动运行。消防联动控制器的主要功能是:

(1)接收报警信号、发出控制信号、启动声光指示、接收反馈信号。

消防联动控制器能接收来自火灾报警控制器的火灾报警信号,并发出火灾报警声、光信号。在非延时状态下能在 3 s 内向与其连接的各类受控设备发出启动信号,按设定的控制逻辑直接或间接控制该受控设备,同时发出启动光指示信号。消防联动控制器能接收受控设备动作后的反馈信号,并显示相应设备状态。

消防联动控制器能直接接收的报警信号有连接的启泵按钮、水流指示器、气体灭火系统启动按钮等相关触发器件发出的报警信号,显示其所在的部位,发出报警声、光信号,将报警信号发送到连接的火灾报警控制器。

(2)手/自动控制。

消防联动控制器能以手动或自动两种方式完成所有控制功能并指示状态。在自动方式下,手动插入操作优先。

消防联动控制器还具有直接手动控制单元。直接手动控制单元至少有六组独立的手动控制开关,每个控制开关对应一个直接控制输出。直接手动控制单元能独立使用时,受控设备的启动、反馈等各种工作状态均能在手动控制开关旁单独显示。直接手动控制单元不能独立使用时,受控设备除启动状态外的其他工作状态在手动控制开关旁单独指示,或在联动控制器的共用显示器上显示。

(3)预设逻辑。

消防联动控制器能通过手动或通过程序的编写输入启动的逻辑关系,对控制输出有相应的输入"或"逻辑和/或"与"逻辑编程功能。

(4)输出延时。

消防联动控制器可以对特定的控制输出功能设置延时,最长延时时间不超过 10 min,延时期间能手动插入并立即启动控制输出。

(5)气体灭火系统控制。

具备对管网气体灭火系统控制功能的消防联动控制器能显示管网气体灭火系统的手动、自动工作状态;在气体灭火系统的报警、喷射阶段分别发出相应的火灾声、光警报控制信号。

(6)信息记录。

具有信息记录功能的消防联动控制器能至少记录 999 条相关信息,在消防联动控制器断电后能保持 14 天。

（7）故障报警。

消防联动控制器具有故障报警功能，当外部连线和控制器电源有故障信号存在时，能在 100 s 内发出声、光故障信号，任一故障部分均不影响非故障部分的正常工作。

（8）自检。

消防联动控制器具有检查本机功能的自检功能。

（9）主备电转换。

消防联动控制器的电源有主电源和备用电源转换装置。当主电源断电时，能自动转换到备用电源；当主电源恢复时，能自动转换到主电源。

在非正常运行模式（交流供电失电等情况）消防报警系统 FAS 控制主机采用手动模式运行。当有火情报警情况发生时，工作人员要就地对联动设备进行单点操作。操作控制包括警铃、消防电话、消防广播、排烟阀、防火卷帘门、新风机、消防水泵、喷淋泵、电梯、扶梯、自动售检票机、门禁、非消防电源控制柜等。

车站消防自动报警系统 FAS 设置为联动控制，火灾的探测、报警与消防联动控制一体化，火灾自动报警系统自动实现火灾的自动探测、自动报警、发出警报，监控火灾时的排烟、防烟、防火阀等设备工作状态，联动消防设备，接收反馈信号，并将信息上送控制中心。火灾自动报警系统与消防联动构成框图如图 9-1 所示。

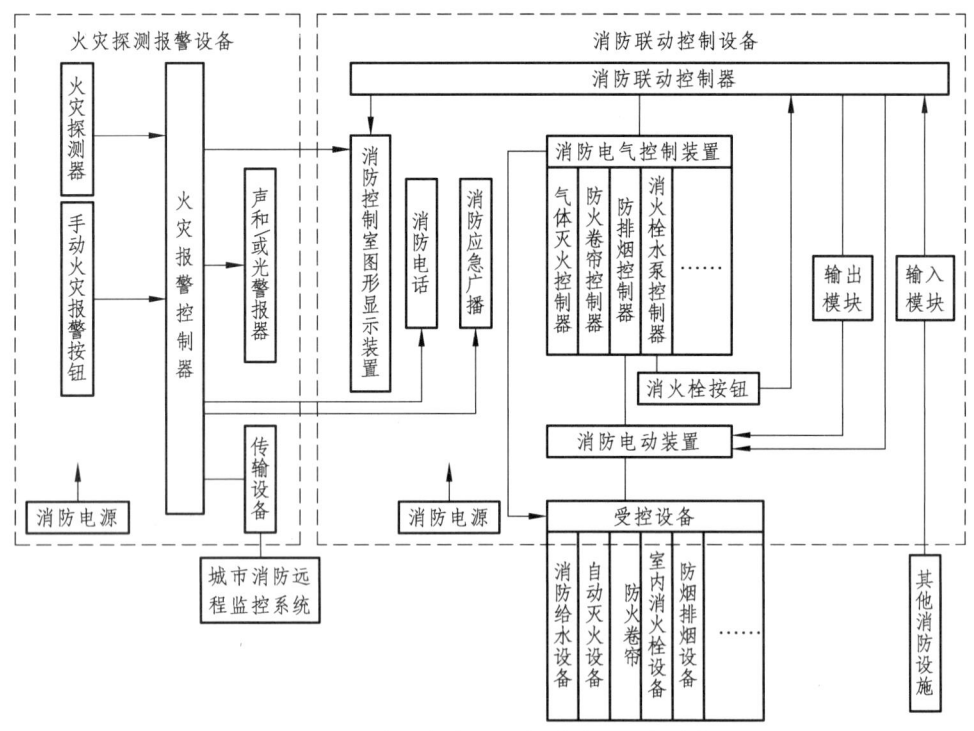

图 9-1　火灾自动报警系统与消防联动构成框图

9.1.3 消防联动控制器的技术性能

火灾自动报警系统联动动画

（1）容量：消防联动控制器的容量，是指消防联动控制器总线上可连接编址器件数量和专线控制回路数之和。消防联动控制器总线上可连接编址器件数量用 M 表示。一般给出两个相关的参数：一是消防联动控制器具有的总线回路数，用 F 表示；另一是每个总线回路的编址器件数量，用 N 表示。总线容量等于回路数乘以每回路的编址器件数量，即

$$M = F \times N$$

（2）工作电压：消防联动控制器主电源一般采用 220 V 交流电压；备用电源为直流电源，采用电池供电，供电电压一般为 24～32 V。交流供电时，电网电压在额定电压（220 V）的 85%～110%范围内波动，频率为 50 Hz±1 Hz 时，消防联动控制器应能正常工作。其输出直流电压的电压稳定度和负载稳定度不大于 5%。

（3）电磁兼容性：消防联动控制器的电磁兼容性，是指消防联动控制器在电磁干扰环境条件下工作的适应性和稳定性，应符合现行国家标准《消防联动控制系统》（GB 16806—2006）的有关规定。

（4）安全性能：消防联动控制器的安全性能，是指消防联动控制器在使用中的电气安全性能，应符合国家标准《消防联动控制系统》（GB 16806—2006）的有关规定。

9.1.4 消防联动控制器的组成

消防联动控制器的组成如图 9-2 所示。

1. 主控单元

主控单元是消防联动控制器的基本部分，用于对消防联动控制器的其他单元的控制和管理。主控单元将消防联动控制器主机的其他电路部分整合成一个有机整体，使各个部分协调统一工作，并集中处理消防联动控制器的信息。

图 9-2 消防联动控制器的组成

2. 回路控制单元

回路控制单元是由内部通信接口、回路控制管理部分、驱动保护电路和故障检测电路等组成，用于与主控单元通信，将主控单元发来的控制信号发送至各单元。回路控制单元是消防联动控制器与消防联动模块的接口单元，完成消防联动控制器与现场装置信息交互任务及回路短路、断路和模块的故障状态监测与控制。

3. 显示操作单元

显示操作单元是由内部通信接口、交互管理控制部分和显示操作扩展部分、显示屏、指示灯、键盘、打印机和音响等组成，用于键盘信号的采样，将键盘信号通过通信单元传递给主控单元，主控单元对采样信号分析判断后发出相应的控制、查询、设置、自检等指令。同时，主控单元将从回路控制单元、直接手动控制单元、电源部分采样得到的系统信息通过显示操作单元进行显示，显示操作单元的音响部分将主控制单元发来的控制信号分析，产生所需的音响信号，放大后传递给扬声器。显示操作单元部件是消防联动控制器与操作人员进行人机交互的界面。消防联动控制器的多样化，最直观地表现在人机交互的多样化上。基于不同技术构建的人机交互界面，其外观、内部结构多种多样。通常的信息显示输出方式有声光指示、中文文本显示和辅助的图形图像显示等。信息输入通常利用开关、按钮按键、键盘、鼠标、触摸屏等完成。

4. 直接手动控制单元

直接手动控制单元是由内部通信接口、指示电路、控制保护电路、键盘或操作按键、直接手动控制管理等部分组成，接收手动操作指令，通过多线制连接线或模块直接控制受控设备，并接收设备的状态信息。该控制方式与主控电路部分相对独立，但主控部分可接收和显示受控设备及控制输出的状态。直接手动控制单元即使在主控单元功能失效情况下，仍然可实现消防联动控制器对消防水泵、防烟和排烟风机等少数重要消防设备的状态进行监视和控制。

5. 通信控制单元

通信控制单元是由内部通信接口、通信管理控制和网络驱动保护及线路故障检测等部分组成，用于与主控单元通信，将主控单元发来的命令、内部信息或所带设备的外部信息，通过通信控制单元发送给联网的火灾报警控制器或监控设备；同时，通过通信控制单元接收网络上传输的网络信息，将其通过通信管理控制部件发送给主控单元，并且通过通信管理控制部件管理整个网络通信。在构建本地化局域网时，通常采用的通信接口技术规约有 RS-232/485、CANBUS、LONWORKS、PROFIBUS 等现场总线或工业以太网等；在构建远程报警监控网络时，通常需要连接专用通信设备作为接入中继器，将通信控制单元的输出信息发送到公共电话网或万维网上。

6. 电源单元

消防联动控制器的电源单元是控制器的供电保证环节，包括主电源和备用电源，用于为消防联动控制器主机部分、外部模块及部分受控设备供电。电源部分具有主电源和备用电源自动转换装置，能指示主、备电源的工作状态。主电源容量能保证控制器在有关技术标准规定的最大负载条件下，连续工作8小时以上。备用电源容量能保证控制器在监视状态下工作8小时后，在有关技术标准规定的最大负载条件下工作30 min。所以，对于大容量的控制器，其电源输出功率要求相应较大。

目前，消防联动控制器的电源设计一般采用线性调节稳压电路（线性电源）和开关型稳压电路（开关电源）两种。线性电源的主要特点是：采用工频变压器对交流电压进行初步降压，功率器件再进行线性稳压，功率器件工作在放大状态。线性电源稳定度高、精度好、成本较低，但效率低、笨重、体积较大，适用于中、小功率和对电性能指标要求比较高的场合。开关电源的主要特点是：功率器件工作在开关状态，由于开关频率较高（几十至几百千赫），甩掉了工频变压器及低频滤波电感器，从而减小了整机体积、重量，提高了工作效率。目前，开关型稳压电源由于转换效率高、输出功率大，已被广泛应用于大容量的消防联动控制器中，并逐渐成为消防联动控制器的首选电源。

9.1.5 消防联动控制器的工作原理

消防联动控制器的主控单元在系统程序的控制下，向回路控制单元发出对回路连接的消防联动模块等现场设备的巡检或动作执行指令，回路控制单元对来自主控单元的任务指令进行解释和调制，并通过现场回路发送出去；各种现场设备回馈的信息通过回路控制单元的解调转化和预处理，按照接口规则反馈到主控单元；主控单元应用其特定软件对通信控制单元、回路控制单元和直接手动控制单元反馈信息进行分析和判别，识别消防联动模块、专线设备和回路网络的各种状态，接收连接火灾报警控制器发出的火灾报警信号。经确认后，生成报警、联动信息和异常事件的指示和记录，各项联动控制任务通过相应的功能单元执行。对消防联动控制器实施操作时，可通过显示操作单元，输入操作指令，显示操作单元对输入的操作指令进行编译，并将确认有效的指令信息，传送给主控单元，由主控单元进行分析和处理，并向各功能单元发出相关的任务操作指令，完成人员对系统的信息查询和操作执行。

9.2 消防报警主机与水消防系统的联动关系

9.2.1 消防联动控制系统的一般规定

（1）各类受控消防设备或系统的控制和显示功能的设计应满足其功能需要。

（2）消防联动控制器应能按设定的控制逻辑发出联动控制信号，控制各相关的受控设备，并接收相关设备动作反馈信号。

（3）消防联动控制器的电压控制输出应采用直流24 V，其电源容量应满足受控消防设备同时启动且维持工作的控制容量要求。

（4）各受控设备接口的特性参数应与消防联动控制器发出的联动控制信号相匹配。

（5）消防水泵、防烟和排烟风机的控制设备除采用自动控制方式外，还应在消防控制室设置手动直接控制装置。

（6）同时启动的消防设备总负荷不应大于消防供电线路负荷或消防电源的额定容量。

9.2.2 消防联动控制

1. 消火栓系统的联动控制

（1）自动控制方式，应由消火栓按钮的动作信号作为系统的联动触发信号，由消防联动控制器联动控制消火栓泵的启动。

（2）手动控制方式，应将消火栓泵控制箱的启动、停止按钮用专用线路直接连接至设置在消防控制室内消防联动控制器的手动控制盘，实现消火栓泵的直接手动启动、停止。

（3）消火栓干管水流开关的动作信号作为系统的联动反馈信号，应传至消防控制室，并在消防联动控制器上显示。

（4）在未设置火灾自动报警系统的保护对象中，消火栓按钮的动作信号应直接联动启动消火栓泵。消火栓泵启动的联动反馈信号应在动作的消火栓按钮上显示。

2. 自动喷水灭火系统的联动控制

（1）湿式系统的联动控制。

① 自动控制方式：应由湿式报警阀压力开关的动作信号作为系统的联动触发信号，由消防联动控制器联动控制喷淋消防泵的启动。

② 手动控制方式：应将喷淋消防泵控制箱（柜）的启动、停止按钮用专用线路直接连接到设置在消防控制室内消防联动控制器的手动控制盘，实现喷淋消防泵的直接手动启动、停止。

③ 干管水流开关动作信号作为系统的联动反馈信号，传至消防控制室，并在消防联动控制器上显示。

（2）干式系统的联动控制。

① 自动控制方式：应由干式报警阀压力开关的动作信号作为系统的联动触发信号，由消防联动控制器联动控制喷淋消防泵的启动。

② 手动控制方式：应将喷淋消防泵控制箱（柜）的启动、停止按钮用专用线路直接连接到设置在消防控制室内消防联动控制器的手动控制盘，实现喷淋消防泵的直接手动启动、停止。

③ 干管水流开关动作信号作为系统的联动反馈信号，应传至消防控制室，并在消防联动控制器上显示。

（3）预作用系统的联动控制。

① 自动控制方式：应由同一报警区域内两个及以上独立的火灾探测器或一个火灾探测器及一个手动报警按钮的报警信号（"与"逻辑），作为雨淋阀开启的联动触发信号，由消防联动控制器联动控制雨淋阀的开启，雨淋阀的动作信号应反馈给消防控制室，并在消防联动控制器上显示；雨淋阀（或其后面的湿式报警阀的压力开关）的动作信号作为喷淋消防泵启动的联动触发信号，由消防联动控制器联动控制喷淋消防泵的启动。

② 手动控制方式：应将喷淋消防泵控制箱和雨淋阀的启动、停止按钮用专用线路直接连接至设置在消防控制室内消防联动控制器的手动控制盘，实现喷淋消防泵和雨淋阀的直接手动启动、停止。

③ 干管水流开关的动作信号作为喷淋消防泵的联动反馈信号传至消防控制室，并在消防联动控制器上显示。

（4）水幕系统的联动控制。

① 自动控制方式：当自动控制的水幕系统用于防火卷帘的保护时应由防火卷帘到底的限位信号和本探测区域内的火灾报警信号（"或"逻辑）作为水幕电磁阀的联动触发信号，由消防联动控制器联动控制水幕电磁阀的启动；水幕电磁阀的动作信号作为水幕消防泵启动的联动触发信号，由消防联动控制器联动控制水幕消防泵的启动；仅用水幕作为防火分隔或冷却储罐时，应用该探测区内两只感温火灾探测器的火灾报警信号（"与"逻辑）作为水幕消防泵启动的触发信号。

② 手动控制方式：应将水幕电磁阀和水幕泵控制箱的启动、停止按钮用专用线路直接连接至设置在消防控制室内消防联动控制器的手动控制盘，实现水幕电磁阀和水幕消防泵的直接手动启动、停止的。

③ 干管水流开关的动作信号作为系统的联动反馈信号，应传到消防控制室，并在消防联动控制器上显示。

9.3 防灾报警系统与防排烟系统设备的联动关系

9.3.1 防烟系统的联动控制规定

（1）应由加压送风口所在防火分区内设置的感烟探测器的报警信号作为送风口开启的联动触发信号，并根据加压送风系统的设计要求，由消防联动控制器联动控制火灾层和相关层前室加压送风口的开启。

（2）同一防火分区内两个独立的火灾探测器或一个火灾探测器和一个手动报警按钮的报警信号（"与"逻辑）作为加压送风机启动的联动触发信号，由消防联动控制器联动控制加压送风机启动。

（3）应由电动挡烟垂壁附近的感烟探测器的报警信号作为电动挡烟垂壁降落的联动触发信号，由消防联动控制器联动控制电动挡烟垂壁的降落。

9.3.2 排烟系统的自动控制方式规定

（1）应由同一防烟分区内两个及以上独立的火灾探测器或一个火灾探测器及一个手动报警按钮等设备的报警信号（"与"逻辑），作为排烟口或排烟阀开启的联动触发信号，由消防联动控制器联动控制排烟口或排烟阀的开启同时停止该防烟分区的空气调节系统。

（2）排烟口或排烟阀开启的动作信号作为排烟风机启动的联动触发信号，由消防联动控制器联动控制排烟风机的启动。

（3）防排烟系统的手动控制方式，应将防烟、排烟风机的启动、停止按钮用专用线路直接连接至设置在消防控制室内消防联动控制器的手动控制盘，实现防烟、排烟风机的直接手动启动、停止。

（4）排烟口或排烟阀开启和关闭的反馈信号以及防烟、排烟风机启动和停止的反馈信号、电动防火阀关闭的反馈信号作为系统的联动反馈信号，应传至消防控制室，并在消防联动控制器上显示。

（5）排烟风机入口处的排烟防火阀在280 ℃关闭后直接联动控制风机停止，排烟防火阀及风机的动作信号应传至消防控制室，并在消防联动控制器上显示。

9.3.3 防火门及防火卷帘系统的联动控制

（1）防火门系统的联动控制设计，应符合下列规定：

① 应由常开防火门所在防火分区内的两只独立的火灾探测器或一只火灾探测器与一只手动火灾报警按钮的报警信号，作为常开防火门关闭的联动触发信号，联动触发信号应由火灾报警控制器或消防联动控制器发出，并应由消防联动控制器或防火门监控器联动控制防火门关闭。

② 防火门开启及关闭的工作状态（开启、关闭及故障状态）信号应传至消防控制室。

（2）防火卷帘系统的联动控制设计，应符合下列规定：

① 疏散通道上设置的防火卷帘控制方式：

应由设置在防火卷帘两侧中任一组感烟和感温火灾探测器的报警信号，作为系统的联动触发信号，联动控制防火卷帘的下降；

感烟火灾探测器的报警信号联动控制防火卷帘下降至距地（楼）面1.8 m处；

感温火灾探测器的报警信号联动控制防火卷帘下降到底；

手动控制方式应由在防火卷帘两侧设置的手动控制按钮控制防火卷帘的升降。

② 用作防火分隔的防火卷帘自动控制方式：

应由设置在防火卷帘任一侧的火灾探测器组（2 只感烟探测器或一只感烟探测器与一只感温探测器组合）的报警信号（"与"逻辑）作为系统的联动触发信号，由防火卷帘控制器联动控制防火卷帘下降到底。

③ 火卷帘的动作信号作为系统的联动反馈信号应传至消防控制室，并在消防联动控制器上显示。

④ 感烟、感温火灾探测器的报警信号应传至消防控制室。

9.4 火灾工况下 FAS 与 EMCS（BAS）的运行调节

设备管理系统 EMCS（也称 BAS）通过对地铁车站及区间隧道内的空调通风、给排水、照明、电梯、扶梯等机电设备进行全面的运行管理与控制，以保证地铁运营环境达到国家规定的舒适标准。同时，在发生火灾事故或列车阻塞情况时，该系统能够及时迅速地进入防灾运行模式，根据火灾报警系统发送的着火点信息或列车自动控制系统发送的阻塞点信息自动调度送风和排风，进行通风排烟，引导人员疏散，极大地提高地铁运营的智能化和安全性。

地铁内部与外界通风口少，出入口少，客流量大，人员疏散不易，一旦发生火灾，如果不能及时有效地通风排烟并控制火情，将酿成巨大的灾难。在火灾情况下，火灾报警系统、灭火系统、环境及设备监控系统协同工作。防灾报警系统（FAS）能够及时发送事故信息，并且迅速指挥机电设备做出反应，根据着火点位置自动调度送风和排风，进行通风排烟，引导人员疏散。

城市轨道交通的地下车站，设置有通风系统和中央空调系统。为了保证车站站台、站厅、设备用房、管理用房的安全，在通风系统和中央空调系统中设置了一定量的防火阀，这些防火阀的信号和车站防灾报警系统及气体自动灭火系统可以进行消防联动控制。一旦车站内部发生火灾，环控系统要按照消防安全规范要求，与车站火灾报警系统联动，对运行的工况进行调节，以确保人员和设备的安全。

其联动方式有以下特点：

（1）同一时间内，对一个车站来说，只考虑一处火灾点的工况联动。

（2）而对于区间隧道发生的火灾，在同一时间内，中央事故风机控制盘只考虑一个区间的火灾情况，即一个车站送风作业，相邻的一个车站进行排风作业。

9.4.1 站台、站厅火灾工况下环控系统的运行调节

（1）通风运行工况站厅、站台发生火灾的运行调节。

在通风运行工况下，如果站台、站厅发生火灾，必须对运行工况进行调节。运行工况调节的原则是：压差原理。

① 如果站厅发生火灾，防火报警系统以下设备必须动作：

站厅：必须关闭站厅的送风阀；打开站厅排烟/排风阀；关闭站厅回排风阀上的回风阀。

站台：打开送风阀；关闭站台的排风/排风阀，通风系统的设备仍然运行；关闭站台回排风管上的防火阀；关闭站台下排热阀；打开冷却阻尼送风阀；关闭空调回风防火阀。

当站厅火灾时，通风系统只向站台送风，回排风系统仅从站厅排烟，以达到站厅和站台形成气压压差的调节目的。

② 当站台发生火灾时，防灾报警系统必须动作的设备有：

站厅：打开站厅的送风阀；关闭站厅排烟/排风阀；关闭站厅回排风阀上的回风阀。

站台：关闭站台送风阀；打开站台排风阀；关闭站台回风阀；关闭站台下排热阀；关闭站台冷却阻尼送风阀；关闭空调回风防火阀；开启事故风机为排风模式。

（2）在空调运行工况下，正常情况下，空调回风防火阀是开启的，排风防火阀或电动调节阀是处于近似关闭状态，仅开一点。

当发生火灾时：空调回风阀必须关闭；排风防火阀或电动阀必须打开；同时要关闭冷水机组；其他工况联动与通风运行时相同。消防联动系统处于自动运行模式，并与 EMCS 联动正常，如果联动不正常，就要采取就地手动操作。

9.4.2 列车在停站期间发生火灾的工况调节

当列车在停站期间发生火灾，应对排热系统进行调节。如果是上行侧发生火灾，则关闭下行侧的上下排热风阀（防火阀或电动调节阀），使排热风机集中排出火灾发生侧所产生的有毒烟气。如果下行侧发生火灾，那么上行侧的上下排热风阀（防火阀或电动调节阀）将关闭。

9.4.3 列车在区间隧道内发生火灾时的机械通风

列车在区间隧道发生火灾时，必须要向隧道输送新风。向隧道内输送新风的原则是使乘客迎着新风方向疏散。乘客从列车头部疏散还是从尾部疏散，取决于火灾发生的位置。地铁列车在区间隧道内发生火灾时，开启事故冷却风机必须根据控制中心环控的指令执行。环控调度的指令包括四项内容：站名、上行线或下行线、南端或北端和送风或排风。如果列车上发生火灾，同时列车还能行驶，列车司机在调度的指挥下，会将列车开往最近的车站，疏散乘客。

9.4.4 设备用房、管理用房发生火灾的运行调节

设有气体灭火系统设备用房发生火灾,系统主机接到报警信号会自动关闭送排风阀,使房间形成密封,气体喷放后,在确认火已被扑灭,再手动打开排烟、排毒防火阀或排风机,排走房间的烟、毒气体,然后恢复正常运行。

没有气体灭火的管理用房发生火灾,应手动关闭送风机防火阀,采用灭火器具进行灭火,同时排风机或排风防火阀处于开启状态,及时排走因火灾而产生的烟、毒气。确认火被扑灭后才能恢复正常运行。

环控系统在火灾工况下要求停用风机的风阀关闭、排风阀打开、回风阀关闭、运行风机的风阀打开、每端开一台新风机、每端开一台空调箱风机、每端开一台回排风机。

9.5 其他系统联动关系

9.5.1 气体(泡沫)灭火系统的联动控制

(1)气体(泡沫)灭火系统应由专用的气体(泡沫)灭火控制器控制。

(2)具有气体(泡沫)灭火功能的火灾报警控制器联动控制设计,其自动控制方式应符合下列规定:

① 应由同一防护区域内两个独立的火灾探测器或一个火灾探测器及一个手动报警按钮的报警信号或防护区外的紧急启动信号,作为系统的联动触发信号,探测器的组合宜采用感烟火灾探测器和感温火灾探测器,各类探测器应独立计算保护面积。

② 具有气体(泡沫)灭火功能的火灾报警控制器在接收到满足联动逻辑关系的首个触发信号(任一防护区域内设置的感烟火灾探测器、其他类型探测器或手动报警按钮的首次报警信号)后,应启动设置在该防护区内的火灾声、光警报器;在接收到第二个触发信号(同一防护区域内与首次报警的火灾探测器或手动报警按钮相邻的感温火灾探测器或手动报警按钮的报警信号)后,应发出联动控制信号。

③ 联动信号内容包括:关闭防护区域的送、排风风机及送排风阀门;停止通风和空气调节系统及关闭设置在该防护区域的电动防火阀;联动控制防护区域开口封闭装置的启动,包括关闭防护区域的门、窗;启动气体(泡沫)灭火装置,根据人员安全撤离防护区的需要,气体(泡沫)灭火控制器可设定不大于 30 s 的延迟喷射时间;对于平时无人工作的防护区,可设置为无延迟的喷射;启动气体(泡沫)灭火装置的同时,要启动设置在防护区入口处的灭火剂喷放指示灯;组合分配系统应首先开启相应防护区域的选择阀或启动瓶,然后启动气体(泡沫)灭火装置。

（3）具有气体（泡沫）灭火功能的火灾报警控制器联动控制设计，其手动控制方式应符合下列规定：

① 在防护区疏散出口的门外应设置气体（泡沫）灭火装置的手动启动和停止按钮，手动启动按钮按下时，火灾报警控制器应执行规定的联动操作；手动停止按钮按下时，气体（泡沫）灭火控制器应停止正在执行的联动操作。

② 火灾报警控制器上应设置对应于不同防护区的手动启动和停止按钮：手动启动按钮按下时，火灾报警控制器应执行规定的联动操作；手动停止按钮按下时，气体（泡沫）灭火控制器应停止正在执行的联动操作。

（4）不自带火灾探测器的气体（泡沫）灭火系统的联动控制设计，采用自动控制方式时应符合下列规定：

① 系统的联动触发信号应由设置在该防护区内的火灾探测器发出火灾报警信号后，由火灾报警控制器或消防联动控制器发出。系统的联动触发信号的组成应满足要求。

② 气体（泡沫）灭火控制器需接收火灾报警控制器的火灾报警信号才能完成灭火控制时，应能设定满足要求的联动逻辑，且在逻辑关系满足时执行联动操作。

③ 气体（泡沫）灭火控制器需接收消防联动控制器的触发信号才能完成灭火控制时，消防联动控制器应能设定满足要求的联动逻辑，并分两步将联动信息发给气体（泡沫）灭火控制器，气体（泡沫）灭火控制器按要求执行相应的联动操作。

（5）气体（泡沫）灭火控制器应将气体（泡沫）灭火装置启动及喷放各阶段的联动控制及反馈信号传至消防控制室，并在消防联动控制器上显示。系统的反馈信号主要包括：

① 自带火灾探测器的气体（泡沫）灭火系统火灾探测器的报警信号。

② 选择阀动作的反馈信号。

③ 压力开关的反馈信号。

在防护区域内设有手动与自动控制转换装置的系统，其手动或自动控制方式的工作状态应在防护区内、外的手动、自动控制状态显示装置上显示，并将该状态信号传至消防控制室，并在消防联动控制器上显示。

9.5.2 火灾应急广播的设置

控制中心报警系统应设置火灾应急广播，集中报警系统宜设置火灾应急广播。

（1）火灾应急广播扬声器的设置，应符合下列要求：

① 民用建筑内扬声器应设置在走道和大厅等公共场所。每个扬声器的额定功率不应小于 3 W，其数量应能保证从一个防火分区内的任何部位到最近一个扬声器的距离不大于 25 m。走道内最后一个扬声器至走道末端的距离不应大于 12.5 m。在环境噪声大于 60 dB 的场所设置的扬声器，在其播放范围内最远点的播放声压级应高于背景噪声 15 dB。

② 客房设置专用扬声器时，其功率不应小于1 W。

（2）同时设有火灾应急广播和火灾声警报器时，应采用交替工作方式，声警报器单次工作时间宜为8～20 s，火灾应急广播工作时间宜为10～30 s，可采取1遍声警报器播放，2遍火灾应急广播播放的交替工作方式。

（3）火灾应急广播与普通广播或背景音乐广播合用时应能在发生火灾时强制切入火灾应急广播。

（4）壁挂扬声器的底边距地面高度应大于2.2 m。

9.5.3 火灾警报器的设置

（1）火灾自动报警系统均应设置火灾警报器，并在发生火灾时发出警报。

（2）火灾光警报器应在每个楼层的楼梯口或消防电梯前室5 m以外的明显部位，且不应与安全出口指示标志灯具设置在同一面墙上。

（3）公共场所宜设置具有同一种火灾变调声的火灾声警报器；具有多个报警区域的保护对象，宜选用带有语音提示的火灾声警报器；学校、工厂等各类日常使用电铃的场所，不应使用警铃作为火灾声警报器。

（4）每个报警区域内应均匀设置火灾声、光警报器，声压级不应小于60 dB；在环境噪声大于60 dB的场所设置火灾警报器时，其声警报器的声压级应高于背景噪声15 dB。

（5）设置带有语音提示的火灾声警报器时，应同时设置语音同步器。

（6）同一建筑中设置多个火灾声警报器时，应能同时启动和停止所有火灾声警报器工作。

（7）气体灭火防护区出口外上方应设置表示气体喷洒的火灾声光警报器，指示气体释放的声信号应与同建筑中设置的火灾声警报器的声信号有明显区别。

9.5.4 消防应急广播系统的联动控制

（1）应急广播系统的联动控制信号应由消防联动控制器发出。当确认火灾后，应急广播系统首先向全楼或建筑（高、中、低）分区的火灾区域发出火灾警报，然后向着火层、相邻层和地下各层进行应急广播，再依次向其他非火灾区域广播；3 min内应能完成第一次全楼应急广播。

（2）火灾应急广播的广播分区和预设广播信息应传送至消防控制室显示。

（3）消防控制室应手动或按照预设控制逻辑自动控制选择广播分区，启动或停止应急广播系统。并在传声器进行应急广播时，自动对广播内容进行录音。

（4）火灾警报装置的联动控制信号应在确认火灾后由火灾报警控制器或消防联动控制器发出。

9.5.5　电梯的联动控制

（1）消防电梯及客梯的联动控制信号应由消防联动控制器发出。当确认火灾后，消防联动控制器应发出联动控制信号强制所有电梯停于首层或电梯转换层。除消防电梯外，其他电梯的电源应切断。电梯停于首层或电梯转换层开门反馈信号作为电梯电源切断的触发信号。

（2）消防电梯及客梯运行状态信息和停于首层或转换层的反馈信号应传送给消防控制室显示，轿厢内应设置直接能与消防控制室通话的专用电话。

9.5.6　消防应急照明和疏散指示标志系统的联动控制

（1）消防应急照明和疏散指示标志系统联动控制的设计，应符合下列规定：
① 集中控制型消防应急照明系统的联动应由消防联动控制器联动应急照明控制器实现。
② 集中电源非集中控制型消防应急照明系统的联动应由消防联动控制器联动应急照明集中电源和应急照明分配电装置实现。
③ 自带电源非集中控制型消防应急照明系统的联动应由消防联动控制器联动消防应急照明配电箱实现。

（2）应急照明系统应急启动的联动控制信号应由消防联动控制器发出。当确认火灾后，由发生火灾的报警区域开始，顺序启动全楼疏散通道的应急照明系统。启动全楼消防应急照明系统投入应急状态的启动时间不应大于 5 s。

9.5.7　消防通信系统

消防通信设置要求如下：
（1）消防控制室、消防值班室应设置消防专用电话总机及 119 外线电话，可直接向公安消防部门报警。
（2）下列场所应设置消防专用电话分机：
① 消防水泵房、备用发电机房、变配电室、主要通风及空调机房、防排烟机房、消防电梯机房、区域报警控制器等处应设消防专用电话分机。

② 灭火控制系统操作装置处或控制室应设消防专用电话分机。
③ 企业消防站、消防值班室、总调度室应设消防专用电话分机。
（3）特级保护对象的各避难层应每隔 20 m 设置一个消防专用电话分机或电话塞孔。
（4）手动火灾报警按钮、消火栓按钮等处宜设置电话塞孔，安装高度距地 1.3~1.5 m 的墙上。

9.5.8　消防控制室图形显示装置

消防控制室图形显示装置主要是指计算机管理控制系统，它是消防联动控制设备的一个重要组件，包括硬件系统和软件系统。它可以对火灾自动报警及消防联动控制系统进行管理和控制。其主要功能有：
（1）自动检测系统故障及火灾信息，确定故障或火灾位置并把故障或报警设备显示到屏幕上。通常黄色闪烁代表报故障，红色闪烁代表报火警。
（2）自动记录系统故障及火灾报警信息，并在为"记事本"所开辟的计算机空间存满的情况下自动删除记事本中最早的记录。
（3）联动自动打印故障及火灾报警信息。
（4）提供楼宇建筑平面图绘制及修改工具。
（5）当计算机接受报警信息后，自动切换到报警的楼层或区域的平面上。
（6）提供输出数据接口，供计算机网络调用。
（7）可预置几种灭火实施方案，一旦发生火灾，查询显示火灾处理程序，提醒消防人员镇定自如，临危不乱地实施灭火。

9.5.9　模块的设置

（1）每个报警区域内的模块宜相对集中设置在本报警区域内金属模块箱中，严禁将模块设置在配电（控制）柜（箱）内。
（2）模块不应控制其他报警区域的设备。
（3）未集中设置的模块附近应有明显的标识。

9.5.10　相关联动控制

（1）火灾确认后，应能切断火灾区域及相关区域的非消防电源。
（2）火灾报警后，应能自动打开涉及疏散的电动栅杆，宜开启相关层安全技术防范系统的摄像机监视火灾现场。

（3）火灾确认后，应能打开疏散通道上由门禁系统控制的门和庭院的电动大门。

9.6 电气火灾监控系统

城市轨道交通系统电力、电气设备很多，系统的用电量也很大，由电器设备原因引起的火灾约占50%。电气设备故障引起的火灾具有一定的隐蔽性。由于通常漏电与短路都发生在电气设备及电缆电线的内部，着火时一般看不到起火点，普通的烟感和温感探测器很难实现对电气火灾的早期报警，只有当火灾已形成并发展成大火后才能被发现，而此时扑救已十分困难，且不能用水来扑救。

电气火灾监控系统根据建筑物的性质、发生电气火灾危险性、保护对象等级设置火灾监控和报警。

9.6.1 电气火灾监控系统概念

电气火灾监控系统是指由电气火灾监控设备和电气火灾监控探测器组成，当被保护线路中的被探测参数超过报警设定值时，能发出报警信号并能指示报警部位的系统。电气火灾监控系统分为独立式和非独立式。

9.6.2 电气火灾监控系统的工作原理

电气线路或电气设备发生故障或火灾时，设置在建筑物内的电气火灾监控探测器，根据其剩余电流或烟、温等介质的变化，当被探测参数超过报警设定值时，能发出报警信号，传送至消防控制室，指示报警部位，发出声、光报警信号，提醒值班人员做出反应。

9.6.3 电气火灾监控系统设置的一般要求

（1）应根据工程规模和需要检测电气火灾部位，确定采用独立式探测器或非独立式探测器。

（2）应根据电气敷设和用电设备具体情况，确定电气火灾监控探测器形式与安装位置。

（3）电气火灾监控设备的报警信息应能传输到消防控制室图形显示装置，并独立显示。

（4）在无消防控制室且电气火灾监控探测器设置数量不超过8个，可采用独立式电气火灾监控探测器。

（5）非独立式电气火灾监控探测器不应直接接入火灾报警控制器的探测器回路，总数不超过8个的探测器可接入火灾报警控制器，但在火灾报警控制器上的显示应与其他显示有区别。

（6）电气火灾监控系统的保护区域内有联动和警报要求时，可以由电气火灾监控设备本身实现，也可以由消防联动控制器实现。

（7）电气火灾监控系统的设置不应影响供电系统的正常工作。

9.6.4　剩余电流式电气火灾监控探测器的设置

（1）剩余电流式电气火灾监控探测器报警值必须与探测电气线路相适宜，探测器报警的泄漏电流不应小于被保护电气线路和设备的正常运行时泄漏电流最大值的2倍。

（2）剩余电流式电气火灾监控探测器额定电流、额定电压等指标应满足被保护线路的要求。

（3）剩余电流式电气火灾监控探测器应用于报警，不宜自动切断保护对象的供电电源。

（4）选择剩余电流式电气火灾监控探测器时，应考虑供电系统固有的剩余电流，并选择参数合适的探测器，尽量使每只探测器充分发挥作用，减少构成监控系统的探测器数量。

9.6.5　测温式电气火灾监控探测器的设置

（1）测温式电气火灾监控探测器的设置应以探测电气系统异常时发热为基本原则，宜设置在电缆接头、电缆本体、开关触点等发热部位。

（2）探测对象为低压供电系统时，宜采用接触式布置的测温式电气火灾监控探测器。在被探测对象为绝缘体时，宜将探测器的温度传感器直接设置在被探测对象的表面，采用接触式布置。

（3）探测对象为配电柜内部温度变化时，可采用非接触式布置，但宜靠近发热部件设置。

（4）用线型感温火灾探测器保护电缆时，可将该线型感温火灾探测器接入电气火灾监控器。

9.6.6　电气火灾监控设备的设置

（1）电气火灾监控设备应设置在消防控制室内或有人值班的场所；在有消防控制室

且将电气火灾监控设备的报警信息和故障信息传输给消防控制室时,电气火灾监控设备可以设置在保护区域附近。

(2)电气火灾监控设备的报警信息和故障信息可以接入设置在消防控制室的消防控制室图形显示装置集中显示;但该类信息的显示应与火灾报警信息和可燃气体报警信息显示有明显区别。

(3)电气火灾监控设备的安装设置应参照火灾报警控制器的设置要求。

(4)保护区域内有联动要求时,可以由电气火灾监控设备本身控制输出,也可由消防联动控制器控制输出。

9.6.7　独立式电气火灾监控探测器的设置

(1)在设置有火灾自动报警系统的建筑中,独立式电气火灾监控探测器的报警信息可以接入火灾报警控制器或消防控制室图形显示装置上显示,但其报警信息显示应与火灾报警信息显示有明显区别。

(2)在未设置火灾自动报警系统的建筑中,独立式电气火灾监控探测器应配接火灾声光警报器使用,在探测器发出报警信号时,应自动启动火灾声光警报器。

第 10 章

城市轨道交通消防安全管理

城市轨道交通是城市的生命线,对社会可持续发展起到举足轻重的作用。近年来,我国城市轨道交通进入了大发展时期,地铁就是其中一种非常方便的交通工具。城市轨道交通搭载能力强,时效性高,是很多人的出行首选。这也造成了城市轨道交通客流量大的特点。一旦城市轨道交通车站或区间发生火灾,其后果也是极其严重的。因此加强城市轨道交通安全管理至关重要。

针对国内外城市轨道交通火灾事故发生的惨痛教训,我国在《地铁设计规范》(GB 50157—2013)、《城市轨道交通技术规范》(GB 50490—2009)中,对地铁、机电设备和火灾自动报警系统等方面都提出了具体要求。

10.1 城市轨道交通消防系统的安装、调试和维护

10.1.1 城市轨道交通消防系统布线

1. 城市轨道交通消防系统布线一般规定

(1)火灾自动报警系统的传输线路和 50 V 以下供电的控制线路,采用电压等级不应低于交流 250 V 的铜芯绝缘导线或铜芯电缆。采用 220 V/380 V 的供电和控制线路应采用电压等级不低于交流 500 V 的铜芯绝缘导线或铜芯电缆。

(2)火灾自动报警系统传输线路的线芯截面选择,除应满足自动报警装置技术条件的要求外,还应满足机械强度的要求。铜芯绝缘导线、铜芯电缆线芯的最小截面面积不应小于《火灾自动报警系统设计规范》(GB 50116—2013)的规定,如表 10-1 所示。

表 10-1 铜芯绝缘导线和铜芯电缆的线芯最小截面面积

序 号	类 别	线芯的最小截面面积/mm^2
1	穿管敷设的绝缘导线	1.00
2	线槽内敷设的绝缘导线	0.75
3	多芯电缆	0.50

2. 系统室内布线

（1）火灾自动报警系统的传输线路应采取穿金属管、经阻燃处理的硬质塑料管或封闭式线槽保护方式布线。

（2）消防控制、通信和警报线路采用暗敷时，宜采用金属管或经阻燃处理的硬质塑料管保护，并应暗敷在不燃烧体的结构层内，且保护层厚度不宜小于 30 mm。当采用明敷设时，应采用金属管或金属线槽保护，并应在金属管或金属线槽上采取防火保护措施。

采用经阻燃处理的电缆时，可不穿金属管保护，但应敷设在电缆竖井或吊顶内有防火保护措施的封闭式线槽内。

（3）火灾自动报警系统用的电缆竖井，宜与电力、照明用的低压配电线路电缆竖井分别设置。如受条件限制必须合用时，两种电缆应分别布置在竖井两侧。

（4）从接线盒、线槽等处引到探测器底座盒、控制设备盒、扬声器箱的线路均应加金属软管保护。

（5）火灾探测器的传输线路，宜选择不同颜色的绝缘导线或电缆。正极"+"线应为红色，负极"-"线应为蓝色。同一工程中相同用途导线的颜色应一致，接线端子应有标号。

（6）接线端子箱内的端子宜选择压接或带锡焊接点的端子板，其接线端子上应有相应的标号。

（7）火灾自动报警系统的传输网络不应与其他系统的传输网络合用。

3. 系统供电

（1）火灾自动报警系统应设有交流电源和蓄电池备用电源。

（2）火灾自动报警系统的交流电源应采用消防电源，直流备用电源可采用火灾报警控制器自带的蓄电池电源或集中设置的蓄电池电源。当直流备用电源采用集中设置的蓄电池应急电源时，火灾报警控制器应采用单独的供电回路，并应保证在系统处于最大负载状态下不影响报警控制器的正常工作。

（3）消防控制室图形显示装置、消防通信设备等的电源，宜由 UPS 电源装置或蓄电池型应急控制电源供电。

（4）火灾自动报警系统主电源不应采用脱扣型剩余电流保护器的保护。

（5）集中设置的蓄电池备用电源输出功率应大于火灾自动报警及联动系统全负荷功率的 120%，蓄电池组的容量应保证火灾自动报警及联动系统在火灾状态且工作负荷下连续工作 3 小时以上。

（6）消防用电设备应采用专用的供电回路，其配电设备应设有明显标志。其配电线路和控制回路宜按防火分区划分。

4. 消防设备供电

（1）消防控制室、消防水泵、消防电梯、防烟排烟设施、火灾自动报警系统、自动灭火系统、疏散应急照明和电动的防火门、窗、卷帘、阀门等消防用电，应按现行的国家标准《供配电系统设计规范》（GB 50052—2009）的规定进行设计。供电负荷应分别满足国家标准《建筑设计防火规范》（GB 50016—2014）和国家标准《高层民用建筑设计防火规范》（GB 50045）的有关规定。

（2）消防控制室、消防水泵、消防电梯、防烟排烟风机等设备供电应满足下列规定：

① 一级负荷应由双回路电源供电。

② 二级负荷应由双回路电源供电。

③ 在最末一级配电箱处设置自动切换装置。

④ 消防设备与为其配电的配电箱距离不宜超过 30 m。

（3）设置自动喷水灭火系统的场所，使用消防电源供电的消防供电设备和配电箱应有防水措施。

（4）消防电源供电线路外露接线盒应有防水措施。

5. 系统接地的设计

（1）火灾自动报警系统接地装置的接地电阻值应符合下列要求：

① 采用专用接地装置时，接地电阻值不应大于 4 Ω。

② 采用共用接地装置时，接地电阻值不应大于 1 Ω。

（2）火灾自动报警系统应设专用接地干线，并应在消防控制室设置专用接地板。专用接地干线应从消防控制室专用接地板引至接地体。

（3）专用接地干线应采用铜芯绝缘导线，其线芯截面面积不应小于 25 mm^2。专用接地干线宜穿硬质塑料管埋至接地体。

（4）由消防控制室接地板引至各消防电子设备的专用接地线，应选用铜芯绝缘导线，其线芯截面面积不应小于 4 mm^2。

（5）消防电子设备凡采用交流供电时，设备金属外壳和金属支架等应作保护接地，接地线应与电气保护接地干线（PE 线）相连接。

10.1.2 城市轨道交通消防系统安装

1. 火灾自动报警系统施工中常出现的问题

（1）管线布置中常出现的问题。

① 将不同系统、不同电压等级、不同电流类别的线路穿在一起，常见的有：把报警线和电话线穿在一起；广播线和电话线穿在一起；模块的控制线和受控设备的控制线、动力线布在一个管内或线槽内；报警线、广播线、电话线等在线槽内布线时不分类捆扎，不加隔板。轻者造成相互干扰，重者可能造成对系统的破坏。

② 电缆和导线的配线进入端子箱或者和设备连接时，端部应有编号，并且字迹清楚

不易褪色。但是一些施工中常有不做标记的；或者虽然做了标记，只是简单地用胶带粘在线上或用普通塑料套管套在线上，即不美观又容易脱落，编号用圆珠笔或签字笔在胶带或普通塑料套管套上人工写号，很快就会褪色或被涂抹掉，不能达到长期保留的目的，对今后的检查维修造成困难。

③ 火灾报警系统布线时，应对导线的种类、电压等级进行详细检查。施工中，往往检查不够。火灾报警系统是弱电压，总线传输工作方式。如果导线的电阻值过大，绝缘不好，会影响系统的调试和运行，甚至不能正常工作，特别是在报警系统比较庞大时，线的质量尤为重要。因此，在布线时，应使用万用表、兆欧表对线路进行认真测量。

消防联动控制线和报警线穿在一个管内或线槽内时，如明敷，应按消防联动控制线的布线要求，在线管或线槽外加防火涂料，也可以使用耐火线槽，施工中往往忽视。

（2）设备安装中常出现的问题。

① 过去对模块安装没有要求。因此，施工中模块安装位置非常随意，常放在吊顶内或直接安装在受控设备上，不好识别和检查维修；有时还直接放在强电设备的控制箱内，很不安全。

② 线型红外探测器规定安装在距顶 0.3~1 m 处，有时为方便施工安装，在高大厂房常装得比较低，影响探测效果。还有时，因施工时被监视的场所是空旷的，看不到有遮挡物的影响。但投入使用后，现场安装了吊车或其他大型移动设备，造成经常报警而无法正常使用。

③ 可燃气体探测器安装时，不考虑探测气体的种类和泄露点，怎么方便怎么装，或只注意房间内布置的美观。因此，可燃气体探测器起不到作用。

④ 对楼层显示器的安装不重视，经常安装在不易引起人们注意的地方，或者看不到的地方。例如：走廊尽头、楼梯间内或者无人的房间内等。

⑤ 消防电话的安装位置不明显，放在房间角落里或者设备后面，还有时和普通电话没有区别，令人在使用时找不到。

⑥ 火灾光警报装置的安装距地面应在 1.8 m 以上，有时因设计图纸交代不清，安装过低。有时光警报器与消防应急疏散指示标志在同一面墙上，距离小于 1 m。

⑦ 探测器底座的安装不牢固，特别是在石膏板或软吊顶上安装时，没有加固措施，直接用自攻螺丝拧在吊顶上。

2. 施工安装的前提条件

（1）质量管理。

① 火灾自动报警系统的分部、分项工程应按规定划分。

② 火灾自动报警系统的施工必须由具有相应资质等级的施工单位承担。

③ 火灾自动报警系统的施工应按设计要求编写施工方案。施工现场应具有必要的施工技术标准、健全的施工质量管理体系和工程质量检验制度，并应按要求填写有关记录。

④ 火灾自动报警系统施工前应具备下列条件：

a. 设计单位应向施工、建设、监理单位明确相应技术要求；

b. 系统设备、材料及配件齐全并能保证正常施工；

c. 施工现场及施工中使用的水、电、气应满足正常施工要求。

⑤ 火灾自动报警系统的施工，应按照批准的工程设计文件和施工技术标准进行施工，不得随意更改。必须更改设计时，应由原设计单位负责更改。

⑥ 火灾自动报警系统的施工过程质量控制应符合下列规定：

a. 各工序应按施工技术标准进行质量控制，每道工序完成后，应进行检查，检查合格后方可进入下道工序；

b. 相关各专业工种之间交接时，应进行检验，并经监理工程师签证后方可进入下道工序；

c. 系统安装完成后，施工单位应按相关专业调试规定进行调试；

d. 系统调试完成后，施工单位应向建设单位提交质量控制资料和各类施工过程质量检查记录；

e. 施工过程质量检查应由监理工程师组织施工单位人员完成；

f. 施工过程质量检查记录应按要求填写。

⑦ 火灾自动报警系统质量控制资料应按要求填写。

⑧ 火灾自动报警系统施工前，应对设备、材料及配件进行现场检查，检查不合格者不得使用。

⑨ 分部工程质量验收应由建设单位项目负责人组织施工单位项目负责人、监理工程师和设计单位项目负责人等进行，并按规范的要求填写火灾自动报警系统工程验收记录。

（2）设备、材料进场检验。

① 设备、材料及配件进入施工现场应有清单、使用说明书、质量合格证明文件、国家法定质检机构的检验报告等文件。火灾自动报警系统中的强制认证（认可）产品还应有认证（认可）证书和认证（认可）标识。

② 火灾自动报警系统的主要设备应是通过国家认证（认可）的产品。产品名称、型号、规格应与检验报告一致。

③ 火灾自动报警系统中非国家强制认证（认可）的产品名称、型号、规格应与检验报告一致。

④ 火灾自动报警系统设备及配件表面应无明显划痕、毛刺等机械损伤，紧固部位应无松动。

⑤ 火灾自动报警系统设备及配件的规格、型号应符合设计要求。

（3）基本要求

① 火灾自动报警系统施工前，应具备系统图、设备布置平面图、接线图、安装图以及消防设备联动逻辑说明等必要的技术文件。

② 火灾自动报警系统施工过程中，施工单位应做好施工（包括隐蔽工程验收）、检验（包括绝缘电阻、接地电阻）、调试、设计变更等相关记录。

③ 火灾自动报警系统施工过程结束后，施工方应对系统的安装质量进行全数检查。

④ 火灾自动报警系统竣工时，施工单位应完成竣工图及竣工报告。

3. 系统布线

（1）火灾自动报警系统的布线，应符合现行国家标准《建筑电气装置工程施工质量验收规范》（GB 50303—2015）的规定。

（2）火灾自动报警系统布线时，应根据现行国家标准《火灾自动报警系统设计规范》（GB 50116—2013）的规定，对导线的种类、电压等级进行检查。

（3）在管内或线槽内的布线，应在建筑抹灰及地面工程结束后进行，管内或线槽内不应有积水及杂物。

（4）火灾自动报警系统应单独布线，系统内不同电压等级、不同电流类别的线路，不应布在同一管内或线槽的同一槽孔内。

（5）导线在管内或线槽内，不应有接头或扭结。导线的接头，应在接线盒内焊接或用端子连接。

（6）从接线盒、线槽等处引到探测器底座、控制设备、扬声器的线路，当采用金属软管保护时，其长度不应大于 2 m。

（7）敷设在多尘或潮湿场所管路的管口和管子连接处，均应作密封处理。

（8）管路超过下列长度时，应在便于接线处装设接线盒：

① 管子长度每超过 30 m，无弯曲时。

② 管子长度每超过 20 m，有 1 个弯曲时。

③ 管子长度每超过 10 m，有 2 个弯曲时。

④ 管子长度每超过 8 m，有 3 个弯曲时。

（9）金属管子入盒，盒外侧应套锁母，内侧应装护口；在吊顶内敷设时，盒的内外侧均应套锁母。塑料管入盒应采取相应固定措施。

（10）明敷设备类管路和线槽时，应采用单独的卡具吊装或支撑物固定。吊装线槽或管路的吊杆直径不应小于 6 mm。

（11）线槽敷设时，应在下列部位设置吊点或支点：

① 线槽始端、终端及接头处。

② 距接线盒 0.2 m 处。

③ 线槽转角或分支处。

④ 直线段不大于 3 m 处。

（12）线槽接口应平直、严密，槽盖应齐全、平整、无翘角。并列安装时，槽盖应便于开启。

（13）管线经过建筑物的变形缝（包括沉降缝、伸缩缝、抗震缝等）处，应采取补偿措施，导线跨越变形缝的两侧应固定，并留有适当余量。

（14）火灾自动报警系统导线敷设后，应用 500 V 兆欧表测量每个回路导线对地的绝缘电阻，该绝缘电阻值不应小于 20 MΩ。

（15）同一工程中的导线，应根据不同用途选不同颜色加以区分，相同用途的导线颜色应一致。电源线正极应为红色，负极应为蓝色或黑色。

4. 控制器类设备的安装

（1）火灾报警控制器、可燃气体报警控制器、区域显示器、消防联动控制器等控制器类设备（以下称控制器）在墙上安装时，其底边距地（楼）面高度宜为 1.3~1.5 m，其靠近门轴的侧面距墙不应小于 0.5 m，正面操作距离不应小于 1.2 m；落地安装时，其底边宜高出地（楼）面 0.1~0.2 m。

（2）控制器应安装牢固，不应倾斜；安装在轻质墙上时，应采取加固措施。

（3）引入控制器的电缆或导线，应符合下列要求：

① 配线应整齐，不宜交叉，并应固定牢靠。

② 电缆芯线和所配导线的端部，均应标明编号，并与图纸一致，字迹应清晰且不易褪色。

③ 端子板的每个接线端，接线不得超过 2 根。

④ 电缆芯和导线，应留有不小于 200 mm 的余量。

⑤ 导线应绑扎成束。

⑥ 导线穿管、线槽后，应将管口、槽口封堵。

（4）控制器的主电源应有明显的永久性标志，并应直接与消防电源连接，严禁使用电源插头。控制器与其外接备用电源之间应直接连接。

（5）控制器的接地应牢固，并有明显的永久性标志。

5. 火灾探测器的安装

（1）点型感烟、感温火灾探测器的安装，应符合下列要求：

① 探测器至墙壁、梁边的水平距离，不应小于 0.5 m。

② 探测器周围水平距离 0.5 m 内，不应有遮挡物。

③ 探测器至空调送风口最近边的水平距离，不应小于 1.5 m；至多孔送风顶棚孔口的水平距离，不应小于 0.5 m。

④ 在宽度小于 3 m 的内走道顶棚上安装探测器时，宜居中安装。点型感温火灾探测器的安装间距，不应超过 10 m；点型感烟火灾探测器的安装间距，不应超过 15 m。探测器至端墙的距离，不应大于安装间距的一半。

⑤ 点型火灾探测器宜水平安装，当必须倾斜安装时，倾斜角不应大于 45°。

⑥ 点型火灾探测器安装高度的要求如表 10-2 所示。

表 10-2　点型火灾探测器安装高度的要求

房间高度/m	感烟探测器	感温探测器			火焰探测器
		一级	二级	三级	
12＜h≤20	不合适	不合适	不合适	不合适	合适
8＜h≤12	合适	不合适	不合适	不合适	合适
6＜h≤8	合适	合适	不合适	不合适	合适
4＜h≤6	合适	合适	合适	不合适	合适
h≤4	合适	合适	合适	合适	合适

（2）线型红外光束感烟火灾探测器的安装，应符合下列要求：

① 当探测区域的高度不大于 20 m 时，光束轴线至顶棚的垂直距离宜为 0.3～1.0 m；当探测区域的高度大于 20 m 时，光束轴线距探测区域的地（楼）面高度不宜超过 20 m。

② 发射器和接收器之间的探测区域长度不宜超过 100 m。

③ 相邻两组探测器的水平距离不应大于 14 m。探测器至侧墙水平距离不应大于 7 m，且不应小于 0.5 m。

④ 发射器和接收器之间的光路上应无遮挡物或干扰源。

⑤ 发射器和接收器应安装牢固，且不应产生位移。

（3）缆式线型感温火灾探测器在电缆桥架、变压器等设备上安装时，宜采用接触式布置；在各种皮带输送装置上敷设时，宜敷设在装置的过热点附近。

（4）敷设在顶棚下方的线型差温火灾探测器，至顶棚距离宜为 0.1 m，相邻探测器之间水平距离不宜大于 5 m；探测器至墙壁距离宜为 1～1.5 m。

（5）可燃气体探测器的安装应符合下列要求：

① 安装位置应根据探测气体密度确定。若其密度小于空气密度（如氢气、甲烷等），探测器应位于可能出现泄漏点的上方或探测气体的最高可能聚集点上方；若其密度大于或等于空气密度，探测器应位于可能出现泄漏点的下方。

② 在探测器周围应适当留出更换和标定的空间。

③ 在有防爆要求的场所，应按防爆要求施工。

④ 线型可燃气体探测器在安装时，应使发射器和接收器的窗口避免日光直射，且在发射器与接收器之间不应有遮挡物，两组探测器之间的距离不应大于 14 m。

（6）通过管路采样的吸气式感烟火灾探测器的安装应符合下列要求：

① 采样管应固定牢固。

② 采样管（含支管）的长度和采样孔应符合产品说明书的要求。

③ 非高灵敏度的吸气式感烟火灾探测器不宜安装在天棚高度大于 16 m 的场所。

④ 高灵敏度吸气式感烟火灾探测器在设为高灵敏度时可安装在天棚高度大于 16 m 的场所，并保证至少有两个采样孔低于 16 m。

⑤ 安装在大空间时，每个采样孔的保护面积应符合点型感烟火灾探测器的保护面积要求。

（7）点型火焰探测器和图像型火灾探测器的安装应符合下列要求：
① 安装位置应保证其视场角覆盖探测区域。
② 与保护目标之间不应有遮挡物。
③ 安装在室外时应有防尘、防雨措施。

（8）探测器的底座应安装牢固，与导线连接必须可靠压接或焊接。当采用焊接时，不应使用带腐蚀性的助焊剂。

（9）探测器底座的连接导线，应留有不小于 150 mm 的余量，且在其端部应有明显标志。

（10）探测器底座的穿线孔宜封堵，安装完毕的探测器底座应采取保护措施。

（11）探测器确认灯应朝向便于人员观察的主要入口方向。

（12）探测器在即将调试时方可安装，在调试前应妥善保管并应采取防尘、防潮、防腐蚀措施。

6. 手动火灾报警按钮的安装

（1）手动火灾报警按钮，应安装在明显和便于操作的部位。当安装在墙上时，其底边距地（楼）面高度宜为 1.3～1.5 m。

（2）手动火灾报警按钮，应安装牢固，不应倾斜。

（3）手动火灾报警按钮的连接导线，应留有不小于 150 mm 的余量，且在其端部应有明显标志。

7. 消防电气控制装置的安装

（1）消防电气控制装置在安装前，应进行功能检查，不合格者严禁安装。

（2）消防电气控制装置外接导线的端部，应有明显的永久性标志。

（3）消防电气控制装置箱体内不同电压等级、不同电流类别的端子应分开布置，并有明显的永久性标志。

（4）消防电气控制装置应安装牢固，不应倾斜；安装在轻质墙上时，应采取加固措施。消防电气控制装置在消防控制室内安装时，还应符合要求。

8. 模块的安装

（1）模块宜在不同报警区域内集中安装在金属箱内。

（2）模块（或金属箱）应独立支撑或固定，安装牢固，并应采取防潮、防腐蚀等措施。

（3）模块的连接导线，应留有不小于 150 mm 的余量，其端部应有明显标志。

（4）隐蔽安装时在安装处应有明显的部位显示和检修孔。

9. 火灾应急广播和火灾警报装置的安装

（1）火灾应急广播扬声器和火灾警报装置安装应牢固可靠，表面不应有破损。

（2）火灾光警报装置应安装在安全出口附近明显处，距地面 1.8 m 以上。光警报器与消防应急疏散指示标志不宜在同一面墙上，安装在同一面墙上时，距离应大于 1 m。

（3）扬声器和火灾声警报装置宜在报警区域内均匀安装。

10. 消防专用电话安装

（1）消防电话、电话插孔、带电话插孔的手动报警按钮宜安装在明显、便于操作的位置；当在墙面上安装时，其底边距地（楼）面高度宜为 1.3~1.5 m。

（2）消防电话和电话插孔应有明显的永久性标志。

11. 消防设备应急电源安装

（1）消防设备应急电源的电池应安装在通风良好地方，在密封环境中使用时应有通风。

（2）使用酸性电池时，不得安装在带有碱性物质场所；使用碱性电池时，不得安装在带酸性物质的场所。

（3）消防设备应急电源不应安装在靠近带有可燃气体的管道、仓库、操作间等场所。

（4）单相供电额定功率大于 30 kW、三相供电额定功率大于 120 kW 的消防设备应安装独立的消防应急电源。

12. 系统接地

（1）交流供电和 36 V 以上直流供电的消防用电设备的金属外壳应有接地保护，接地线应与电气保护接地干线（PE）相连接。

（2）接地装置施工完毕后，应按规定测量接地电阻，并做记录。

10.1.3　系统的调试

1. 火灾报警控制器调试

（1）检查自检功能和操作级别。

（2）使控制器与探测器之间的连线断路和短路，控制器应在 100 s 内发出故障信号（短路时发出火灾报警信号除外）；在故障状态下，使任一非故障部位的探测器发出火灾报警信号，控制器应在 1 min 内发出火灾报警信号，并应记录火灾报警时间；再使其他探测器发出火灾报警信号，检查控制器的再次报警功能。

（3）检查消音和复位功能。

（4）使控制器与备用电源之间的连线断路和短路，控制器应在100 s内发出故障信号。

（5）检查屏蔽功能。

（6）使总线隔离器保护范围内的任一点短路，检查总线隔离器的隔离保护功能。

（7）使任一总线回路上不少于10只的火灾探测器同时处于火灾报警状态，检查控制器的负载功能。

（8）检查主备电源的自动转换功能，并在备电工作状态下重复第7项检查。

（9）检查控制器特有的其他功能。

依次将其他回路与火灾报警控制器相连接，重复以上（2）、（6）、（7）项检查。

检查数量：全数检查。

检验方法：观察检查、仪表测量。

2. 火灾探测器调试

（1）点型感烟、感温火灾探测器调试。

① 采用专用的检测仪器或模拟火灾的方法，逐个检查每只火灾探测器的报警功能，探测器应能发出火灾报警信号。

② 对于不可恢复的火灾探测器应采取模拟报警方法逐个检查其报警功能，探测器应能发出火灾报警信号。当有备品时，可抽样检查其报警功能。

（2）线型感温火灾探测器调试。

① 在不可恢复的探测器上模拟火警和故障，探测器应能分别发出火灾报警和故障信号。

② 可恢复的探测器可采用专用检测仪器或模拟火灾的办法使其发出火灾报警信号，并在终端盒上模拟故障，探测器应能分别发出火灾报警和故障信号。

（3）红外光束感烟火灾探测器调试。

① 调整探测器的光路调节装置，使探测器处于正常监视状态。

② 用减光率为0.9 dB的减光片遮挡光路，探测器不应发出火灾报警信号。

③ 用产品生产企业设定减光率（1.0～10.0 dB）的减光片遮挡光路，探测器应发出火灾报警信号。

④ 用减光率为11.5 dB的减光片遮挡光路，探测器应发出故障信号或火灾报警信号。

（4）通过管路采样的吸气式火灾探测器调试。

① 在采样管最末端（最不利处）采样孔加入试验烟，探测器或其控制装置应在120 s内发出火灾报警信号。

② 根据产品说明书，改变探测器的采样管路气流，使探测器处于故障状态，探测器或其控制装置应在100 s内发出故障信号。

（5）点型火焰探测器和图像型火灾探测器调试。

① 采用专用检测仪器和模拟火灾的方法在探测器监视区域内最不利处检查探测器的报警功能，探测器应能正确响应。

② 将探测器的光路全部遮挡，探测器应发出故障信号。

3. 手动火灾报警按钮调试

（1）对可恢复的手动火灾报警按钮，施加适当的推力使报警按钮动作，报警按钮应发出火灾报警信号。

（2）对不可恢复的手动火灾报警按钮应采用模拟动作的方法使报警按钮发出火灾报警信号（当有备用启动零件时，可抽样进行动作试验），报警按钮应发出火灾报警信号。

4. 消防联动控制器调试

（1）将消防联动控制器与火灾报警控制器、一个回路的输入/输出模块及该回路模块控制的受控设备相连接，切断所有受控现场设备的控制连线，接通电源。

（2）按《消防联动控制系统》（GB 16806—2006）检查消防联动控制系统内各类用电设备的各项控制、接收反馈信号（可模拟现场设备启动信号）和显示功能。

（3）使消防联动控制器分别处于自动工作和手动工作状态，检查其状态显示，并按《消防联动控制系统》（GB 16806—2006）进行下列功能检查并记录，控制器应满足标准要求：

① 自检功能和操作级别。

② 消防联动控制器与各模块之间的连线断路和短路时，消防联动控制器能在 100 s 秒内发出故障信号。

③ 消防联动控制器与备用电源之间的连线断路和短路时，消防联动控制器应能在 100 s 内发出故障信号。

④ 检查消音、复位功能。

⑤ 检查屏蔽功能。

⑥ 使总线隔离器保护范围内的任一点短路，检查总线隔离器的隔离保护功能。

⑦ 使至少 50 个输入/输出模块同时处于动作状态（模块总数少于 50 个时，使所有模块动作），检查消防联动控制器的最大负载功能。

⑧ 检查主、备电源的自动转换功能，并在备电工作状态下重复第⑦项检查。

（4）接通所有启动后可以恢复的受控现场设备。

（5）使消防联动控制器的工作状态处于自动状态，按《消防联动控制系统》（GB 16806—2006）和设计的联动逻辑关系进行下列功能检查并记录：

① 按设计的联动逻辑关系，使相应的火灾探测器发出火灾报警信号，检查消防联动控制器接收火灾报警信号情况、发出联动信号情况、模块动作情况、受控设备的动作情况、受控现场设备动作情况、接收反馈信号（对于启动后不能恢复的受控现场设备，可模拟现场设备启动反馈信号）及各种显示情况。

② 检查手动插入优先功能。

（6）使消防联动控制器的工作状态处于手动状态，按《消防联动控制系统》（GB 16806—2006）和设计的联动逻辑关系依次启动相应的受控设备，检查消防联动控制器发出联动信号情况、模块动作情况、受控设备的动作情况、受控现场设备动作情况、接收反馈信号（对于启动后不能恢复的受控现场设备，可模拟现场设备启动反馈信号）及各种显示情况。

（7）对于直接用火灾探测器作为触发器件的自动灭火控制系统除符合本节有关规定外，尚应按《火灾自动报警系统设计规范》（GB 50116—2013）规定进行功能检查。

5. 区域显示器（火灾显示盘）调试

将区域显示器（火灾显示盘）与火灾报警控制器相连接，按《火灾显示盘通用技术条件》（GB 17429—2011）的有关要求检查其下列功能并记录，控制器应满足标准要求：

（1）区域显示器（火灾显示盘）能否在 3 s 内正确接收和显示火灾报警控制器发出的火灾报警信号。

（2）消音、复位功能。

（3）操作级别。

（4）对于非火灾报警控制器供电的区域显示器（火灾显示盘），应检查主、备电源的自动转换功能和故障报警功能。

6. 消防电话调试

（1）在消防控制室与所有消防电话、电话插孔之间互相呼叫与通话，总机应能显示每部分机或电话插孔的位置，呼叫铃声和通话语音应清晰。

（2）消防控制室的外线电话与另外一部外线电话模拟报警电话通话，语音应清晰。

（3）检查群呼、录音等功能，各项功能均应符合要求。

7. 消防应急广播设备调试

（1）以手动方式在消防控制室对所有广播分区进行选区广播，对所有共用扬声器进行强行切换；应急广播应以最大功率输出。

（2）对扩音机和备用扩音机进行全负荷试验，应急广播的语音应清晰。

（3）对接入联动系统的消防应急广播设备系统，使其处于自动工作状态，然后按设计的逻辑关系，检查应急广播的工作情况，系统应按设计的逻辑广播。

（4）使任意一个扬声器断路，其他扬声器的工作状态不应受影响。

8. 系统备用电源调试

（1）检查系统中各种控制装置使用的备用电源容量，电源容量应与设计容量相符。

（2）使各备用电源放电终止，再充电 48 小时后断开设备主电源，备用电源至少应保证设备工作 8 小时，且应满足相应的标准及设计要求。

9. 消防设备应急电源调试

（1）切断应急电源应急输出时，直接启动设备的连线，接通应急电源的主电源。

（2）下述要求检查应急电源的控制功能和转换功能，并观察其输入电压、输出电压、输出电流、主电工作状态、应急工作状态、电池组及各单节电池电压的显示情况，做好记录，显示情况应与产品使用说明书规定相符，并满足要求。

① 手动启动应急电源输出，应急电源的主电和备用电源应不能同时输出，且应在 5 s 内完成应急转换。

② 手动停止应急电源的输出，应急电源应恢复到启动前的工作状态。

③ 断开应急电源的主电源，应急电源应能发出声提示信号，声信号应能手动消除；接通主电源，应急电源应恢复到主电工作状态。

④ 给具有联动自动控制功能的应急电源输入联动启动信号，应急电源应在 5 s 内转入到应急工作状态，且主电源和备用电源应不能同时输出；输入联动停止信号，应急电源应恢复到主电工作状态。

⑤ 具有手动和自动控制功能的应急电源处于自动控制状态，然后手动插入操作，应急电源应有手动插入优先功能，且应有自动控制状态和手动控制状态指示。

（3）断开应急电源的负载，按下述要求检查应急电源的保护功能，并做好记录：

① 使任一输出回路保护动作，其他回路输出电压应正常。

② 使配接三相交流负载输出的应急电源的三相负载回路中的任一相停止输出，应急电源应能自动停止该回路的其他两相输出，并应发出声、光故障信号。

③ 使配接单相交流负载的交流三相输出应急电源输出的任一相停止输出，其他两相电路应能正常工作，并应发出声、光故障信号。

（4）将应急电源接上等效于满负载的模拟负载，使其处于应急工作状态，应急工作时间应大于设计应急工作时间的 1.5 倍，且不小于产品标称的应急工作时间。

（5）使应急电源充电回路与电池之间、电池与电池之间连线断线，应急电源应在 100 s 内发出声、光故障信号，声故障信号应能手动消除。

10. 消防控制中心图型显示装置调试

（1）将消防控制中心图型显示装置与火灾报警控制器和消防联动控制器相连，接通电源。

（2）操作显示装置使其显示完整系统区域覆盖模拟图和各层平面图，图中应明确指示出报警区域、主要部位和各消防设备的名称和物理位置，显示界面应为中文界面。

（3）使火灾报警控制器和消防联动控制器分别发出火灾报警信号和联动控制信号，显示装置应在 3 s 内接收，并准确显示相应信号的物理位置，并能优先显示火灾报警信号相对应的界面。

（4）使具有多个报警平面图的显示装置处于多报警平面显示状态，各报警平面应能自动和手动查询，并应有总数显示，且应能手动插入使其立即显示首火警相应的报警平面图。

（5）使显示装置显示故障或联动平面，输入火灾报警信号，显示装置应能立即转入火灾报警平面的显示。

11. 气体灭火控制器调试

（1）切断气体灭火控制器的所有外部控制连线，接通电源。

（2）给气体灭火控制器输入设定的启动控制信号，控制器应有启动输出，并发出声、光启动信号。

（3）输入启动设备启动的模拟反馈信号，控制器应在 10 s 内接收并显示。

（4）检查控制器的延时功能，延时时间应在 0~30 s 内可调。

（5）使控制器处于自动控制状态，再手动插入操作，手动插入操作应优先。

（6）按设计控制逻辑操作控制器，检查是否满足设计的逻辑功能。

（7）检查控制器向消防联动控制器发送的启动、反馈信号是否正确。

12. 防火卷帘控制器调试

（1）防火卷帘控制器应与消防联动控制器、火灾探测器、卷门机连接并通电，防火卷帘控制器应处于正常监视状态。

（2）手动操作防火卷帘控制器的按钮，防火卷帘控制器应能向消防联动控制器发出防火卷帘启、闭和停止的反馈信号。

（3）用于疏散通道的防火卷帘控制器应具有两步关闭的功能，并应向消防联动控制器发出反馈信号。防火卷帘控制器接收到首次火灾报警信号后，应能控制防火卷帘自动关闭到中位处停止；接收到二次报警信号后，应能控制防火卷帘继续关闭至全闭状态。

（4）用于分隔防火分区的防火卷帘控制器在接收到防火分区内任一火灾报警信号后，应能控制防火卷帘到全关闭状态，并应向消防联动控制器发出反馈信号。

13. 其他受控部件调试

对系统内其他受控部件的调试应按相应的产品标准进行，在无相应国家标准或行业标准时，宜按产品生产企业提供的调试方法分别进行。

14. 火灾自动报警系统的系统性能调试

（1）将所有经调试合格的各项设备、系统按设计连接组成完整的火灾自动报警系统，按《火灾自动报警系统设计规范》（GB 50116—2013）和设计的联动逻辑关系检查系统的各项功能。

（2）火灾自动报警系统在连续运行 120 小时无故障后，按规定的规范填写调试记录表。

10.1.4 系统的运行与维护

1. 系统投入运行的条件

（1）火灾自动报警系统的使用单位应由经过专门培训的人员负责系统的管理操作和维护。

（2）火灾自动报警系统正式启用时，应具有下列文件资料：

① 系统竣工图及设备的技术资料。

② 公安消防机构出具的有关法律文书。

③ 系统的操作规程及维护保养管理制度。

④ 系统操作员名册及相应的工作职责。

⑤ 值班记录和使用图表。

（3）火灾自动报警系统的使用单位应建立技术档案，并应有电子备份档案。

2. 城市轨道交通消防系统的使用和维护

（1）火灾自动报警系统应保持连续正常运行，不得随意中断。

（2）每日应检查火灾报警控制器的功能，并按附录的要求填写相应的记录。

（3）每季度应检查和试验火灾自动报警系统的下列功能，并按附录的要求填写相应的记录。

① 采用专用检测仪器分期分批试验探测器的动作及确认灯显示。

② 试验火灾警报装置的声光显示。

③ 试验水流指示器、压力开关等报警功能、信号显示。

④ 对主电源和备用电源进行 1~3 次自动切换试验。

⑤ 用自动或手动检查消防控制设备的控制显示功能。

⑥ 室内消火栓、自动喷水、泡沫、气体、干粉等灭火系统的控制设备。

⑦ 抽验电动防火门、防火卷帘门，数量不小于总数的 25%。

⑧ 选层试验消防应急广播设备，并试验公共广播强制转入火灾应急广播的功能，抽检数量不小于总数的 25%。

⑨ 火灾应急照明与疏散指示标志的控制装置。

⑩ 送风机、排烟机和自动挡烟垂壁的控制设备。

⑪ 检查消防电梯迫降功能。

⑫ 应抽取不小于总数 25%的消防电话和电话插孔在消防控制室进行对讲通话试验。

（4）每年应检查和试验火灾自动报警系统下列功能，并按附录的要求填写相应的记录。

① 应用专用检测仪器对所安装的全部探测器和手动报警装置试验至少 1 次。

② 自动和手动打开排烟阀，关闭电动防火阀和空调系统。

③ 对全部电动防火门、防火卷帘的试验至少 1 次。

④ 强制切断非消防电源功能试验。
⑤ 对其他有关的消防控制装置进行功能试验。

（5）点型感烟火灾探测器投入运行2年后，应每隔3年至少全部清洗一遍；空气吸气式火灾探测器根据使用环境的不同，需要对采样管道进行定期吹洗，最长的时间间隔不应超过一年；探测器的清洗应由有相关资质的机构根据产品生产企业的要求进行。探测器清洗后应做响应阈值及其他必要的功能试验。合格者方可继续使用。不合格探测器严禁重新安装使用，并应将该不合格品返回产品生产企业集中处理，严禁将离子感烟火灾探测器随意丢弃。可燃气体探测器的气敏元件超过生产企业规定的寿命年限后应及时更换，气敏元件的更换应由有相关资质的机构根据产品生产企业的要求进行。

（6）不同类型的探测器应有10%但不少于50只的备品。

10.2 城市轨道交通消防安全管理

城市轨道交通消防安全管理总的要求如下：城市轨道交通的消防安全管理应在当地政府的统一组织协调下，建立由政府相关部门（包括公安、消防）与运营单位及供电、通信、供水和医疗单位密切协作、运转高效、分工明确的接警、监控和抢险救援机制。

10.2.1 防火安全管理

1. 严格管理制度，分解管理职责

管理人员（包括负责人）应该轮流接受安全教育培训。管理部门应该制定科学、严格的管理制度，规范安全防范措施。

2. 设置火灾控制系统

设置火灾控制系统时应尽可能将消防控制室与变配电室设置在地面建筑内。火灾控制系统应具备接受火警，指挥安全疏散，开启消防泵，固定灭火装置及防、排烟设备，关闭防火门，关闭电源等功能。

10.2.2 设置现代化的防灾中心

地铁由于乘客众多而且人数不定，故装设了警报设备、通信设备、引导疏散设备、排烟设备、消防设备等，以便在火灾和地震等灾害发生时，确保旅客的安全。为了监视控制这些防灾设备，使之能有机地结合和有效地工作，必须设置防灾中心。

10.2.3　改善地铁列车通风

改善地铁列车通风的方式一种是采用离心式风机集中风源、管路送风、均布器布风等。例如，上海地铁由德国进口的地铁列车在通风设计上将各节车厢贯通，使列车在速度变化时利用空气的惯性增加了乘客的风感。

另一种是采用离心式风机分散风源。例如，莫斯科地铁无空调，采用了安装在座位下的分散离心式风机进风、车顶引流式排风的方案。由于强迫通风与气体自然流动的方向一致，气流组织较合理，列车通风效果较好，进风不直接吹向旅客，室内舒适度良好。一般的地铁列车没有空调系统，宜采用分散式通风方式。

10.2.4　设置应急预案措施

（1）列车在运行过程中发生火灾应尽可能驶向前方车站，利用车站站台疏散乘客，利用车站隧道防排烟系统排除烟气，如果列车停在区间，隧道通风系统根据多数乘客疏散相反方向送风，送风的强度和时间长短应根据最坏情况严格掌握。

（2）当同一区间的其中一条隧道发生火灾时，另一条隧道也应立即停止正常行车。

（3）防排烟系统的火灾运行模式应经过多次实地试验，确定最佳组合。

（4）火灾安全疏散程序应经常进行模拟演练，不断检查各部门、各工种的互相协调、互相配合以及快速反应能力、提高安全疏散能力和综合救援能力。

10.2.5　其他措施

（1）加强对地铁内各种消防设施设备的经常性维修保养，并做到五查——查站内用电设施、查登记、查重点部位（站内仓库、储物间等）、查硬件设施设备情况、查贯彻落实，使之能保持最佳工作状态和延长使用寿命。

（2）各有关部门应该始终坚持"以人为本"的原则，提高工作人员的综合素质，加强安全管理，消除地铁火灾隐患。

（3）加强地铁防火知识的经常性宣传，提高群众的防火意识。

10.3　火灾救援、自救与逃生方法

10.3.1　地铁火灾救援

发生火灾时，人员会因一氧化碳中毒、缺氧窒息、火烧或高温烘烤以及建筑物倒塌而产生伤亡。安全疏散的目的是要在火灾对人员构成危害之前，将人员安全疏散。允许疏散的时间取决于火灾强度、烟雾浓度和对人体的危害、防排烟设施及建筑物的耐火能力等因素。

据测试，人们在地铁火灾事故中如果不能在 6 min 内迅速有效地逃生，就很难有生还可能。

1. 列车在区间隧道内发生火灾的安全疏散

列车在区间隧道内发生火灾时，应尽量驶入前方车站，利用前方车站来疏散乘客。如果列车不能驶入前方车站，停在区间隧道，必须紧急疏散乘客。

地铁火灾逃生动画

列车头部着火时，如图 10-1 所示，驾驶员应组织乘客迅速从车尾下车后步行至后方的车站，运营控制中心应开启隧道通风系统紧急模式，向列车前进方向送风，使烟雾远离乘客。

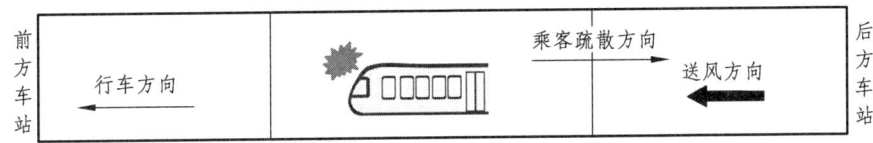

图 10-1　列车头部着火且停在区间任意位置

列车车尾着火时，如图 10-2 所示，驾驶员应组织乘客从车头迅速下车后步行至前方车站，运营控制中心应开启隧道通风系统紧急模式，向列车后退方向送风。

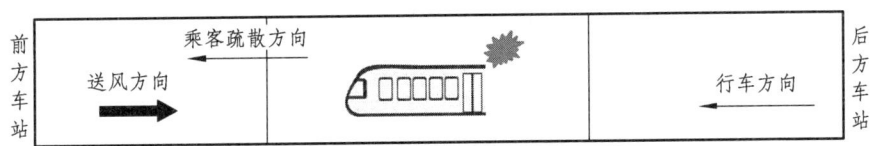

图 10-2　列车尾部着火且停在区间任意位置

列车中部着火且停在近前方车站时，如图 10-3 所示，驾驶员应组织乘客从两端下车后分别步行至前后方车站，运营控制中心应开启隧道通风系统紧急模式，向列车前进方向送风，使烟雾远离尾部乘客，而列车头部乘客因距离前方站较近，不会受到烟雾伤害。

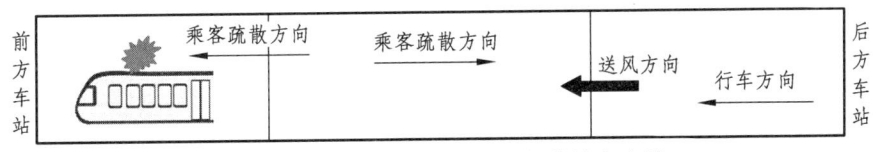

图 10-3　列车中部着火且停在进前方车站

列车中部着火且停在近后方车站时，如图 10-4 所示，驾驶员应组织乘客向两端疏散，运营控制中心应开启隧道通风系统紧急模式，向列车后退方向送风，使烟雾远离头部乘客，而列车尾部乘客距离后方站较近，不会受到烟雾伤害。

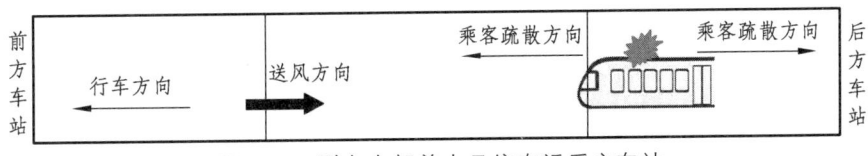

图 10-4　列车中部着火且停在近后方车站

列车中部着火且停在区间中部，如图 10-5 所示，驾驶员应组织乘客向两端疏散，运营控制中心应册启隧道通风系统紧急模式，向列车前进方向送风，使烟雾远离尾部乘客。

图 10-5　列车中部着火且停在区间中部

此时，本区间的列车运行立即中止，另 1 条隧道也应立即停止正常的行车。处理程序如图 10-6 所示。

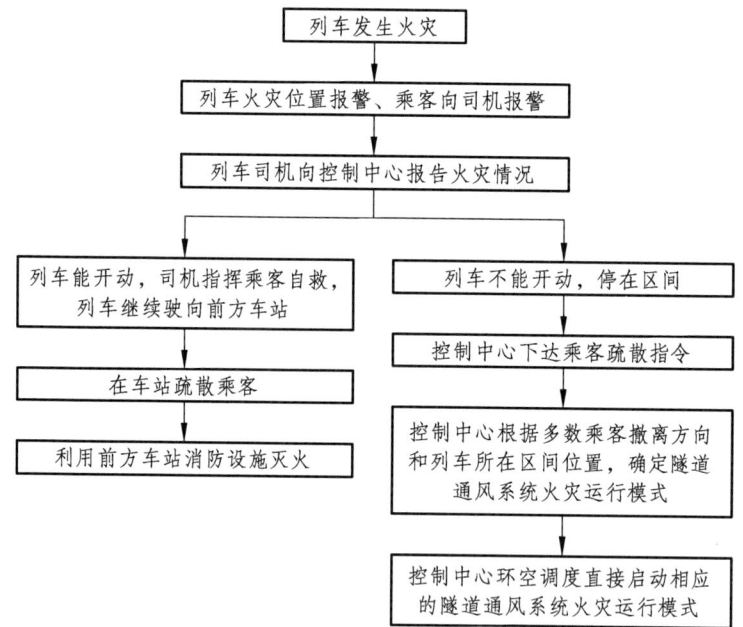

图 10-6　列车发生火灾应急处理流程

2. 列车在车站发生火灾的安全疏散

如果列车在车站发生火灾，应该立即执行紧急疏散计划，停止线路上的其他列车开行和其他乘客进入火场，并利用车站楼梯、出入口疏散乘客。

车站内火灾分为站台火灾和站厅火灾。地铁站人员高度集中，出入口少，制定疏散程序时主要应考虑以下几方面：

将火灾报警、疏散乘客等措施的实施与地铁及地铁站工作人员的职责结合起来，明确责任，提高救援效率。

宣布火灾紧急疏散计划，及时报告控制中心。

关掉非疏散指引所需的广告灯箱等的电源，启动火灾情况下的通风系统模式。

10.3.2　自救与逃生方法

1. 城市轨道交通车站火灾自救与逃生

（1）贯彻"救人第一，救人与灭火同步进行"的原则，积极施救。
（2）火灾发生后，车站工作人员应首先做好乘客的疏散、救护工作。
（3）把握起火初期的关键时间，在消防员到来前积极组织灭火自救。
（4）车站工作人员开展灭火自救工作时应注意做好个人防护。
（5）消防员到场后，灭火任务应交给消防员。
（6）当火势不可控制，可能危及自身生命安全时，车站工作人员应主动撤离。
（7）乘客在车站遇到火灾时，应服从工作人员指挥，听从事故广播指引，沿疏散标志指示方向出站逃生。
（8）车站发生火灾时，不要使用垂直升降电梯。

2. 列车在车站内发生火灾时的逃生

（1）乘客应保持镇静。
（2）按压车厢内的紧急情况按钮或紧急通话器，通知司机车厢内发生的情况。
（3）在可能的情况下，使用车载灭火器灭火。
（4）必要时可拉下列车车门紧急解锁手柄，向两侧用力推开车门。
（5）向站外方向疏散。

3. 列车在隧道内发生火灾时的逃生

（1）乘客应保持镇静。
（2）按压车厢内的紧急情况按钮或紧急通话器，通知司机车厢内发生的情况。
（3）在可能的情况下，使用车载灭火器灭火。
（4）列车将会尽可能到车站进行人员疏散，因此，乘客应听从列车广播的指挥，千万不要惊慌失措，不要乱动车厢内其他设备。
（5）列车无法到达前方车站而又需要紧急疏散的情况下（因隧道内紧急疏散设计不同，各条线路的隧道内疏散方式是不同的），车厢内乘客应该听从列车广播的指挥。

10.4　火灾自动报警系统常见故障及日常维护

10.4.1　常见故障及处理办法

经过统计分析，火灾自动报警系统常见故障从故障表面现象来看，分为四类：电源故障、线路故障、现场设备故障、其他故障。

1. 电源故障（分为主电故障、备电故障）

（1）主电故障（若无交流电，8小时后应关闭控制器）。

现象："故障""主电故障"指示灯点亮，同时控制器发出"救护车声"。

可能原因：无交流电；交流电开关未开；交流保险断（更换同规格保险）；AC-DC电源或主板损坏。

（2）备电故障（若发现蓄电池损坏时，请尽快更换同规格蓄电池，否则当无交流电时，系统将无法工作）。

① 电开关未开：打开备电开关。

② 备电连线未正确连接：应正确连接。

③ 备电保险断：更换同规格保险。

④ 蓄电池亏电或损坏：在交流供电的情况下开机8小时以上，若仍不能消除故障则更换电池。

2. 线路故障（总线故障）

（1）总线线间短路。

（2）总线对地绝缘不良（如线路进水），不必关机，由原施工单位或维护人员排除线路故障，最后清除。

3. 现场设备故障

现场设备故障——某一个设备故障。

（1）设备丢失，恢复安装。

（2）设备连接线（联动4总线，报警2总线）断，拆下现场设备，用数字万用表电压挡测量现场设备信号总线间（Z1、Z2）、电源总线间（D1、D2）电压，如线间电压不正常，先排除线路原因。Z1、Z2间正常电压在19～22 V跳变，D1、D2间正常电压在20～27 V。

4. 其他故障

（1）测试探测器不报警。

该探测器未注册上，利用"设备检查"操作，查看该探测器是否注册上，若未注册，请及时与原施工单位联系。

该探测器被人为隔离（关闭），利用"取消隔离"操作先将其释放。

测器坏，更换探测器。

（2）按手动盘键无反应。

控制器处于"手动不允许"，利用"启动方式设置"操作重新设置。

键值对应的模块报故障，先进行维修。

（3）不打印。

① 未设置打印方式，利用"打印方式设置"操作，重新设置。

② 打印机电缆连接不良，检查并连接好。

③ 打印机被关闭。

10.4.2 探测器误报的原因分析及处理

1. 单点误报

（1）环境恶劣或使用场所不当，改善环境或变更场所。

（2）光电感烟探测器污染，清洗光电感烟探测器。

（3）探测器损坏，更换探测器。

2. 多点误报

产生多点误报请及时与系统生产公司技术服务部门联系。

10.4.3 系统日常维护

1. 光电感烟探测器迷宫清除灰尘操作规程

（1）将迷宫上盖、迷宫体从迷宫红外管座拆下，用黑颜色的湿布轻擦迷宫上盖里面的底部和侧面，重点为底部，底部应完全露出黑色。

（2）用湿布轻擦或吹掉红外管座光路边缘，灰尘和纤维。

（3）将迷宫装配好，安装好上盖。

2. 消防设备的定期检查

（1）系统必须设专人管理，落实设备维护部门及责任人。

（2）消防系统必须定期做全面检查，感烟探测器应定期做加烟试验。

（3）每季度对备用电源进行1~2次充放电试验。

3. 保存好设备连续运行记录

（1）严密监视设备运行状况，遇到报警要按规定程序迅速、准确处理，做好各种记录，遇有重大情况要及时报告。

（2）控制器的工作电压在187~242 V，备电工作不能超过8小时。

（3）因故障而隔离（关闭）的探测器或其他设备应及时检修并排除故障，在隔离（关闭）期间应加强对相关场所巡视检查。线路有搭地、断路、短路或线间电阻过低的情况，必须及时排除以保证系统可靠运行，如有不可解决的施工或设备故障问题，应及时通知施工单位或相关设备厂家维修。

（4）不能擅自拆装控制器的主要部件，不能擅自拆装控制器的外围线路，不能擅自改变系统的设备数量与连接方式，不能擅自对控制器进行系统设置操作，不能修改设备定义、二次编码、联动公式、机器类型等有关内容。

（5）未经公安消防部门同意不得擅自关闭火灾自动报警、自动灭火系统。

（6）每日如实填写值班记录。

（7）妥善保管系统竣工平面图、设备的技术资料（如产品说明书）、（季）年检查登记表及值班记录等。

10.4.4　控制器出现火警时通常处理程序

（1）接到报警信号后，应立即携带对讲机、插孔电话等通信工具，迅速到达报警点所在位置进行确认。

（2）如未发生火情，应查明报警原因，采取相应措施，并认真做好记录。

（3）如确有火灾发生，应立即用通信工具向消防控制室反馈信息，利用现场灭火器材进行扑救。

（4）消防控制室值机人员根据火灾情况启动有关消防设备，通知有关人员到场灭火，报告单位值班领导，并拨打119向消防队报警。

（5）情况处理完毕后，恢复各种消防设备正常运行状态。

键值对应的模块报故障，先进行维修。

（3）不打印。

① 未设置打印方式，利用"打印方式设置"操作，重新设置。

② 打印机电缆连接不良，检查并连接好。

③ 打印机被关闭。

10.4.2　探测器误报的原因分析及处理

1. 单点误报

（1）环境恶劣或使用场所不当，改善环境或变更场所。

（2）光电感烟探测器污染，清洗光电感烟探测器。

（3）探测器损坏，更换探测器。

2. 多点误报

产生多点误报请及时与系统生产公司技术服务部门联系。

10.4.3　系统日常维护

1. 光电感烟探测器迷宫清除灰尘操作规程

（1）将迷宫上盖、迷宫体从迷宫红外管座拆下，用黑颜色的湿布轻擦迷宫上盖里面的底部和侧面，重点为底部，底部应完全露出黑色。

（2）用湿布轻擦或吹掉红外管座光路边缘，灰尘和纤维。

（3）将迷宫装配好，安装好上盖。

2. 消防设备的定期检查

（1）系统必须设专人管理，落实设备维护部门及责任人。

（2）消防系统必须定期做全面检查，感烟探测器应定期做加烟试验。

（3）每季度对备用电源进行 1~2 次充放电试验。

3. 保存好设备连续运行记录

（1）严密监视设备运行状况，遇到报警要按规定程序迅速、准确处理，做好各种记录，遇有重大情况要及时报告。

（2）控制器的工作电压在 187~242 V，备电工作不能超过 8 小时。

（3）因故障而隔离（关闭）的探测器或其他设备应及时检修并排除故障，在隔离（关闭）期间应加强对相关场所巡视检查。线路有搭地、断路、短路或线间电阻过低的情况，必须及时排除以保证系统可靠运行，如有不可解决的施工或设备故障问题，应及时通知施工单位或相关设备厂家维修。

（4）不能擅自拆装控制器的主要部件，不能擅自拆装控制器的外围线路，不能擅自改变系统的设备数量与连接方式，不能擅自对控制器进行系统设置操作，不能修改设备定义、二次编码、联动公式、机器类型等有关内容。

（5）未经公安消防部门同意不得擅自关闭火灾自动报警、自动灭火系统。

（6）每日如实填写值班记录。

（7）妥善保管系统竣工平面图、设备的技术资料（如产品说明书）、（季）年检查登记表及值班记录等。

10.4.4　控制器出现火警时通常处理程序

（1）接到报警信号后，应立即携带对讲机、插孔电话等通信工具，迅速到达报警点所在位置进行确认。

（2）如未发生火情，应查明报警原因，采取相应措施，并认真做好记录。

（3）如确有火灾发生，应立即用通信工具向消防控制室反馈信息，利用现场灭火器材进行扑救。

（4）消防控制室值机人员根据火灾情况启动有关消防设备，通知有关人员到场灭火，报告单位值班领导，并拨打119向消防队报警。

（5）情况处理完毕后，恢复各种消防设备正常运行状态。

参考文献

[1] 人力资源和社会保障部教材办公室，广州市地下铁道总公司. 城市轨道交通岗位技能培训教材. 机电设备检修工：消防自控系统检修[M]. 北京：中国劳动社会保障出版社，2012.

[2] 上海申通地铁集团有限公司，城市轨道交通培训中心. 城市轨道交通车站消防系统[M]. 北京：中国铁道出版社，2012.

[3] 中华人民共和国公安部. 城市轨道交通消防安全管理：GA/T 579—2005[S]. 北京：中国标准出版社，2005.

[4] 李亚峰，马学文，余海静. 建筑消防工程[M]. 北京：机械工业出版社，2013.

[5] 人力资源和社会保障部教材办公室，广州市地下铁道总公司. 机电设备检修工：给排水系统检修[M]. 北京：中国劳动社会保障出版社，2010.

[6] 中华人民共和国住房和城乡建设部，中华人民共和国国家质量监督检验检疫总局. 消防给水及消火栓系统技术规范：GB 50974—2014[S]. 北京：中国计划出版社，2014.

[7] 中华人民共和国住房和城乡建设部，中华人民共和国国家质量监督检验检疫总局. 火灾自动报警系统设计规范：GB 50116—2013[S]. 北京：中国计划出版社，2014.

[8] 中华人民共和国国家质量技术监督局，中华人民共和国住房和城乡建设部. 自动喷水灭火系统设计规范：GB50084—2017[S]. 北京：中国计划出版社，2018.

[9] 中华人民共和国住房和城乡建设部，中华人民共和国国家质量监督检验检疫总局. 气体灭火系统设计规范：GB 50370—2005[S]. 北京：中国计划出版社，2006.

[10] 中华人民共和国国家质量监督检验检疫总局，中国国家标准化管理委员会. 消防联动控制系统：GB 16806—2006[S]. 北京：中国标准出版社，2007.

[11] 中华人民共和国住房和城乡建设部，中华人民共和国国家质量监督检验检疫总局. 建筑设计防火规范：GB 50016—2014[S]. 北京：中国计划出版社，2015.

[12] 消防数字化教学研究中心. 消防工程常用设施三维图解（交互版）[M]. 北京：机械工业出版社，2019.

[13] 王荣，杨欣，张萍，等. 建筑给水排水工程[M]. 北京：清华大学出版社，2013.

[14] 中华人民共和国住房和城乡建设部，中华人民共和国国家质量监督检验检疫总局. 建筑防烟排烟系统技术标准：GB 51251—2017[S]. 北京：中国计划出版社，2018.

[15] 杨政. 姜迪宁. 杨佳庆. 建筑消防工程学[M]. 北京：化学工业出版社，2017

[16] 王建玉. 消防报警及联动控制系统的安装与维护[M]. 北京：机械工业出版社，2019.

[17] 中国消防协会. 消防设施操作员（基础知识）[M]. 北京：中国劳动社会保障出版社，2019.

[18] 陶昆. 建筑消防安全[M]. 北京：机械工业出版社，2019.

[19] 王强. 消防工程设计与施工[M]. 北京：化学工业出版社，2016.

[20] 陈昌进. 任艳江. 魏荣耀. 城市轨道交通通风空调、给排水、低压配电检修工[M]. 北京：人民交通出版社，2016.

[21] 郭海涛. 消防安全管理技术[M]. 北京：化学工业出版社，2019.

[22] 任泽春. 地铁火灾消防[M]. 北京：中国建筑工业出版社，2011.

[23] 芦乙蓬. 火灾报警及消防联动系统安装与维护[M]. 北京：机械工业出版社，2015.

附 录

常用单位常识

（1）压力单位换算：

1 巴（bar）=105 千帕（kPa） 1 达因/厘米^2（dyn/cm^2）=0.1 帕（Pa） 1 托（Torr）=133.322 帕（Pa） 1 毫米汞柱（mmHg）=133.322 帕（Pa）

1 毫米水柱（mmH$_2$O）=9.80665 帕（Pa） 1 工程大气压=98.0665 千帕（kPa）

1 千帕（kPa）=0.145 磅力/英寸^2（psi）=0.0102 千克力/厘米^2（kgf/cm^2）=0.0098 大气压（atm）

1 磅力/英寸^2（psi）=6.895 千帕（kPa）=0.0703 千克力/厘米^2（kg/cm^2）=0.0689 巴（bar）=0.068 大气压（atm）

1 物理大气压（atm）=101.325 千帕（kPa）=14.696 磅/英寸^2（psi）=1.0333 巴（bar）

简化公式：1 MPa≈1 bar≈101 kPa ≈145 psi≈10 atm ≈10 kgf/cm^2

（2）标准状态：

气体的体积是随温度和压力而变化的，因此在测量天然气体积流量时，必须指定某一温度和压力作为计量的标准温度和压力，称之为"基准状态"和"标准状态"，我国（天然气流量与标准孔板计量方法）（SY/T6143—1996）中规定：20 ℃，1 个标准大气压（101.325 kPa）作为我国的天然气计量的标准状态。